产教融合“双元”育人项目成果

高等职业教育教学改革融合创新型教材·基础课系列

Mental Health Education for College Students

大学生心理健康教育

■ 姜峤 姚莹莹 主编

东北财经大学出版社 Dongbei University of Finance & Economics Press 大连

图书在版编目（CIP）数据

大学生心理健康教育 / 姜峤，姚莹莹主编．—大连 ：东北财经大学出版社，2025.8.—（高等职业教育教学改革融合创新型教材·基础课系列）．—ISBN 978-7-5654-5768-5

Ⅰ. G444

中国国家版本馆CIP数据核字第2025Z7L396号

大学生心理健康教育

DAXUESHENG XINLI JIANKANG JIAOYU

东北财经大学出版社出版

（大连市黑石礁尖山街217号　邮政编码　116025）

网　　址：http://www.dufep.cn

读者信箱：dufep@dufe.edu.cn

大连金华光彩色印刷有限公司印刷　东北财经大学出版社发行

幅面尺寸：185mm×260mm　字数：331千字　印张：14.25

2025年8月第1版　2025年8月第1次印刷

责任编辑：张晓鹏　徐　群　惠恩乐　责任校对：赵　楠

封面设计：原　皓　版式设计：原　皓

书号：ISBN 978-7-5654-5768-5　定价：59.00元

教学支持　售后服务　联系电话：（0411）84710309

如有印装质量问题，请联系营销部：（0411）84710711

《大学生心理健康教育》编委会

主　编：姜　峤　姚莹莹

副主编：李　沛　陈　曦　术立军　俞　艺　郑羽秀　郑海丽
崔秋英　崔　艳

编　委：崔莎莎　钱　晨　刘孔亮　张　琳　李鹏斐　张　颖
张紫娟　于佳薇　张　箐

前言

大学生处于人生发展的关键时期，踏入大学校园之际，正逢时代浪潮汹涌澎湃。大学生不仅要在知识的海洋中汲取养分，更要在时代的洪流中找准自身定位，实现个人成长与时代发展的同频共振。大学校园恰似一个多元融合的小社会，各种文化相互碰撞，思想观念彼此交织，不同背景的学子会聚一堂。在这样的环境中，往昔相对单一、受传统模式局限的世界观、人生观、价值观，在新时代的召唤与党的二十大精神所倡导的创新、全面发展理念的引领下，面临深刻的重塑与拓展。曾经单纯聚焦于努力学习的目标，已逐渐转变为以综合素质提升为核心的全面发展追求，社交能力拓展、团队协作精神培养、创新思维激发等，都成为衡量新时代大学生个人能力的重要标尺。在此过程中，大学生不可避免地会经历迷茫与困惑，在人际关系处理、情感认知探索、自我身份认同、人生职业规划以及环境适应等诸多方面面临挑战，甚至可能出现一些脱离常规的想法与行为，陷入情绪困扰的旋涡。

为积极响应国家对青年心理健康关怀的重要指示，全面助力大学生心理健康发展，我们精心编撰了《大学生心理健康教育》一书。本书侧重于理论知识的深度阐释与整体框架的科学搭建，犹如一座坚实的知识灯塔，为大学生指引心理健康的认知方向，构建起全面、系统且贴合时代需求的心理健康教育体系。

编写此书旨在多维度助力大学生成长成才，与党的二十大倡导的青年全面发展目标紧密契合。其一，着力增强大学生的心理适应能力，使其在面对新时代快速变化的新环境、复杂多样的新任务以及前所未有的新挑战时，能够迅速调整心态，以积极乐观且坚韧不拔的姿态适应变革，始终保持良好的心理状态，这正是党的二十大所强调的青年应具备的应变与抗压素养在心理健康领域的生动体现；其二，大力提升心理韧性，帮助大学生在面对挫折与困难时不屈不挠，将每一次困境都视为成长的磨砺石，积极主动地应对并善于从中汲取宝贵经验，如同党的二十大对青年砥砺前行、奋勇拼搏精神的殷切期望，在心理层面铸就强大的内核；其三，切实树立应对挫折的坚定信心，助力大学生在遭遇挫折时能够迅速重拾自信，以昂扬的斗志再次启航，这也是党的二十大鼓励青年在奋斗征程中保持信念、勇往直前的心理映照；其四，积极促进良好人际关系构建，悉心教导大学生掌握沟通的艺术、理解的真谛以及冲突处理的智慧，有效化解宿舍矛盾等各类人际分歧，营造和谐融洽的人际氛围，这也是党的二十大倡导的构建和谐社会人际关系在校园中的微观实践；其五，全面推动个人成长，使大学生能够更好地应对学业、人际、职业规划等多方面挑战，实现德智体美劳全面发展，这是党的二十大提出的培养全面发展的时代新人的总体要求在大学生群体中的精准落地；其六，有效预防心理问题滋生，广泛普及心理健康知识，显著增强心理调适能力，切实降低心理疾病发生率，并提升大学生识别心理危机信号的敏锐洞察力，以便在第一时间察觉自身或他人的异常并及时寻求专业援助，为大学生的身心健康筑牢坚固防线，以体现党的二十大对青年健康成长全方位保障的战略部署。

本书涵盖丰富多元且极具时代性的内容。其中，自我认知章节深入阐释其含义、过程以及在新时代背景下的重要性，借助科学的测评工具与案例分析，助力大学生全面洞悉自身的性格、兴趣、价值观与能力，为个人发展精准定位，这是大学生在践行党的二十大精神的过程中自我觉醒与自我规划的关键起步；情绪管理章节细致剖析其意义、方法与技巧，引导大学生准确识别、深刻理解并合理调节自身的情绪，在复杂多变的社会环境中保持沉稳、平和的良好心理态势，恰似党的二十大所倡导的青年以理性平和心态应对世界的心理基石；人际关系章节详细阐述其意义、测量手段与构建维护之法，通过模拟社交场景与团队协作训练，大力提升大学生的人际交往能力，拓展其广阔多元的人际网络，是落实党的二十大构建和谐人际关系理念的校园实践主阵地；恋爱与性心理章节深入探究恋爱过程、性与爱的关系以及性知识科普在新时代青年健康成长中的重要性，引导大学生树立正确的恋爱观与性观念，培养尊重他人、关爱自我的情感素养，呼应党的二十大对青年健康情感生活的关注与引导；压力与挫折应对章节深度解析其本质与应对策略，结合时代热点案例与实践经验分享，教会大学生正确看待压力与挫折并有效提升应对能力，是大学生在实现中华民族伟大复兴的中国梦的征程中战胜困难的心理武器库；心理危机干预章节系统介绍其重要性、流程与方法，通过专业讲解与模拟演练，使大学生掌握基本干预技能，以便在关键时刻及时援助身边同学，彰显大学生群体在构建安全和谐校园环境中的责任担当，与党的二十大对社会安全稳定保障的要求一脉相承；心理健康的维护与促进章节全面总结维护与促进心理健康的方法与意义，引导大学生积极行动，从日常生活点滴做起，保持良好的心理健康状态，是大学生贯彻党的二十大精神中健康中国战略在个人层面的具体行动。

期望通过此书实现如下显著成效：一是显著提升大学生对心理健康的重视程度，使其深刻领悟到心理健康对自身在新时代发展的关键意义，主动投身于心理健康教育活动中，密切关注自身与他人的心理健康状况，形成积极向上的心理健康文化氛围；二是切实强化大学生的心理健康意识与自我调适能力，使其熟练掌握基本心理健康知识与调适技巧，在遭遇心理问题时能够及时高效地自我调整，防止问题恶化升级，培育大学生成为自身心理健康的第一责任人；三是大力促进大学生间的交流合作，借由互动性强的活动与深度案例分析，让大学生在交流协作中相互启发、共同成长，显著增强团队协作与人际交往能力，为培养新时代具有合作精神的创新型人才奠定坚实基础；四是全力营造校园优良心理健康氛围，通过全方位宣传心理健康知识与广泛推广相关活动，吸引更多师生乃至社会力量关注大学生的心理健康问题，共同构筑起积极、健康、和谐的校园环境。总之，通过多方面的不懈努力与科学引导，为大学生心理健康的维护与促进奠定坚实基础，助力其在党的二十大精神的引领下，度过充实且富有挑战的大学生活，实现全面成长与历史性发展，成长为担当民族复兴大任的时代新人。

本书由姜峤、姚莹莹担任主编，李沛、陈曦、术立君、俞艺、郑羽秀、郑海丽、崔秋英、崔艳担任副主编，崔莎莎、钱晨、刘孔亮、张琳、李鹏斐、张颖、张紫娟、于佳薇、张箐参编。其具体编写分工如下：正文部分由陈曦编写第一章，郑羽秀编写第二章，术立君编写第三章，崔秋英编写第四章，钱晨编写第五章，刘孔亮编写第六章，张琳编写第七章，郑海丽编写第八章，崔艳编写第九章，李鹏斐编写第十章，崔莎莎编写第十一章，姚莹莹编写第十二章；心理行为拓展板块由姜峤负责第一章、第二章的编写，李沛负责第三章、第四章的编写，张紫娟负责第五章、第六章的编写，俞艺负责第七章、第八章的编写，张颖负责第九章、第十章的编写，于佳薇负责第十一章的编写，张箐负责第十二章的编写。同时，吴喜根提供了相关素材和帮助。全书最后由姜峤、姚莹莹统稿。

由于编者水平有限，书中难免有疏漏之处，恳请广大读者批评指正。

编　者

2025年6月

目　录

第一章　绪论

微课 1-1

绪论

学习目标

本章旨在强调心理健康在大学生发展中的重要性，帮助学生更好地理解大学生心理健康的复杂性。通过本章学习，我们需要了解科学心理学的基本概念、发展历史、主要人物以及大学生心理健康的相关内容；同时，知晓国家层面对青少年心理健康的战略部署和具体行动，以及大学生心理健康的标准和个体内部因素对心理健康的影响，为自身心理健康提供全面的理论支持和实践指导，以更好地应对生活中的挑战，促进整体发展。

《健康中国行动——儿童青少年心理健康行动方案（2019—2022 年）》于 2019年 12月由多部门联合制订并发布。这一方案的出台彰显了儿童青少年心理健康工作在健康中国建设的宏伟蓝图中的关键地位。青少年时期是个体身心发展的重要阶段，其心理健康状况不仅关乎生活与学习质量，更为其未来的人生奠定了基础。该方案明确提出到 2022年年底的一系列行动目标，涵盖了社会环境的优化、服务模式的创新、预防干预措施的落实以及重点人群心理疏导的强化等多个维度。例如，在心理健康宣教方面，旨在通过广泛的宣传教育活动，提升全社会对儿童青少年心理健康的认知水平，消除对心理问题的偏见与误解；在环境营造方面，致力于打造一个包容、支持、积极向上的社会与校园环境，让孩子们在健康的氛围中茁壮成长；促进行动则聚焦于通过各种活动与举措促进儿童青少年心理的健康发展，如开展以心理健康为主题的校园活动、社区活动等；关爱行动重点关注特殊群体的心理健康需求，为那些面临困境的儿童青少年提供及时有效的心理关怀与援助；服务能力提升要求加强专业心理健康服务人员的培训与队伍建设，提高其服务的专业性与有效性；服务体系完善则着眼于构建一个全方位、多层次、连贯性的心理健康服务网络，确保儿童青少年在需要时能够便捷地获得专业帮助。

2023年4月教育部、国家卫生健康委等17个部门联合印发的《全面加强和改进新时代学生心理健康工作专项行动计划（2023—2025年）》更是将学生心理健康工作提升到了国家战略的高度。该计划以促进学生全面发展、健康成长为总体目标，强调将心理健康工作有机融入“五育”之中，形成协同育人的良好格局。其坚持监测预警、健康教育、咨询服务、干预处置四位一体的工作体系，犹如一张全方位的防护网，全面守护学生的心理健康。

在教育层面，各级各类学校承担着重要的使命。其积极开展丰富多彩的教育活动：生命教育让学生敬畏生命、珍惜生命，深刻理解生命的价值与意义；亲情教育使学生懂得感恩与回报，珍视家庭情感纽带，培养良好的家庭观念与人际关系基础；爱国主义教育激发学生的民族自豪感与责任感，树立远大的理想抱负，为国家的繁荣富强而努力奋斗。这些教育活动共同作用，致力于培养学生积极向上、坚韧不拔、富有社会责任感等优秀心理品质。同时，倡导实施“倾听一刻钟、运动一小时”行动，为学生提供释放压力、舒缓情绪、增进交流的宝贵机会。在这短短的一刻钟里，学生可以与老师、同学或家人畅所欲言，分享内心的喜怒哀乐，获得情感的支持与理解；而每天运动一小时则通过体育锻炼促进身体分泌内啡肽等神经递质，改善情绪状态，增强体质与抗压能力。此外，开展职业生涯规划教育对大学生来说尤为重要，它能帮助学生在大学这个关键时期逐渐明确自己的人生目标和职业方向，根据自身的兴趣爱好、优势和不足合理规划职业发展路径，为未来的就业与职业发展奠定坚实的基础。此外，各级各类学校在心理健康工作人员的配置方面加大力度，高等学校按师生比不低于1∶4 000的比例配备心理健康教育专职教师，中小学结合实际情况配备专兼职心理健康工作人员，确保学校有足够的专业力量为学生提供心理健康教育与服务。

家庭在青少年心理健康教育中同样扮演着不可或缺的角色。家长学校或家庭教育指导服务站点开展的心理健康教育活动，犹如一盏明灯，为家长提供了科学的育儿理念与方法指导。家长通过这些学习与交流活动，能够更好地传承良好家风，营造和谐、温暖的家庭氛围。很多家长开始关注自身的心理健康状况，因为家长的心理状态会直接或间接地影响到孩子。一个情绪稳定、乐观积极的家长能够给予孩子更多的安全感与正能量；反之，焦虑、抑郁等不良情绪可能会在家庭环境中蔓延，给孩子带来负面影响。同时，家长应依法履行监护责任，关注子女的心理健康变化，及时发现问题并给予正确的引导与支持，在孩子成长的道路上成为其坚强的后盾与温暖的港湾。

社会层面的举措也在为青少年的心理健康保驾护航。相关部门加大对网络内容的监管力度，在当今数字化时代具有极为重要的意义。网络信息纷繁复杂，其中不乏一些不良信息，如暴力、色情、极端思想等，这些信息可能会对青少年的心理造成严重的冲击与扭曲。通过严格监管，营造一个绿色、健康、积极的网络环境，让青少年在网络世界中能够获取有益的知识与信息，开展有益的社交与娱乐活动。建立青少年极端行为预警数据平台更是一项具有前瞻性与创新性的举措，借助大数据与人工智能等先进技术手段，可以及时发现那些处于心理困境中的青少年。这些青少年可能因为学业压力、家庭矛盾、人际关系问题等而陷入心理危机中，预警平台能够快速识别并通知专业人员介入，为他们提供及时有效的专业援助，从而在关键时刻挽救生命，避免悲剧的发生。

将学生心理健康工作纳入省级人民政府履行教育职责的评价，作为学校办学水平评估和领导班子年度考核的重要指标等举措从制度层面确保了相关工作的有效落实。各级政府与学校领导班子应高度重视，积极调配资源，制定政策，推动心理健康工作深入开展。各类媒体也积极响应，加强对青少年心理健康的宣传报道。通过电视节目、报纸专栏、网络媒体等多种渠道，传播心理健康知识，分享心理调适技巧，讲述心理健康故事。这些宣传活动可以帮助全社会树立“身心同健康”的意识，让人们深刻认识到心理健康与身体健康同等重要，提高对青少年心理健康问题的重视程度，消除对心理疾病的歧视与偏见。

大学时期作为青少年向成年过渡的关键阶段，对大学生的心理健康有着特殊的要求。心理健康的大学生在自我认知与探索方面具有明显优势。他们能够以客观、全面的视角审视自己，深入了解自己的兴趣爱好、优势和不足。通过参加各种社团活动、实践项目、学术竞赛等，他们不断挖掘自己的潜力，发现自己擅长的领域，同时也坦然面对自己的不足，并努力改进。这种清晰的自我认知为他们未来的职业发展和人生规划提供了精准的方向指引。例如，一个热爱文学创作且具有一定写作天赋的大学生在自我认知的基础上，可能会选择从事新闻、编辑、文学创作等相关职业，并积极参加写作培训、实习等活动，为实现自己的职业理想而努力奋斗。而且，他们凭借健康的心理状态更有勇气去尝试新事物、挑战自我。大学课程具有一定的难度和挑战，无论是复杂的专业知识体系，还是高强度的学习任务，都需要学生具备坚韧不拔的毅力和勇于探索的精神。心理健康的大学生在面对繁重的学业压力时，能够以积极的心态去应对。他们不会被挫折轻易打倒，而是将挫折视为成长的机遇，调整心态，分析失败的原因，寻找有效的学习方法。他们可能会主动向老师、同学请教，参加学习小组或课外辅导班，通过不断努力提升自己的学习能力，保持专注和动力。同时，健康的心理状态能让他们更好地发挥创造力和创新思维，在学术研究和实践活动中取得优异成绩。在大学的科研项目中，心理健康的学生敢于提出新颖的观点和假设，勇于尝试新的研究方法和技术，不怕失败，在反复的试验与探索中推动学术的进步与创新。

在人际交往方面，心理健康的大学生能够以开放、包容的心态去与人沟通交流。在大学校园里，他们与同学、老师以及他人的交往频繁且多样。他们尊重他人的个性与差异，理解他人的感受和需求，善于倾听与表达。在与同学的相处中，他们能够建立起深厚的友谊，共同学习、共同进步，在遇到困难时相互支持与帮助；在与老师的交流中，他们虚心求教，积极参与课堂互动，从老师那里汲取知识与智慧；在参与社团活动、社会实践活动时，他们与不同背景的人合作，拓展人脉资源，丰富人生阅历。和谐、稳定的人际关系不仅能为他们提供情感支持和帮助，还能促进他们的社会化进程，培养其团队合作精神与领导能力，为未来步入社会打下坚实的人际基础。

大学生作为社会的未来栋梁，其心理健康状况对整个社会的氛围与发展有着深远的影响。心理健康的大学生更有可能成为有责任感、有担当的公民，他们积极参与社会公益活动，关心社会热点问题，为弱势群体提供帮助，用自己的行动传递正能量，为社会的和谐发展贡献自己的力量。例如，他们可能会参加志愿者服务活动，去贫困地区支教，为孤寡老人送温暖，为环保事业宣传呼吁等。而且，他们在面对社会压力和挑战时，具有良好的心理调适能力，可以减少心理问题带来的社会不稳定因素。在就业竞争激烈的当下，心理健康的大学生能够坦然面对求职失败，调整自己的职业规划与求职策略，而不是陷入焦虑、抑郁等不良情绪中。这可以避免因心理问题导致的社会问题，如失业引发的社会治安问题等。

编写这本《大学生心理健康教育》正是基于以上对大学生心理健康重要性的深刻认识。希望它成为一座灯塔，为在校大学生在心理成长的迷茫之海中照亮前行的道路。在面临各种情绪困扰（如焦虑、抑郁、愤怒等）以及行为困惑（如拖延、社交恐惧、沉迷网络等）时，能够依托这本书寻找到正确的答案。它详细介绍了各种心理问题的表现、成因与应对方法，提供了实用的心理调适技巧与策略，如情绪管理的方法、压力缓解的途径、人际关系改善的建议等。同时，通过案例分析、心理测试等形式，让大学生更好地理解自己的心理状态，激发自我反思与成长的动力。这本书不仅仅是一本知识手册，更是大学生心理健康成长的陪伴者与引导者，帮助他们在大学这个关键时期塑造健康的心理品质，为未来的人生旅程奠定坚实的心理基石，使其能够在面对生活的种种挑战时，保持积极乐观的心态，勇往直前，实现自己的人生价值，为国家的繁荣发展贡献自己的智慧与力量。

第一节 走进科学心理学

心理学，作为一门深入探究人类心理现象及其所左右的精神功能与行为活动的科学，犹如一座神秘而深邃的知识宝库，其涵盖范围之广泛、意义之深远，对人类认知自身与他人的行为模式、思维轨迹以及情感波动起着无可替代的关键作用。

在其广袤的研究范畴内，认知心理学宛如一位智慧的探险家，执着地追寻着人类认知世界的奥秘。它聚焦于人们如何巧妙地获取外界信息，如同敏锐的触角感知着周围的一切；又怎样有条不紊地将这些信息存储于记忆的宝库之中，以便在需要时能迅速提取；更深入地研究在面对纷繁复杂的信息时，人们如何进行加工处理，运用逻辑思维的工具进行分析、综合、比较、抽象与概括，最终娴熟地运用这些信息做出精准的决策。例如，在学习过程中，我们是怎样将那些晦涩难懂的知识逐步吸收并转化为自己的智慧储备的，以及在人生的十字路口，当面临众多选择时，我们的内心又是如何权衡利弊，凭借认知心理学所揭示的规律来做出最为适宜的抉择的。

社会心理学则恰似一位敏锐的社会观察者，将目光紧紧锁定在个体于社会环境这一宏大舞台上的精彩表演。它深入剖析从众行为背后隐藏的复杂心理机制，探究是何种力量在某些特定情境下驱使我们不由自主地跟随他人的脚步，是对群体认同的渴望，还是对未知的恐惧？同时，它也对人际吸引这一神秘的情感纽带进行细致入微的拆解，试图揭示究竟是哪些因素如同魔法般让我们对某些人产生强烈的喜爱之情，而对另一些人则心生厌恶，是外貌的吸引、性格的契合，还是共同的兴趣爱好在其中起着微妙的催化作用？

发展心理学则像是一位忠实的人生记录者，沿着时间的长河缓缓前行，精心追踪着个体从呱呱坠地的婴儿期直至白发苍苍的老年期这一漫长人生旅程中的心理发展演变轨迹。它细致入微地描绘出不同生命阶段所特有的心理特点，如同绘制一幅丰富多彩的人生画卷，明确各个阶段独特的发展任务。在婴儿期，它关注着婴儿如何通过感知觉与周围世界建立最初的联系，如何在亲情的呵护下逐渐产生安全感与信任感；而在青少年时期，则聚焦于自我认同的构建与价值观的初步形成，以及在这一过程中所经历的迷茫与探索；到了老年期，又深入研究如何应对身体机能衰退所带来的心理变化，如何在生命的余晖中保持积极乐观的心态，实现自我价值的圆满。

在临床心理学的神圣领域里，专业的心理治疗师们宛如心灵的守护者，运用专业的知识与技能，通过各种行之有效的心理治疗方法，帮助那些深陷心理障碍泥沼中的人们勇敢地挣脱焦虑、抑郁、强迫症等阴影的束缚，重新找回内心的宁静与平衡。他们耐心地倾听患者的心声，运用敏锐的洞察力剖析问题的根源，进而量身定制个性化的治疗方案，引导患者逐步走出心灵的困境。

教育心理学则以教育的殿堂为舞台，致力于为教育者们点亮智慧的明灯，助力他们深入研究如何巧妙地根据学生千差万别的心理特点，设计出更具针对性与实效性的教学方法。其探究学生的学习动机是如何被激发与维持的，如何运用恰当的教学策略促进知识的有效传递与吸收，以及如何营造积极向上的课堂氛围来培养学生的创造力与批判性思维。

此外，心理学的分支还广泛延伸至工业与组织心理学、运动心理学等众多领域。工业与组织心理学如同企业管理的智囊团，为企业的人力资源管理、团队协作、领导力提升等方面提供科学的理论依据与实践指导；运动心理学则为运动员们在赛场上的卓越表现保驾护航，帮助他们调节比赛压力、提升心理素质、保持最佳竞技状态。

心理学的研究方法丰富多元，实验法犹如一把精准的手术刀，在严格控制的实验条件下，精准地剖析变量之间的因果关系，揭示心理现象背后的本质规律；观察法恰似一双敏锐的眼睛，静静地观察着自然状态下人们的行为表现，捕捉那些稍纵即逝的心理瞬间；问卷调查法则像一张广泛撒开的网，通过大规模的数据收集，了解群体的心理特征与行为倾向。

通过这些多样的研究方法，心理学家们如同勇敢的航海家，在人类心理的浩瀚海洋中不断探索前行，为我们开辟出一条条通往自我认知的光明大道。这不仅帮助我们更好地理解自己内心深处的情感世界、思维模式与行为动机，从而实现个人的成长与自我完善，还在人际关系的处理上为我们提供了宝贵的指南，让我们能够更加敏锐地洞察他人的内心需求，建立和谐融洽的人际关系。在社会层面，无论是教育领域的教学改革、医疗领域的心理治疗，还是企业管理中的人力资源优化，心理学都如同万能的钥匙，开启一扇扇通往高效、和谐与进步的大门，有力地促进着个人成长与社会和谐发展。

微课 1-2

心理学发展历史

一、心理学的发展历史

心理学作为一门独立的科学，其发展历史源远流长。它经历了漫长的发展过程，从古代哲学的思辨到现代科学的实证研究，不断演变和进步。

在古代，心理学思想主要蕴含在哲学之中。古希腊哲学家如柏拉图（Plato）和亚里士多德（Aristotle）对灵魂、心灵和认知等问题进行了探讨。柏拉图认为灵魂是不朽的，而亚里士多德则更注重对现实世界的观察和分析，他对感觉、记忆、思维等心理现象进行了初步的描述。

中世纪时期，心理学的发展受到宗教的影响。基督教神学占据主导地位，对人类的灵魂和心理进行了神学解释。然而，在这个时期，也有一些学者如托马斯·阿奎纳（Thomas Aquinas）在神学框架内对心理现象进行了一定的思考。

到了近代，随着自然科学的兴起，心理学逐渐从哲学中分离出来。17世纪，英国哲学家约翰·洛克（John Locke）提出了“白板说”，认为人的心灵最初就像一块白板，一切知识都是通过经验获得的。这一观点对后来的心理学发展产生了深远的影响。法国哲学家勒内·笛卡尔（René Descartes）提出了身心二元论，认为身体和心灵是两个独立的实体。他的观点引发了关于身心关系的长期争论。

19世纪，心理学真正开始成为一门独立的科学。德国心理学家威廉·冯特（Wilhelm Wundt）在莱比锡大学建立了第一个心理学实验室，标志着心理学脱离哲学而成为一门独立的实验科学。冯特的心理学被称为构造主义心理学，他主张通过内省法分析意识的内容或构造。

与构造主义心理学相对立的是机能主义心理学。机能主义心理学强调心理的适应功能，关注心理在个体适应环境中的作用，代表人物有威廉·詹姆斯（William James）和约翰·杜威（John Dewey）等。

20世纪初，心理学出现了许多新的流派和理论。行为主义心理学兴起，代表人物是约翰·华生（John B.Watson）和伯尔赫斯·弗雷德里克·斯金纳（B.F.Skinner）。行为主义心理学强调心理学应该研究可观察的行为，而不是意识。行为主义心理学家认为，人的行为是由环境中的刺激所决定的，可以通过控制环境来塑造人的行为。

精神分析学派由西格蒙德·弗洛伊德（Sigmund Freud）创立，弗洛伊德强调无意识的作用，认为人的行为和心理问题是由无意识的冲突所引起的。他的精神分析理论对心理学、文学、艺术等领域产生了巨大的影响。

20世纪中叶，认知心理学逐渐崛起。认知心理学关注人的认知过程，如感知、记忆、思维、语言等，代表人物有让·皮亚杰（Jean Piaget）杰罗姆·布鲁纳（Jerome Bruner）等。认知心理学的发展得益于计算机科学和信息论的影响，它将人的心理过程比作计算机的信息加工过程。

近年来，心理学的发展更加多元化和综合化。心理学与其他学科的交叉融合越来越紧密，如神经科学、生物学、社会学、计算机科学等。同时，心理学的应用领域也不断扩大，涵盖了教育、临床、工业、组织、体育等各个方面。

二、心理学各流派的代表人物

微课 1-3

心理学主要人物

（一）威廉·冯特

威廉·冯特，作为德国杰出的心理学领域的先驱，在心理学的发展历程中留下了浓墨重彩的一笔，当之无愧地被誉为“实验心理学之父”。19世纪后期，他于莱比锡大学创立了世界上首个心理学实验室，这一具有里程碑意义的创举，彻底改变了心理学的发展轨迹，使其从哲学的附庸一跃成为一门独立且严谨的实验科学。

冯特所倡导的构造主义心理学，犹如一座大厦的基石，为早期心理学研究奠定了坚实的基础。其核心主张是运用内省法深入剖析意识的内在结构与内容。内省法，即个体对自身内在心理活动进行细致入微的自我观察与反思。在实验过程中，他精心训练被试者，使其能够精准地描述自己在特定心理体验时的感觉、意象和情感等元素。例如，在研究视觉感知时，被试者会被要求描述看到某个特定图形或颜色组合时脑海中浮现的各种感觉和联想。通过对大量内省数据的收集与整理，冯特试图构建出意识的基本元素及其相互联系的详尽图谱。他坚信，意识如同一个复杂的化学化合物，可以被分解为最基本的感觉元素，如视觉中的颜色、形状，听觉中的音调、音色等。这些元素通过联想等心理过程相互结合，构成了丰富多彩的心理世界。尽管构造主义心理学在后续的发展中受到了诸多挑战与批判，但其开创性的实验方法和对意识结构的深入探索，为心理学的科学化进程开启了大门，引领了一代又一代心理学家对人类心理奥秘的不懈追寻。

（二）威廉·詹姆斯

威廉·詹姆斯，身兼美国著名心理学家与哲学家双重身份，是机能主义心理学派的重要奠基人之一。他的思想犹如一阵清风，为当时的心理学研究注入了新的活力，开启了新的视角。

詹姆斯极力强调心理的适应功能，将其视为理解人类心理与行为的关键钥匙。他认为，心理并不仅仅是对外部世界的被动反映，而是在个体积极适应环境的过程中发挥着核心作用。在他看来，心理就像是一把精巧的工具，帮助个体在复杂多变的环境中生存与发展。例如，在面对危险情境时，个体的恐惧心理会促使其迅速做出逃避或防御反应；而在社交场合中，对他人情感和意图的感知与理解，则有助于建立良好的人际关系，从而获得更多的资源与支持。他的这一观点，突破了传统心理学对心理现象的静态描述，将其置于动态的、与环境相互作用的框架之中。

其著作《心理学原理》堪称心理学发展史上的经典巨著，犹如一座灯塔，照亮了当时及后世众多心理学研究者的前行道路。这部著作涵盖了丰富的内容，从对感知觉的细致分析到对情感、意志等高级心理过程的深入探讨，从个体心理的微观层面到社会心理的宏观视野，无不展现出詹姆斯对心理学全面而深刻的理解。书中提出的许多概念和观点，如意识流，形象地描绘了意识的连续性与动态性，对后来的文学、哲学以及心理学的多个流派都产生了深远而持久的影响，成为心理学思想宝库中不可或缺的瑰宝，持续推动着心理学不断向更广阔的领域拓展与深化。

（三）西格蒙德·弗洛伊德

西格蒙德·弗洛伊德，作为奥地利精神病医师、心理学家以及精神分析学派的开山鼻祖，其理论犹如一颗重磅炸弹，在心理学界乃至整个社会科学领域都引发了强烈的震动与深刻的反思。

弗洛伊德理论的核心基石之一是对无意识的高度重视与深入挖掘。他坚信，在人类意识的表层之下，隐藏着一片广袤而深邃的无意识海洋，其中蕴含着被压抑的欲望、冲动和记忆等元素。这些无意识的内容，犹如隐藏在幕后的操纵者，在很大程度上左右着人们的行为和心理状态。他认为，许多看似莫名其妙的行为和心理问题，实际上都是无意识冲突的外在表现。例如，一个人在童年时期经历了创伤性事件，这些经历可能被压抑到无意识中，但却会在成年后以各种形式的心理障碍或异常行为表现出来，如恐惧症、强迫症等。

弗洛伊德的精神分析理论涵盖了多个重要方面。其中，潜意识是其理论体系的核心组成部分。潜意识被视为人类心理活动的深层根源，它包含了那些不被个体所察觉但却对行为和心理产生深远影响的内容。性本能则是弗洛伊德理论中另一个极具争议但又极具影响力的概念。他认为，性本能是人类心理发展的重要驱动力之一，在人类不同的发展阶段以不同的形式表现出来，并与个体的人格形成和心理发展密切相关。梦的解析则是弗洛伊德探索无意识的重要途径之一。他认为，梦是潜意识欲望的一种伪装性满足，通过对梦境中各种象征和意象的分析，可以揭示出隐藏在潜意识中的真实欲望和冲突。例如，梦中出现的飞翔场景可能象征着对自由和权力的渴望，而被追赶的情景则可能暗示着内心的恐惧或逃避心理。尽管弗洛伊德的理论在后来受到了诸多质疑和修正，但其对无意识领域的开创性探索以及对人类心理复杂性的深刻洞察，无疑为心理学的发展开辟了一条全新的道路，启发了无数心理学家从不同角度去思考和研究人类的内心世界。

（四）让·皮亚杰

让·皮亚杰，这位来自瑞士的卓越心理学家，以其独特的视角和深入的研究，创立了发生认识论，为我们理解儿童认知发展的奥秘提供了一把珍贵的钥匙。

皮亚杰对儿童认知发展的研究堪称经典，他通过长期的观察、实验以及与儿童的互动，提出了极具影响力的儿童认知发展阶段理论。他认为，儿童的认知发展并非一个匀速、线性的过程，而是呈现出明显的阶段性特征。在不同的阶段，儿童的认知结构和思维方式有着质的差异，这些差异是通过同化、顺应和平衡等一系列复杂的心理过程逐步实现的。

同化是儿童认知发展的一种基本机制，它指的是儿童将新的刺激或信息纳入已有的认知结构中的过程。例如，当一个幼儿第一次看到一只猫时，他可能会根据已有的对动物的认知结构，将猫归类为一种四条腿、会叫的小动物。顺应则是在同化过程中遇到困难时，儿童调整自己已有的认知结构以适应新的刺激或信息的过程。比如，当幼儿看到一只没有毛的猫（如Sphynx猫）时，他原有的关于猫的认知结构可能会受到挑战，此时他就需要调整自己的认知，认识到猫不一定都有毛，从而使自己的认知结构更加完善。平衡则是同化和顺应之间的一种状态，当儿童能够成功地同化新信息或通过顺应调整认知结构后，就达到了一种暂时的平衡状态，但随着新的认知挑战的出现，又会打破这种平衡，进而引发新一轮的同化和顺应过程，推动儿童认知的不断发展。

皮亚杰将儿童认知发展划分为四个主要阶段：感知运动阶段（0~2岁），在这个阶段，婴儿主要通过感知觉和身体动作来认识世界，如通过抓握、吸吮等动作探索周围环境，逐渐形成物体永久性的概念；前运算阶段（2~7岁），儿童开始能够使用语言和符号来表征事物，但思维具有自我中心性、不可逆性和刻板性等特点，如他们可能认为自己看到的东西别人也一定能看到，并且难以理解数量守恒的概念；具体运算阶段（7~11岁），儿童的思维开始具有逻辑性，但仍需要具体事物的支持，能够进行简单的逻辑推理和数学运算，如理解加减法的运算原理，并且能够从多个角度看待问题；形式运算阶段（11岁及以上），儿童的思维逐渐摆脱具体事物的束缚，能够进行抽象逻辑思维和假设演绎推理，能够思考各种可能性和假设性问题，如在解决数学问题或进行科学实验时，能够提出假设并进行验证。

皮亚杰的理论不仅为儿童教育提供了重要的理论依据，帮助教育者根据儿童的认知发展阶段设计合适的教学内容和方法，而且对理解人类认知发展的普遍规律也有着深远的意义，启发了众多研究者从发展的角度去探究人类思维和知识获取的本质。

（五）伯尔赫斯·弗雷德里克·斯金纳

伯尔赫斯·弗雷德里克·斯金纳，作为美国心理学界的重要代表人物之一，在新行为主义的舞台上扮演着关键角色，他的理论和研究成果对心理学及教育领域产生了极为深远的变革性影响。

斯金纳的核心理论强调行为与环境之间的紧密联系，他认为行为是由环境中的刺激所直接决定的，个体在环境中不断地接受各种刺激，并根据这些刺激做出相应的反应；而这些反应又会反过来影响环境，从而引发新的刺激与反应循环。他提出的操作性条件反射理论更是这一思想的集中体现。操作性条件反射是指个体在某种情境下自发做出的行为，如果该行为得到了强化（如奖励），那么这种行为在未来出现的概率就会提升；反之，如果行为得到了惩罚，其出现的概率就会降低。例如，在一个实验中，当一只老鼠按下一个杠杆后得到了食物奖励，那么它按下杠杆的行为就会逐渐增多；而如果按下杠杆后受到了电击惩罚，它按下杠杆的行为就会减少。

斯金纳通过一系列精心设计的实验，深入研究了强化与惩罚的各种形式及其对行为塑造的效果。他区分了正强化（给予愉快刺激以增强行为频率）和负强化（消除不愉快刺激以增强行为频率）、正惩罚（给予不愉快刺激以降低行为频率）和负惩罚（消除愉快刺激以降低行为频率）等不同类型的强化与惩罚方式。例如，在教育孩子时，表扬孩子的良好行为（正强化）可以鼓励他们继续保持；而当孩子犯错时，取消他们喜欢的娱乐活动（负惩罚）可以减少不良行为的发生。

斯金纳的理论在教育领域得到了广泛应用，为教育教学方法的创新提供了有力的理论支撑。基于操作性条件反射理论，教育者可以通过构建合理的教学环境和奖励机制，有效地塑造学生的学习行为。如代币制，学生在学习过程中表现良好可以获得代币，代币可以兑换各种奖励，从而激励学生积极学习；在课堂管理中，及时表扬遵守纪律的学生（正强化），批评违反纪律的学生（正惩罚），可以营造良好的课堂秩序。此外，斯金纳还发明了斯金纳箱等实验设备，为研究动物和人类的行为提供了重要的工具，进一步推动了行为主义心理学在实验研究方面的深入发展，使人们对行为的形成和改变机制有了更清晰、更精准的认识，为心理学在行为矫正、心理治疗等多个应用领域的拓展奠定了坚实的基础。

（六）卡尔·罗杰斯

卡尔·罗杰斯（Carl Rogers），作为美国人本主义心理学的核心代表人物之一，其思想和实践犹如一盏明灯，照亮了心理学中关于人性、自我成长与心理治疗的崭新道路。

罗杰斯坚信人的自我实现和成长是一种内在的、与生俱来的动力，这种动力如同生命的源泉，驱使个体不断地探索、发展和完善自己。他认为，每个人都拥有一种积极向上的潜能，就像一颗蕴含着无限生机的种子，只要给予适宜的环境和条件，就能够茁壮成长为参天大树。在他看来，人的本性是善良的、值得信赖的，并且具有自我导向和自我修复的能力。例如，在一个宽松、支持性的环境中，个体能够更自由地表达自己的情感和想法，从而更好地认识自己，发掘自己的潜力，向着自我实现的目标迈进。

他所创立的以当事人为中心的心理治疗方法，彻底颠覆了传统心理治疗中治疗师主导一切的模式，将当事人置于治疗过程的核心位置。在这种治疗方法中，治疗师不再是高高在上的权威，而是以一种真诚、理解和接纳的态度陪伴当事人探索自己的内心世界。治疗师通过积极倾听当事人的倾诉，给予无条件的积极关注，让当事人感受到被尊重、被理解和被接纳。例如，当当事人表达自己的困惑、恐惧或矛盾情感时，治疗师不轻易地评判或给予建议，而是以一种共情的方式回应，让当事人感受到自己的情感是被认可的。这种治疗方法有助于当事人逐渐放下内心的防御，更加深入地认识自己的情感和需求，从而启动自我修复和成长的内在机制。在临床心理学领域，这种方法得到了广泛应用，并取得了显著的成效。它帮助许多患者克服了心理障碍，重新找回了自信和生活的意义，不仅在治疗心理疾病方面发挥了重要作用，而且在促进个人成长、提升心理健康水平以及改善人际关系等方面都具有不可估量的价值，为现代心理治疗理念和实践的发展注入了强大的人文关怀和人性光辉。

（七）阿尔伯特·艾利斯

阿尔伯特·艾利斯（Albert Ellis），作为美国临床心理学领域的杰出人物，以其开创性的理性情绪行为疗法，为理解和治疗人类的情绪与行为问题开辟了一条独特而有效的途径。

艾利斯的理论核心在于深刻地指出，人的情绪和行为问题并非如人们通常所认为的那样，是由外部事件本身直接引发的，而是源于人们对这些事件所持的不合理信念。他认为，事件只是一个触发点，而真正决定我们情绪和行为反应的是我们对事件的认知和评价。例如，同样是面对一次考试失利，一个人可能会陷入极度的沮丧和自我否定之中，而另一个人则可能将其视为一次宝贵的学习机会，从而更加努力地准备下一次考试。这两种截然不同的情绪和行为反应，并非由考试失利这一事件本身所决定，而是取决于他们各自对考试失利的看法和信念。

艾利斯提出的理性情绪行为疗法旨在帮助人们识别并改变这些不合理信念，从而调整情绪和行为。艾利斯总结了一些常见的不合理信念类型，如绝对化要求（如“我必须在所有事情上都取得成功”）、过分概括化（如“我这次失败了，就意味着我永远都不会成功”）和糟糕至极（如“这次考试没考好，我的人生就完了”）等。在治疗过程中，治疗师首先引导患者认识到自己的不合理信念，并通过与患者进行深入的辩论和讨论，帮助其看清这些信念的不合理性。例如，对于一个持有“我必须在所有事情上都取得成功”信念的患者，治疗师可能会问他：“为什么你认为你必须在所有事情上都成功呢？世界上有谁能够真正做到在所有事情上都成功？如果没有做到，是不是就意味着这个人一无是处呢？”通过这样的辩论，让患者逐渐认识到自己信念的不合理性，进而用更加合理、灵活的信念来替代它们。例如，将“我必须在所有事情上都取得成功”改为“我希望在很多事情上取得成功，但即使失败了，也不代表我没有价值，我可以从失败中学习，不断进步”。通过这种方式，患者能够学会从更加理性、客观的视角看待生活中的事件，从而减少负面情绪的困扰，改善行为表现，提高生活质量和心理适应能力，为应对生活中的各种挑战提供有力的心理工具和思维方式。

（八）亚伯拉罕·马斯洛

亚伯拉罕·马斯洛（Abraham Maslow），作为美国人本主义心理学的主要发起者和重要理论家之一，其提出的需求层次理论犹如一幅宏伟的心理大厦蓝图，深刻地揭示了人类需求的内在结构和发展规律。

马斯洛认为，人的需求是一个多层次、相互关联的体系，可以划分为生理需求、安全需求、归属与爱的需求、尊重需求和自我实现需求五个层次。生理需求位于最底层，是人类生存的最基本要求，包括对食物、水、空气、睡眠等的需求。这些需求是维持生命运转的基石，当这些需求得不到满足时，人类的生命将受到威胁，其他更高层次的需求也就无从谈起。例如，一个极度饥饿的人，其首要关注的必然是寻找食物来填饱肚子，而不会过多地考虑社交关系或个人成就。

安全需求则是在生理需求得到相对满足后凸显出来的，它包括对人身安全、健康保障、财产安全、家庭稳定等方面的需求。人们渴望生活在一个稳定、安全的环境中，避免受到威胁和伤害。例如，在一个社会治安良好的社区，居民会感到更加安心，能够更好地开展其他活动；而在战争或动荡地区，人们的安全需求得不到保障，生活将陷入混乱，对更高层次需求的追求也会受到极大限制。

归属与爱的需求强调了人类对情感联系和社交关系的渴望。人是社会性动物，需要与他人建立亲密的关系，如家庭、朋友、恋人关系等，感受到被他人接纳、关爱和理解。缺乏归属感和爱的人往往会感到孤独、寂寞和失落。例如，在一个新的环境中，如果一个人能够迅速融入一个友好的群体中，建立起良好的人际关系，他会有强烈的归属感，从而更有动力去追求更高层次的目标。

尊重需求分为自尊和他尊两个方面。自尊是指个体对自己的价值和能力的认可，如自信、独立、成就感等；他尊则是指个体希望得到他人的尊重、认可和赞赏。满足尊重需求能够让个体感受到自己的重要性和价值，从而增强自信心和自我效能感。例如，在工作中，当员工的努力和成绩得到上司的表扬和认可时，他们会更有工作热情和创造力。

自我实现需求处于需求层次的顶端，是人类追求自我发展、实现个人潜能和理想的最高境界。当个体的低层次需求得到满足后，他们会被内心深处的一种内在动力驱使，去探索自己的兴趣爱好，发挥自己的天赋才能，追求个人成长和自我超越。例如，一位艺术家为了追求艺术上的完美境界，不惜花费大量的时间和精力进行创作，即使面临困难和挫折也坚持不懈，这种对艺术理想的执着追求就是自我实现需求的体现。

马斯洛的需求层次理论为理解人类行为提供了一个全面的框架。

三、大学生心理健康的概念

大学生心理健康是大学生在大学校园生活期间心理状态的综合体现，意味着其心理活动处于一种正常、积极且协调的状态，这一状态在多个重要方面均有显著特征与表现。

（一）认知方面

1.大学生在认知领域应展现出卓越的素养

首先，清晰的思维是其认知的基石。他们能够有条不紊地对各类信息进行分析、综合、比较、抽象与概括，无论是在学术研究中对复杂理论的剖析，还是在日常生活中对纷繁现象的判断，都能做到思路清晰、逻辑严谨。例如，在撰写学术论文时，能够精准地确定研究方向，合理地构建论文框架，有条理地阐述观点并运用恰当的论据进行论证。

2.良好的学习能力是大学生认知发展的关键

大学生具备快速吸收新知识的能力，无论是专业课程知识还是跨学科的知识，都能通过有效的学习方法，如自主学习、合作学习、探究学习等，将其内化并转化为自身的知识储备。在面对全新的知识体系，如新兴的科技领域知识或跨文化的学术内容时，能够迅速适应并掌握其核心要点。

3.强大的解决问题能力也是不可或缺的

当遇到学业上的难题时，如难解的数学题、复杂的实验，或生活中的困扰，如人际关系冲突、时间管理矛盾等，大学生能够运用所学知识和自身的智慧，从多个角度思考解决方案。他们善于将大问题分解为小问题，逐步攻克，并且能够在实践中不断总结经验，提升解决问题的效率与质量。

4.对自我和周围世界的客观、准确认识与理解是认知成熟的重要标志

大学生能够通过自我反思、他人反馈以及各种实践经历，深入了解自己的兴趣爱好、优势和劣势、性格特点以及价值观取向；同时，对于周围的世界，包括社会现象、文化潮流、国际局势等，能以理性的视角去观察、分析，不被片面的观点或虚假的信息所误导，从而在大学校园这个小社会以及未来走向更广阔天地时，能够找准自己的位置，明确自身的发展方向，实现个人价值与社会价值的有机融合。

（二）情绪方面

情绪管理与调节能力是大学生心理健康在情绪维度的核心要求。大学生应能熟练驾驭自己的情绪，使其保持相对稳定的状态。在日常的学习与生活中，他们经常能够体验到积极情绪带来的愉悦与动力。比如，在取得优异的学习成绩、在社团活动中获得成功、在个人才艺展示中赢得赞誉时，会由衷地感受到喜悦与满足。这些积极情绪会进一步激发他们的学习热情，提升自我效能感，促使他们更加积极地投入校园生活中。

然而，大学生活并非总是一帆风顺，消极情绪如焦虑、抑郁等也会时常来袭。面对考试的压力、社会竞争的激烈、未来的不确定性等因素引发的焦虑，以及因人际关系紧张、情感挫折等导致的抑郁情绪，大学生需要有良好的应对策略。他们能够运用情绪调节技巧，如深呼吸、运动、倾诉等方式，缓解消极情绪的强度，不让其过度蔓延而影响正常的学习节奏、生活秩序以及人际交往的和谐。例如，当因考试焦虑而无法集中精力复习时，可以选择去操场跑步，通过运动释放压力，调整心态，重新回到高效的学习状态中。

（三）意志方面

1.明确的生活目标和理想是大学生心理健康在意志层面的航标

大学生应在入学之初或在大学的学习成长过程中，逐渐确立清晰、长远且具有一定挑战性的目标。无论是在学术领域追求深造，在职业方向上立志成为某一行业的精英，还是在个人素养提升方面制订自我完善的计划等，这些目标如同远方的灯塔，给予他们前进的方向与动力。

2.坚强的意志品质则是实现目标的保障

在追求目标的道路上，大学生必然会遇到重重困难，如艰苦的学习任务、学术研究的瓶颈、社会实践的挫折等。但大学生可以凭借顽强的毅力，持之以恒地努力。他们不会因为一时的失败或困难而轻易放弃，而是将挫折视为成长的阶梯。例如，在开展一项长期的科研项目时，即使遇到实验多次失败、数据不理想等情况，也能坚持不懈地调整方案、重新实验，始终保持积极进取的心态，向着目标奋勇前进，在不断克服困难的过程中锤炼自己的意志，实现自我超越。

（四）人格方面

大学生的人格应呈现出完整统一的结构，各种心理成分，如气质、性格、能力、兴趣等相互协调、配合，共同构成一个有机的整体。他们具有一系列积极的性格特征，乐观的心态使他们在面对困境时总能看到希望的曙光，以积极的视角去解读生活中的种种经历；开朗的性格让他们能够轻松地融入各种社交场合，与不同性格、不同背景的同学建立良好的关系；友善的态度使他们成为校园中的温暖使者，乐于帮助他人，传递正能量；自信的气质则让他们在面对挑战时相信自己的能力，敢于尝试新事物，勇于展现自我。

在保持自身独特性的同时，大学生还能与他人和谐共处。他们尊重自己的个性与兴趣爱好，不随波逐流，勇于追求自己的梦想与生活方式。但同时也能理解与他人的差异，包容不同的观点与行为；在团队合作、集体生活中，能够发挥自己的优势，与他人相互协作，共同营造和谐、积极向上的校园氛围，促使自身与他人共同成长与发展。

（五）社会适应方面

建立良好的人际关系是大学生社会适应方面的重要环节。在校园里，与同学的相处应是和谐融洽的，他们能够在学习上相互帮助、共同进步，在生活中分享快乐、分担烦恼。与老师的关系应是尊敬与信任的，积极主动地与老师交流学习心得、请教专业问题，从老师那里获取知识与人生经验的双重滋养。与家人的联系应是紧密而温暖的，定期与家人沟通，汇报自己的学习、生活情况，在家庭的支持与关爱中汲取力量。

有效地适应大学生活中的各种环境和角色变化是社会适应方面的关键体现。从高中到大学，学习环境从相对单一的班级授课转变为更加多元的大学课堂、实验室、图书馆等学习场所的综合运用，生活环境从家庭的悉心照料转变为相对独立的宿舍生活。大学生应迅速调整自己的生活习惯与学习方式，适应这种变化。同时，在不同的角色转换中，如从普通社团成员到社团干部，从单纯的学习者到社会实践的参与者等，应灵活地调整自己的行为模式与心理状态，展现出良好的团队合作精神；积极参与集体活动，为团队目标贡献力量，并且能够以强烈的社会责任感，关注社会热点问题；参与公益活动，为社会的和谐发展贡献自己的一份力量，从而实现从校园到社会的顺利过渡。

小结：大学生心理健康是一种综合的、动态的平衡状态，有助于大学生充分发挥个人潜能，实现自身的全面发展和成长。

四、大学生心理健康的定义和内涵

大学生心理健康是一个多维度且内涵丰富的概念，它特指大学生在大学校园这一独特且充满挑战的特定环境里，心理活动所呈现出的一种正常、积极且协调的理想状态。其定义蕴含着多个重要方面的深刻内涵，这些内涵相互交织、相互影响，共同构建起大学生心理健康的完整体系。

（一）良好的适应能力

大学生踏入校园，犹如踏入一个全新的世界，面临着前所未有的挑战与变化。学业上，课程的深度与广度大幅提升，从基础学科到专业领域的深入探究，需要他们迅速调整学习方法与节奏，以适应高强度的学习压力。例如，理工科学生要面对复杂的高等数学公式、实验课程中的精细操作要求；文科学生则要在浩如烟海的文献资料中梳理观点、撰写论文。在人际关系方面，他们要与来自五湖四海、性格各异的同学相处，建立起深厚的友谊，同时还要与不同教学风格的老师进行良好的师生互动。这就要求大学生具备敏锐的社交洞察力与包容心，能够理解与他人在文化背景、价值观方面的差异。再者，新环境的适应不仅是地理环境的改变，还包括校园文化、社团活动等多元氛围的融入。适应能力强的大学生能够积极参与社团招新活动，在各种社团活动中找到自己的兴趣点与归属感，如在志愿者社团中奉献爱心，在学术社团里开阔视野，从而顺利地融入大学生活，开启丰富多彩的校园篇章。

（二）积极的情绪状态

积极的情绪在大学生的生活中犹如阳光雨露，滋养着他们的心灵。乐观的情绪使大学生在面对困难时总能看到希望的曙光，如在考试失利时，他们不会沉浸在沮丧中无法自拔，而是乐观地认为这是一次查漏补缺的好机会，能够激励自己更加努力地学习。满足感则来源于他们在学业进步、个人成长以及社交收获等方面的体验，如成功完成一项很难的小组作业，或者在运动会上打破自己的纪录，这些都能让他们内心充盈着满足。愉悦的情绪常常伴随着校园生活中的美好瞬间，如与朋友在校园漫步时的欢声笑语、参加文艺演出时的尽情绽放。然而，消极情绪如焦虑、抑郁、愤怒等也不可避免地会出现。大学生需要学会合理应对与调节，当焦虑因即将到来的考试或重要面试而出现时，可以通过制订详细的学习计划或模拟面试场景来缓解紧张情绪；当抑郁情绪因人际关系困扰或学业压力而袭来时，可以借助运动、倾诉等方式释放内心的压抑；当愤怒因他人的误解或不公平对待而产生时，可以运用深呼吸、换位思考等方法使自己冷静下来，保持情绪的相对稳定，确保情绪不会像脱缰的野马，破坏自己的学习效率、生活质量以及人际交往的和谐。

（三）清晰的自我认知

清晰的自我认知是大学生心理健康的核心要素之一。大学生正处于自我探索与成长的关键时期，对自己性格的深入了解，如知晓自己是外向开朗、善于社交，还是内向沉稳、喜欢独处，有助于他们选择适合自己的社交圈子与活动方式。明确自己的兴趣所在，无论是对绘画、音乐等艺术的热爱，还是对科学研究、计算机编程等的痴迷，能够引导他们在选修课程、参加社团以及未来的职业规划中有的放矢。认识到自己的能力边界，清楚自己在哪些学科或技能方面具有优势，哪些方面需要进一步提升，能让他们在学习与实践中合理分配精力，发挥优势，弥补不足。同时，客观地评价自己的优点与不足，接受自己的不完美也是至关重要的。心理健康使他们不会因自己的缺点而过度自卑，而是将其视为成长的空间，以积极的心态不断努力完善自我。例如，一个意识到自己公众演讲能力较弱的学生，会主动参加演讲培训与实践活动，逐步克服内心的恐惧与不足，实现自我提升与蜕变。

（四）和谐的人际关系

在大学校园里，和谐的人际关系犹如一张温暖的网，支撑着大学生的心理健康与成长。与同学的相处是大学生人际关系的重要组成部分。他们在宿舍生活中学会互相照顾、包容彼此的生活习惯差异；在小组作业中发挥各自的优势，协同合作，攻克难题；在课堂讨论中，积极分享观点，碰撞出思想的火花。与老师的良好关系则为大学生的学业进步与人生指引提供了宝贵的资源。他们尊重老师的专业知识与教学经验，主动与老师交流学术困惑，探讨人生规划，在老师的启发与鼓励下不断开阔视野，明确人生方向。家庭更是大学生心灵的避风港，无论身处何方，定期与家人通话、视频，分享校园生活中的喜怒哀乐，能让他们在家庭的关爱与支持中汲取力量，增强面对困难的勇气与信心。大学生在构建这些人际关系时，需要具备有效的沟通技巧，如学会倾听他人的观点与感受，清晰准确地表达自己的想法；要培养人际交往能力，懂得尊重他人的个性与选择，理解他人的处境与情感，包容他人的过错与不足，从而营造出和谐、温暖、互助的人际关系氛围。

（五）有效的心理调节

在大学生活中，挫折、困难与压力如影随形，有效的心理调节是他们心理健康的坚实防线。当遭遇学业上的挫折，如挂科、科研项目失败时，他们能够运用适当的心理防御机制，如合理化，将失败视为成功的铺垫，从失败中总结经验教训，而不是陷入自我否定的旋涡中。在面对生活中的困难，如经济拮据或家庭变故时，他们可以通过积极的自我暗示、寻求社会支持等应对策略，迅速调整心态，保持心理平衡。例如，当面临经济压力时，他们可以通过申请助学金、参加勤工俭学等方式解决实际问题；同时，保持乐观向上的态度，不被困难压垮。在压力之下，如考试周的紧张复习、求职季的激烈竞争，他们可以采用放松训练、时间管理等方法，合理分配精力，缓解压力，以从容的姿态应对挑战，始终保持积极的心理状态，向着目标坚定前行。

（六）健全的人格品质

健全的人格品质赋予大学生在各种情境下都保持稳定且积极的行为模式与道德风范。独立的人格使大学生在思考与决策时不盲从，能够依据自己的价值观与判断做出理性选择。例如，在面对流行的消费观念或社交潮流时，他们能思考其合理性，不随波逐流。自信的特质让他们在舞台上、赛场上以及各种社交场合中都能昂首挺胸，充分展现自己的才华与魅力。坚韧不拔的毅力使他们在面对长期的挑战，如考研的漫长征程、创业道路上的崎岖坎坷时，能够持之以恒，永不言弃。乐观的心态让他们在黑暗中也能看到光明，如在面对就业市场的不景气时，相信通过自身努力总能找到合适的发展机会。善良的品德则体现在他们对他人的关爱与帮助上，无论是参加公益活动、关爱弱势群体，还是在日常生活中对同学的雪中送炭，都彰显出人性的光辉。这些健全的人格特质相互融合，塑造出大学生高尚的道德品质与稳定的行为模式，使他们在校园内外都能成为有担当、有魅力的新时代青年。

（七）合理的认知思维

合理的认知思维为大学生正确分析与解决问题提供了有力的工具。理性的思维方式让他们在面对纷繁复杂的信息时能够去伪存真，不被虚假谣言或片面观点所误导。例如，在网络信息爆炸的时代，对于一些热点事件，他们能够通过多种渠道获取信息，进行综合分析，形成客观的判断。客观的思维使他们在评价自己与他人时能避免主观臆断与偏见，能够以事实为依据。灵活的思维则在解决问题时发挥关键作用，当一种方法行不通时，他们能够迅速转换思路，尝试新的途径。例如，在设计实验方案遇到瓶颈时，他们能够从不同的学科理论或实验技术中寻找灵感，调整方案。同时，他们能够避免过度的偏见、刻板印象和非理性的信念，如不因他人的地域、出身或所学专业类别而产生片面看法，在面对挑战时不抱持“我不行”等非理性信念，而是以积极的认知思维激发自己的潜能，攻克难关，实现自我突破与成长。

（八）明确的生活目标

明确的生活目标犹如灯塔，照亮大学生前行的道路。大学生对自己的未来有着清晰的规划，无论是短期的学期目标，如本学期要通过某些专业考试、掌握特定的技能，还是中期的大学期间目标，如参加实习活动积累工作经验、参与科研项目提升学术水平，抑或是长期的职业与人生目标，如成为一名优秀的医生、工程师或投身于教育事业等。这些目标给予他们追求梦想的强大动力与坚定决心。有了目标，他们在学习与生活中便有了方向感，能够合理安排时间与精力，为实现目标而努力奋斗。例如，立志成为一名优秀程序员的学生，会主动学习各种编程语言，参加编程竞赛，寻找实习机会，不断提升自己的编程能力与项目经验，在实现个人价值的同时，也为社会的科技进步与发展贡献自己的力量，使自己的大学生活充实而富有意义，为未来的人生奠定坚实的基础。

总之，大学生心理健康是一个综合性的概念，涵盖了心理的多个方面，旨在促进大学生的全面发展和成长，使其能够在大学期间以及未来的生活中保持良好的心理状态和适应能力。

五、大学生心理健康的特殊性

（一）大学生处于人生的特殊阶段

从年龄上看，大学生大多在18～22岁，处于从青少年向成年过渡的关键时期。这个阶段的大学生面临着自我身份的探索和确立，他们开始思考自己是谁，未来要成为什么样的人，这种自我认知的过程容易引发心理困惑。例如，他们可能会对自己的专业选择、未来职业发展感到迷茫，产生焦虑情绪。

（二）大学生活环境发生了巨大变化

很多大学生离开熟悉的家庭和家乡，来到陌生的大学校园，需要适应新的学习方式、生活节奏和人际关系。在学习上，大学课程难度增加、专业性增强，学业压力较大。同时，大学生需要独立处理生活中的各种事务，如理财、住宿安排等。在人际关系方面，他们要与来自不同背景的同学相处，建立新的友谊和社交圈，处理可能出现的人际冲突，这些都对大学生的心理适应能力提出了挑战。

（三）大学生情感问题较为突出

大学生正处于情感丰富、渴望亲密关系的时期，恋爱成为大学生活的一部分。然而，恋爱中的矛盾、分手等情况可能会给他们带来巨大的心理冲击。此外，大学生还可能面临与家人关系的变化，如沟通减少、观念冲突等，也会影响他们的心理健康。

（四）大学生面临着未来的不确定性和压力

毕业后的就业问题、考研压力等都让大学生感到焦虑和担忧。社会竞争的激烈也使得他们对自己的未来充满不安，容易产生心理负担。

总之，大学生心理健康的特殊性决定了我们需要更加关注和重视大学生的心理状态，采取有效的措施促进他们的心理健康发展。

第一，发展关键期。大学阶段是个体从青少年向成年过渡的关键时期，是人格发展和完善的重要阶段。在这个阶段，大学生面临着自我认同、价值观形成、职业规划等重要发展任务，心理状态容易受到影响。

第二，环境变化大。大学生通常需要离开熟悉的家庭和中学环境，进入全新的大学校园。新的学习方式、生活环境、社交圈子等都带来了巨大的变化，可能引发适应不良和心理压力。

大学的学习内容更加深入和专业化，课程难度加大，学业竞争激烈。同时，他们还面临着考试、论文、科研等多种学业任务，这些都可能导致他们的焦虑和挫折感。

第三，人际关系复杂。大学中的人际关系相比中学更加多元化和复杂，需要处理与同学、老师、室友等不同人群的关系。社交能力和人际沟通技巧的不足可能导致人际冲突和孤独感。

第四，自我期望高。大学生往往对自己的未来充满期待和憧憬，会设定较高的目标。当现实与理想存在差距时，他们容易产生自我怀疑、失望等负面情绪。

第五，恋爱与性心理问题。在大学期间，恋爱成为常见现象；同时，性意识逐渐觉醒。但由于缺乏一定的处理感情和性问题的能力，大学生可能会出现情感困扰、性心理冲突等。

第六，职业规划迷茫。面对未来职业的选择，很多大学生会感到迷茫和困惑，对就业前景的担忧、职业定位不准确等都可能引发心理焦虑。

尽管大学生在知识和认知上有了一定的发展，但在心理成熟度和社会经验方面仍相对不足，应对困难和挫折的能力有限。

第七，信息多元化冲击。互联网的普及使大学生接触到大量的信息，其中包括一些负面或不良信息，这可能对其价值观和心理产生冲击。

小结：大学生处于一个特殊的人生阶段，面临着多种挑战和变化，这使得他们的心理健康具有独特性和特殊需求。

第二节　大学生心理健康的标准

一、大学生心理健康标准的含义

大学生心理健康的标准是一个多维度且综合性的体系，它全面而细致地反映了大学生在心理层面应达到的理想状态。以下将对各个标准进行详细阐述：

（一）智力正常

智力正常是大学生心理健康的基石。在大学的学术殿堂中，较强的学习能力犹如一把锋利的宝剑，帮助大学生披荆斩棘，迅速掌握专业知识。他们能够高效地阅读、理解各类学术文献，无论是晦涩难懂的理论著作，还是前沿的科研报告，都能从中汲取精华。例如，在学习高等数学时，能够理解复杂的公式推导，运用逻辑思维解决各种数学难题；在文学课程中，能深入剖析经典作品的内涵、人物形象与创作背景，展现出敏锐的洞察力与分析能力。

思维能力则是大学生在知识海洋中航行的导航仪。他们具备批判性思维，不盲目接受既有观点，而是通过深入思考、对比分析，形成自己独到的见解。在课堂讨论与学术研究中，他们能够对各种学术观点进行辩证思考，提出创新性的想法与假设。比如，在探讨社会科学问题时，他们能从不同的理论视角出发，综合分析社会现象背后的多种因素，为解决实际问题提供新思路。创新能力更是大学生在当今时代脱颖而出的关键。他们敢于突破传统思维的束缚，在科技创新、文化创意等领域展现出无限的创造力。在参与科研项目时或创业实践中，他们能够提出独特的解决方案，如开发新型的手机应用程序、设计别具一格的艺术作品等，以适应大学的学习任务和学术要求，为未来的职业发展奠定坚实的智力基础。

（二）情绪稳定

情绪稳定对大学生而言，如同平静的湖面，虽偶有涟漪，但不会掀起惊涛骇浪。在大学丰富多彩的生活中，他们能够较好地控制和调节自己的情绪。当面对学业上的挑战，如考试压力、课程难度加大时，不会陷入过度的焦虑之中。例如，在临近考试周，能够合理安排复习时间，通过运动、听音乐等方式缓解紧张情绪，保持平静的心态应对考试。在处理人际关系时，即使遇到冲突或误解，也不会轻易被愤怒冲昏头脑，而是以平和的心态去沟通、解决问题。

保持积极乐观的心态使大学生犹如阳光使者，在校园中传播正能量。他们善于发现生活中的美好，从一次成功的社团活动、一次与朋友的愉快聚会中获得快乐，让积极的情绪成为生活的主色调。较少出现过度的焦虑、抑郁、愤怒等负面情绪，意味着他们拥有较强的情绪管理能力。当负面情绪悄然袭来时，他们能够及时察觉并运用有效的调节方法，如深呼吸放松训练、积极的自我暗示、与他人倾诉等，将负面情绪的影响降到最低，确保情绪不会干扰正常的学习、生活与人际交往，从而营造出和谐、稳定的心理环境。

（三）意志健全

意志健全的大学生犹如坚定的行者，在人生道路上有着明确的目标和清晰的行动方向。他们深知自己想要什么，无论是在学业上追求卓越的成绩、丰硕的学术研究成果，还是在个人成长方面渴望提升自己的综合素质、培养特定的技能与爱好。例如，立志成为一名优秀工程师的学生，会为自己制订详细的学习计划，包括选修相关课程、参加实践项目、考取专业证书等。

在追求目标的过程中，他们展现出顽强的毅力，能够克服重重困难。面对学习中的困难，如复杂的实验操作、深奥的理论知识，他们不会轻易放弃，而是反复钻研，请教老师和同学，直至掌握为止。在参加体育比赛或社团竞赛时，即使遭遇失败与挫折，他们也能迅速调整心态，总结经验教训，坚持不懈地继续努力。很多大学生都具有较强的挫折承受能力和心理调适能力，这使他们在面对生活中的不如意，如失恋、家庭变故、经济困难等情况时，能够坚强地面对，将挫折视为成长的机遇，通过自我激励、寻求社会支持等方式重新振作起来，向着目标奋勇前行，在不断的磨砺中锤炼出坚韧不拔的意志品质。

（四）自我认知准确

准确的自我认知是大学生心理健康的一面镜子，清晰地映照出自身的全貌。他们对自己的性格特点有着深入的了解，知道自己是外向开朗、善于社交，还是内向沉稳、喜欢独处；是果断坚毅、敢于冒险，还是谨慎小心、注重细节。例如，性格外向的学生可能更热衷于参加各种社团活动，担任学生会干部，在与人交往中锻炼自己的领导能力与沟通技巧；而性格内向的学生则可能更擅长在图书馆中潜心钻研学问，在独立思考中探索知识的深度。

对兴趣爱好的清晰认知，引导大学生在课余时间选择适合自己的活动，丰富大学生活。热爱艺术的学生可能会参加绘画、音乐社团，在艺术的海洋中尽情遨游；对科学研究感兴趣的学生则会投身于实验室，参与科研项目，追求真理的奥秘。同时，他们能够客观评价自己的能力，明白自己在哪些方面具有优势，如有的学生擅长逻辑思维，在数学、计算机编程等方面表现出色；有的学生富有创造力，在文学创作、艺术设计方面独具匠心。很多大学生也清楚自己的不足之处，并且能够接纳自己的不完美，不会因自身的缺点而过度自卑或自暴自弃，而是以积极的心态寻求自我提升的途径，如通过参加培训课程、向他人学习等方式弥补不足，实现自我成长与发展。

（五）人际关系和谐

准确的自我认知是大学生心理健康的一面镜子，清晰地映照出自身的全貌。他们对自己的性格特点有着深入的了解，知道自己是外向开朗、善于社交，还是内向沉稳、喜欢独处；是果断坚毅、敢于冒险，还是谨慎小心、注重细节。例如，性格外向的学生可能更热衷于参加各种社团活动，担任学生会干部，在与人交往中锻炼自己的领导能力与沟通技巧；而性格内向的学生则可能更擅长在图书馆中潜心钻研学问，在独立思考中探索知识的深度。

对兴趣爱好的清晰认知，引导大学生在课余时间选择适合自己的活动，丰富大学生活。热爱艺术的学生可能会参加绘画、音乐社团，在艺术的海洋中尽情遨游；对科学研究感兴趣的学生则会投身于实验室，参与科研项目，追求真理的奥秘。同时，他们能够客观评价自己的能力，明白自己在哪些方面具有优势，如有的学生擅长逻辑思维，在数学、计算机编程等方面表现出色；有的学生富有创造力，在文学创作、艺术设计方面独具匠心。很多大学生也清楚自己的不足之处，并且能够接纳自己的不完美，不会因自身的缺点而过度自卑或自暴自弃，而是以积极的心态寻求自我提升的途径，如通过参加培训课程、向他人学习等方式弥补不足，实现自我成长与发展。

（六）适应能力良好

良好的适应能力使大学生能够在大学生活的浪潮中如鱼得水。面对新环境，他们能迅速调整自己的心态和生活方式。很多大学生从家乡来到陌生的城市求学，他们能够积极适应不同的地域文化、气候条件与生活习俗。例如，北方的学生到南方上学，要适应南方潮湿的气候、甜腻的饮食口味；南方的学生到北方求学，也要习惯北方干燥的气候、豪爽的人际交往风格等。

在学习方式上，从高中的应试教育模式转变为大学的自主学习模式，他们需要快速适应。他们要学会制订自己的学习计划，合理安排时间，主动探索，充分利用大学丰富的图书馆资源、网络课程资源等提升自己。在生活节奏方面，他们要适应大学相对自由、多元的生活节奏，合理安排课余时间，如参加社团活动、社会实践活动、体育锻炼等。无论是面对课程的调整、宿舍的更换还是校园规章制度的变化，他们都能以积极的态度去适应，将这些变化视为成长的机遇，在不断的适应过程中提升自己的综合素质，为未来步入社会做好充分的准备。

（七）心理行为符合年龄特征

大学生在心理和行为上应展现出与年龄阶段相契合的特点。他们既不过分幼稚，像小孩子般依赖他人、缺乏独立思考与自我管理能力；也不过于成熟，失去了年轻人应有的朝气与活力、对新鲜事物的好奇心与探索欲。在心理层面，他们具有年轻人的热情与冲动，对未来充满憧憬与幻想，敢于尝试新的事物，追求自己的梦想。例如，很多大学生积极参加各类创新创业比赛、文化交流活动等，在活动中展现出青春的活力与创造力。

在行为表现上，他们能够承担起大学生应尽的责任与义务，遵守学校的规章制度，努力学习专业知识，积极参加社会实践活动。在处理问题时，他们能够运用所学知识和一定的生活经验进行分析与判断，而不是盲目行事。同时，他们也会在适当的时候让自己放松下来，享受大学生活的乐趣，如参加校园音乐节、体育赛事等活动，或与朋友一起度过愉快的时光，使自己的大学生活既充实又富有意义。

（八）有健全的人格

健全的人格赋予大学生独特的魅力与强大的内心力量。具有独立品质的大学生，在思想和行动上不依赖他人，能够自主地做出决策并承担相应的后果。例如，在选择专业方向、进行职业规划以及参与社会实践活动时，他们能够根据自己的兴趣、能力和价值观进行独立思考，而不是盲目听从他人的建议。自信的品质使他们相信自己的能力与价值，在面对挑战时毫不退缩。无论是在公共场合发言、参加学术竞赛还是参与社交活动，他们都能昂首挺胸，充分展现自己的风采。

自尊让他们尊重自己的人格与尊严，不轻易贬低自己；同时，也能尊重他人的自尊。自强则激励他们努力提升自己，追求卓越。他们在面对困难与挫折时，能够依靠自己的力量站起来，继续前行。人格结构完整统一，意味着他们的认知、情感、意志等心理过程协调一致，行为表现一贯稳定，不会出现前后矛盾、反复无常的行为，在各种情境下都能保持自己的人格操守与道德底线，以健全的人格品质在大学乃至未来的人生道路上书写辉煌的篇章。

（九）积极的生活态度

拥有积极生活态度的大学生仿佛生活中的阳光使者，对生活充满了热情。他们眼中的世界充满了无限的可能性与美好，无论是清晨的第一缕阳光、校园里盛开的花朵，还是一次偶然的邂逅、一场精彩的讲座，都能让他们感受到生活的乐趣与惊喜。他们有着明确的生活目标和规划，如同航海者拥有精确的航海图，知道自己要驶向何方。

在学业上，他们会为自己设定短期和长期目标，如每学期取得优异的成绩、获得奖学金、参与科研项目并发表论文等；在个人成长方面，他们努力提升自己的综合素质，如学习一门新的语言、掌握一种新的技能、参加志愿者活动奉献爱心等，并且能够将这些目标细化为具体的行动步骤，有条不紊地付诸实践。在追求目标的过程中，他们善于从日常生活的点滴中发现乐趣与满足，不会因目标的遥远而感到疲惫与沮丧。即使遇到困难与挫折，他们也能以积极的心态看待，将其视为通往成功的必经之路，从而始终保持对生活的热爱与对未来的信心，以乐观向上的姿态迎接生活的挑战。

（十）能够应对压力

在竞争激烈的大学生活中，压力如影随形，而心理健康的大学生具备强大的压力应对能力。面对学业压力，如繁重的课程作业、紧张的考试安排、高难度的科研任务等，他们能够制订合理的学习计划，运用有效的学习方法提高学习效率，如采用时间管理技巧合理分配复习时间、运用思维导图整理知识体系等。同时，他们也懂得通过适当的方式缓解学习压力，如参加体育锻炼、与同学交流学习心得等。

就业压力也是大学生面临的重要挑战之一。他们能够提前做好职业规划，通过参加实习、考取相关职业资格证书、提升自己的综合素质等方式增强自己在就业市场上的竞争力。在面对情感问题，如恋爱中的矛盾、失恋的痛苦等时，他们能够以理性的态度去处理，与恋人进行良好的沟通、交流，或者在失恋后通过自我调整、寻求朋友和家人的支持走出情感困境。无论是哪种压力，他们都能运用积极的应对策略，如情绪调节、寻求社会支持、改变认知等，保持心理平衡和健康，在压力的磨砺中不断成长与成熟，为未来的人生道路积累宝贵的心理资本。

需要注意：心理健康是一个相对的概念，而且每个人在不同的时期和情境下，心理健康的状态可能会有所变化。这些标准只是一个大致的参考，不能作为绝对的判断依据。

二、大学生了解自己心理健康的标准

在大学这片充满机遇与挑战的天地里，大学生了解自身心理健康的标准具有极为重要的意义。它犹如一面镜子，帮助大学生清晰地审视自己的内心世界，及时察觉并调整心理状态，从而更好地适应大学生活，实现个人的全面发展。

（一）智力方面

智力作为大学生心理健康的重要维度之一，涵盖了多个关键要素。良好的观察力使大学生能够敏锐地感知周围世界的细微变化。在课堂上，他们可以精准地捕捉到老师讲解的重点内容、演示实验中的关键细节；在生活中，他们能够留意到身边人的情绪变化、环境的微妙改变等。例如，在生物学实验中，通过细致的观察发现细胞结构的特殊变化，进而深入探究其背后的原理。记忆力则是存储知识的重要工具，大学生需要凭借良好的记忆力将所学的专业知识、文化常识等牢牢记住，以便在需要时能够迅速提取运用。无论是记忆历史事件的发生时间、人物事迹，还是背诵复杂的公式定理，他们都能做到得心应手。思维力是智力的核心，大学生具备强大的思维力，能够对所学知识进行深入的分析、综合、比较、抽象与概括。在撰写学术论文时，他们可以运用逻辑思维构建严谨的论证框架，通过批判性思维对各种观点进行辨析，确保论文的科学性与创新性。想象力为大学生打开了创新的大门，他们能够在文学创作中构思出奇幻的故事场景，在艺术设计中展现出独特的创意理念，在科学研究中提出新颖的假设与模型。

大学生不仅要拥有这些智力要素，更要能够灵活地运用所学知识解决实际问题，展现出一定的创新思维和创造力。在面对实际生活中的各种挑战时，如组织社团活动时的资源调配、社区志愿服务活动中的实际困难解决等，他们能够将课堂上学到的知识融会贯通，提出创新性的解决方案。同时，良好的学习能力也是适应大学学习生活的必备技能。大学的课程设置丰富多样，知识更新迅速，学习要求和学术挑战不断变化。大学生需要具备自主学习能力，主动探索未知领域，根据不同课程的特点和要求调整学习方法，高效地获取、处理和运用知识，这样才能在学术的道路上不断前行。

（二）情绪方面

情绪稳定是大学生心理健康在情绪维度的关键体现。大多数时候，心理健康的大学生心境平和、乐观开朗，犹如春日里的暖阳，给周围的人带来积极的影响。他们能够以平和的心态看待生活中的得失，既不为一时的成功而沾沾自喜，也不因暂时的挫折而垂头丧气。在日常的学习生活中，他们能够保持积极向上的情绪基调，对未来充满信心与希望。例如，在考试成绩不理想时，他们不会陷入长时间的沮丧和自我否定，而是能够迅速调整心态，分析原因，制定改进措施。

情绪的适度表达和调控同样重要。大学生应做到既不过分压抑自己的情绪，也不过分冲动行事。他们能够在合适的时间、场合，以恰当的方式表达自己的喜怒哀乐。当遇到开心的事情时，他们会与朋友分享喜悦；当遭遇不公平待遇或困扰时，他们能够冷静地表达自己的感受和诉求，而不是通过过激的行为来宣泄情绪。在面对压力和挫折时，他们可以展现出强大的心理调适能力，能较快地恢复积极的情绪状态。比如，在失恋后，虽然会经历痛苦和悲伤，但心理健康的大学生能够通过与朋友倾诉、参加兴趣活动等方式，逐渐走出阴影，重新拥抱生活，让情绪成为生活的助力而非阻力。

（三）意志力方面

明确的生活和学习目标是大学生意志力的灯塔。大学生活丰富多彩，但也容易让人迷失方向。拥有明确目标的大学生能够清晰地规划自己的未来，无论是短期的学期目标，如通过某门专业课的考试、掌握一项新的技能，还是长期的人生规划，如从事特定职业、实现个人价值等。并且，他们能够为实现这些目标而制订详细合理的计划，将大目标分解为一个个可操作的小步骤，有条不紊地付诸实践。例如，计划考研的学生，会提前规划好每个学期的复习进度，包括每天的学习时间安排、各个科目知识的复习顺序等。

在追求目标的道路上，困难和挫折在所难免。此时，大学生需要展现出坚持不懈的毅力和勇气，不轻易被困难打倒。在参加科研项目时，面对实验失败、数据不理想等情况，他们能够持之以恒地调整实验方案，反复尝试，直至取得成功。同时，大学生还需要具备抵制外界诱惑和干扰的能力，专注于自己的目标和任务。在信息爆炸的时代，网络娱乐、社交活动等各种诱惑层出不穷。心理健康的大学生能够坚定自己的信念，在学习时专注于知识的汲取，不被手机游戏、无意义的社交闲聊等所干扰，保持高度的学习效率和专注度，向着目标坚定地迈进。

（四）人格方面

完整、统一且协调发展的人格结构是大学生心理健康的重要标志。人格的各个方面，如气质、性格、能力、兴趣等相互配合，共同构成一个有机的整体。大学生没有明显的人格缺陷，如过度的自卑、孤僻、偏执等。他们能够正确地认识自己的人格特点，发挥优势，弥补不足。例如，性格内向的学生可以发挥自己沉稳、专注的优势，在学术研究等领域深入钻研；性格外向的学生则利用自己善于交际的特点，在社团活动、团队项目中发挥领导与协调作用。

积极向上的人生观和价值观犹如人生的指南针，指引着大学生的行为和选择。他们对自己有清晰的认知，了解自己的优势与不足，能够悦纳自己；对他人秉持尊重、理解和包容的态度，善于与不同性格、不同背景的人相处；对社会有着正确的认知，明白个人与社会的关系，积极承担社会责任。在道德品质方面，他们具备诚实守信、友善待人、乐于助人等良好品德，遵守社会公德，拥有职业道德和家庭美德。他们积极参与公益活动，关心弱势群体，用实际行动践行自己的道德信念。同时，心理健康的大学生能够在保持自我独立性和独特性的基础上，与周围环境和他人和谐共处。他们既不随波逐流，盲目迎合他人，又能积极融入集体，与同学、老师、家人建立良好的关系，在和谐的人际环境中实现自我成长与发展。

需要着重强调的是，这些心理健康的标准并不是绝对、僵化的。每个人的成长经历、家庭背景、文化环境等各不相同，心理健康状况也具有一定的独特性。有的学生可能在某些方面的表现较为突出，而在其他方面相对薄弱，但只要整体心理状态处于积极、协调的发展趋势中，就不必过分担忧。而且，心理健康状况并非一成不变，它会随着生活经历、环境的变化而动态变化。大学生在面对重大生活事件，如亲人离世、失恋、学业挫折等时，心理状态可能会出现波动，但只要能够及时调整，恢复到相对健康的状态，也是正常的心理反应过程。因此，大学生应定期审视自己的心理状态，以发展的眼光看待自己的心理健康，在必要时积极寻求专业帮助，不断提升自己的心理健康水平，以饱满的精神状态迎接大学生活的挑战，书写属于自己的精彩篇章。

三、心理健康的动态性和相对性

心理健康是一个动态且相对的概念，而非一种绝对、固定的状态。动态性意味着心理健康会随着个人的成长、经历、环境的变化以及应对生活事件的能力而不断改变。在不同的人生阶段，人们面临着各种各样的挑战和机遇，如大学生在求学期间可能会面临学业压力、人际关系困扰等，这些经历会影响他们的心理状态。随着时间的推移，通过自身的调整、学习以及外部的支持，他们可能逐渐克服困难，心理状态得到改善；然而，新的情况出现时，又可能会引发新的心理问题。因此，心理健康不是一劳永逸的，而是处于一个不断变化和发展的动态过程中。

相对性体现为心理健康的标准不是一概而论的。对心理健康的评判不能脱离具体的文化、社会背景以及个人的生活情境。在一种文化中被视为正常的心理反应，在另一种文化中可能会有所不同。同样，个人的生活经历、家庭环境、社会地位等因素都会影响对其心理健康的判断。例如，一个人在面对重大灾难时表现出的短暂焦虑和恐惧，在特定的极端情况下可能是正常的心理反应；但如果这种反应在日常普通情境中持续且强烈地出现，就可能被视为心理不健康。

总之，我们应该以动态和相对的视角来理解心理健康，充分考虑个体的差异和环境的变化，避免用僵化、单一的标准来衡量。这样才能更准确、全面地评估和促进个人的心理健康。

第三节　影响大学生心理健康的因素

一、影响大学生心理健康的具体因素

大学生心理健康是一个复杂且多元的议题，受到众多因素的交互影响。深入探究这些因素，对全面理解大学生心理健康状况、有效开展心理健康教育与干预具有极为重要的意义。

（一）个人因素

个人因素在大学生心理健康中起着基础性作用，其中涵盖了遗传、生理、人格特征以及认知方式等多个子因素。

1.遗传因素对大学生心理健康的影响不容忽视

现代研究表明，某些心理障碍确实存在一定的遗传倾向。例如，精神分裂症和抑郁症等严重心理疾病在家族中呈现出聚集性。若家族中有此类疾病的病史，大学生个体发病的风险相对来说会有所增加。但这并非意味着具有遗传倾向就必然会发病，而是在特定的环境诱因下，遗传因素可能使个体更容易受到影响。如同埋下了一颗种子，在不良环境的滋养下，才更有可能生根发芽。

2.生理因素同样与大学生心理健康紧密相联

当大学生身体健康状况不佳时，往往会对其心理状态产生负面影响。例如，患有慢性疾病的学生，如慢性胃病、心脏病等，需要长期忍受身体的不适与病痛的折磨，这可能导致他们产生焦虑、抑郁等情绪。内分泌失调也是一个重要方面，如甲状腺功能异常可能导致烦躁不安或情绪低落。身体的疲惫与不适会降低大学生应对生活压力的能力，使他们在面对学业、人际关系等挑战时更容易感到力不从心，进而影响心理健康。

3.人格特征是影响大学生心理健康的又一关键因素

具有敏感人格特质的大学生，可能会对他人的评价过度在意，哪怕是微小的批评或负面反馈都可能引发他们内心的强烈波动，导致情绪低落或焦虑不安。内向型人格的学生在社交场合中往往沉默寡言，不太善于主动与他人交流、沟通，这可能使他们在人际交往中面临更多的困难与挑战，容易产生孤独感与社交焦虑。焦虑型人格的大学生则常常处于一种过度担忧未来的状态，对各种事情都充满了不安与恐惧，这种长期的焦虑情绪会严重影响他们的学习、生活质量以及心理健康水平。

4.认知方式在大学生的心理世界中扮演着重要角色

那些秉持消极、片面、极端思维方式的大学生更容易陷入心理困扰的泥沼。例如，在一次考试失利后，秉持消极认知的大学生可能会认为自己毫无学习能力，注定在学业上一事无成，而不是将其看作一次检验知识漏洞、提升学习方法的机会。他们往往容易忽视自身的优势与潜力，过度关注失败与不足，这种不合理的认知模式会不断强化其负面情绪，导致自信心受挫，进而引发一系列心理健康问题，如抑郁、自卑等。

（二）家庭因素

家庭作为大学生成长的第一环境，对其心理健康的塑造有着深远且持久的影响，主要体现在家庭环境、家庭教育方式以及家庭经济状况等方面。

1.家庭环境的氛围对大学生的心理影响至关重要

在一个不和谐的家庭中，家庭成员之间频繁地冲突、争吵，或者长期处于冷漠、疏离的关系状态中，会使大学生在成长过程中缺乏安全感与温暖感。他们可能时常处于紧张、焦虑的情绪之中，对家庭产生逃避心理，甚至将这种不良的家庭关系模式投射到其他人际关系中，导致在与同学、老师交往时也出现类似问题。例如，在父母经常争吵的家庭环境中成长的大学生，可能会对亲密关系产生恐惧与不信任，在恋爱关系中表现出过度敏感、多疑等特质。

2.家庭教育方式也是影响大学生心理健康的关键因素之一

过度溺爱的教育方式会使大学生缺乏独立性与自理能力，在面对大学生活中的各种挑战时，如独立生活、学业压力等，往往难以应对，容易产生挫败感与依赖心理。严厉惩罚的教育方式则可能导致大学生性格内向、自卑，甚至出现逆反心理。长期处于高压的惩罚环境下，他们可能会压抑自己的情感与需求，不敢表达自己的真实想法，久而久之，容易产生心理问题。而忽视型教育方式，使大学生在成长过程中得不到足够的关注与引导，可能会使他们感到被边缘化，缺乏归属感，进而影响其自我认知与心理健康发展。

3.家庭经济状况对大学生心理健康也有着不可忽视的影响

对来自贫困家庭的大学生而言，经济上的压力可能会使他们产生自卑、焦虑等心理。在大学校园这个多元化的环境中，他们可能会因为物质条件的匮乏而在社交场合中感到局促不安，与其他同学相比产生心理落差。例如，在面对一些需要一定经济支出的社交活动或购买学习资源时，他们可能会因经济原因而选择回避，这可能会影响他们的人际关系拓展与学业水平提升，进一步加重其心理负担，甚至可能导致他们陷入自我封闭的状态。

（三）学校因素

学校是大学生学习与生活的重要场所，学业压力、人际关系以及校园文化等学校因素对大学生心理健康会产生多方面的影响。

1.学业压力是大学生面临的首要学校因素挑战

大学课程门类繁多、内容丰富且具有一定的深度，同时伴随着频繁的考试、论文撰写等任务。例如，理工科专业的学生需要学习高等数学、物理、化学等难度较大的基础课程以及专业核心课程和实验课程，学业负担较重。在考试周期间，学生需要在短时间内复习大量的知识，面对可能挂科的压力，容易产生焦虑、紧张等情绪。而论文撰写要求学生具备独立的研究能力、文献查阅能力与写作能力，对初入大学还未完全适应这种学习方式的一些学生来说，可能会遭遇重重困难，多次修改仍不能达到要求，从而引发挫折感与自我怀疑，对心理健康产生负面影响。

2.人际关系在大学校园生活中占据着重要地位

与同学之间的关系尤其是舍友关系，对大学生心理健康影响显著。宿舍是大学生活的重要场所，由于不同学生的生活习惯、性格特点、价值观等存在差异，所以有可能会引发宿舍矛盾。例如，有的学生喜欢早睡早起，而有的学生习惯熬夜，作息时间的不同可能会导致相互之间的不满与冲突。此外，与老师之间的关系也不容忽视，良好的师生关系能够为学生提供学业上的指导与支持，而不良的师生关系则可能使学生对学习产生抵触情绪。在课堂上受到老师的批评、误解，或者在寻求学术帮助时得不到老师的积极回应，都可能让学生感到沮丧、失落，进而影响其心理健康。

3.校园文化对大学生心理健康有着潜在的影响

在竞争激烈的校园环境中，学生们往往过于关注成绩、排名等，忽视了自身的全面发展与身心健康。缺乏支持性的校园文化，会使大学生在遇到困难时难以获得有效的帮助与鼓励。例如，当学生面临学业压力或心理困扰时，学校若没有完善的心理健康支持体系，如心理咨询服务不够便捷、专业，心理健康教育活动不够丰富多样等，学生可能会感到孤立无援，无法及时排解内心的压力与困扰，从而加重心理问题。

（四）社会因素

社会作为大学生成长的大背景，其变革、支持体系以及网络环境等会对大学生的心理健康产生一定的影响。

1.社会变革给大学生带来了诸多不确定性与压力

在当今经济转型时期，就业市场竞争日益激烈，大学生面临着巨大的就业压力。他们需要在大学期间不断提升自己的综合素质，以适应市场需求。然而，就业市场的变化难以预测，专业对口率低、就业岗位有限等问题让大学生们忧心忡忡。例如，一些新兴行业的崛起与传统行业的衰落，使得部分专业的大学生在就业时面临尴尬境地，他们可能会对自己的职业前景感到迷茫，产生焦虑、抑郁等情绪，对未来失去信心。

2.社会支持的不足也是影响大学生心理健康的重要因素

大学生在成长过程中需要来自社会各界的支持与帮助，尤其是心理咨询服务。然而，当前社会心理咨询服务资源分布不均衡，在一些地区或高校，心理咨询服务设施不完善，专业心理咨询师数量不足，导致大学生在遇到心理问题时难以获得及时有效的专业帮助。例如，一些高校的心理健康中心预约时间长、咨询时间短，不能满足学生的实际需求，使得学生的心理问题得不到及时解决，还可能会逐渐加重。

3.网络环境对大学生心理健康的影响日益凸显

网络信息良莠不齐，其中的不良信息，如暴力、色情、虚假新闻等，可能会对大学生的价值观与心理认知产生误导。网络社交在给大学生提供便捷交流平台的同时，也带来了一些负面体验。例如，网络暴力现象时有发生，大学生可能会在社交网络上遭受无端的攻击、谩骂，这会对他们的自尊心与自信心造成极大伤害，引发焦虑、抑郁等心理问题。此外，过度沉迷网络也会影响大学生的人际关系与学业成绩，进一步加重其心理负担。

（五）重大生活事件

重大生活事件犹如人生道路上的巨石，往往会对大学生的心理健康产生巨大的冲击，包括失恋、亲人离世、重大疾病等突发事件以及升学、搬迁等生活环境的重大改变。

1.失恋对大学生来说是常见且极具情感冲击力的重大生活事件

在恋爱过程中，很多大学生会投入大量的情感与精力，当一段感情破裂时，他们往往会经历痛苦、悲伤、失落、愤怒等强烈的情绪反应，尤其是对那些在恋爱中过度依赖对方、将恋爱视为生活重心的学生来说，失恋可能会导致他们出现抑郁、自卑、自我否定等心理问题，甚至可能影响到他们的学业与正常生活。例如，一些学生在失恋后会长时间地陷入消沉状态，无法集中精力学习，对社交活动也会失去兴趣，严重影响身心健康与个人发展。

2.亲人离世对大学生来说是极其悲痛的重大生活事件

大学生与亲人之间有着深厚的情感纽带，亲人的离世会让他们产生巨大的丧失感与悲痛。这种悲痛情绪可能会持续很长时间，影响他们的情绪状态、睡眠、饮食等各个方面。面对亲人离世，大学生可能会陷入对生命意义的思考与困惑中，产生无助、绝望等情绪，若得不到及时有效的心理支持与疏导，可能会引发其长期的心理创伤，如创伤后应激障碍等，严重影响其心理健康与生活质量。

3.重大疾病无论是对患病大学生本人还是其家庭都是沉重的打击

患病大学生需要承受身体上的痛苦与治疗过程中的压力，同时还要面对疾病对学业、未来生活的影响。例如，一些慢性疾病需要长期治疗与康复，这可能会使大学生中断学业，与同学之间产生差距，进而产生焦虑、自卑等心理。而且，家庭为了治疗其疾病可能会面临经济压力，这也会给大学生带来心理负担，担心自己成为家庭的拖累。

4.升学、搬迁等生活环境的重大改变同样会给大学生带来适应困难与心理问题

从高中升入大学，大学生面临着学习方式、生活环境、人际关系等多方面的巨大变化。在学习上，从高中的应试教育模式转变为大学的自主学习模式，需要学生具备更强的自我管理能力；在生活上，很多大学生离开家乡与家人，到一个陌生的城市生活，需要适应新的气候、饮食、文化等；在人际关系上，要与来自不同地区、不同背景的同学建立新的关系。如果大学生不能顺利适应这些变化，就可能会产生焦虑、孤独、思乡等情绪，影响其心理健康。同样，因家庭搬迁等原因导致生活环境发生重大改变，也会使大学生在适应新环境的过程中面临心理挑战。

（六）心理应激

心理应激是大学生心理健康领域不可忽视的重要因素，长期处于高压力、高应激状态会对大学生的心理承受能力构成严峻考验。

在大学的学习生活中，频繁的考试、紧张的竞赛准备等情况常常使大学生处于高压力环境下。考试周期间，大学生不仅要复习多门课程的知识，还要应对考试带来的心理压力，担心考试成绩不理想影响学业成绩、奖学金评定等。例如，一些专业课程的考试难度较大，学生需要花费大量时间和精力进行复习，长时间的高强度学习容易导致其身心疲惫。在竞赛准备过程中，很多大学生为了取得好成绩，往往会给自己设定很高的目标，投入大量的时间和精力进行训练、准备作品等。这种高压力、高应激的状态如果持续时间过长，会超出大学生的心理承受能力，使他们出现焦虑、失眠、注意力不集中等心理症状，甚至可能引发更严重的心理问题，如神经衰弱、焦虑症等。长期处于这种状态还会影响大学生的身体健康，如导致免疫力下降、肠胃功能紊乱等，进一步加重其心理负担，形成恶性循环。因此，合理应对心理应激、学会有效的压力管理对大学生的心理健康至关重要。

小结：大学生心理健康受到多种因素的综合影响，需要个人、家庭、学校和社会共同关注和努力，以促进大学生的心理健康发展。

二、内外部因素对心理健康的影响

因内部因素引发的青少年心理健康问题常常被忽视，这可能导致错过最佳医治时机，进而引发严重后果。内部因素包括遗传、生理和心理特质等方面。我们必须大力普及心理健康教育，让学生与家长充分认识到这些因素的潜在影响；要让学生们了解遗传因素可能带来的心理疾病易感性。某些心理障碍具有遗传倾向，如精神分裂症、抑郁症等，有家族病史可能增加发病风险。同时，要让他们明白生理变化对情绪的影响，如内分泌失调等可能影响其心理状态。此外，不同的心理特质也有不同的表现，如敏感、内向、焦虑型人格可能更容易出现心理健康问题。

通过心理健康教育，协助青少年和家长提高自我觉察能力，鼓励他们在日常生活中密切关注自己的情绪、思维和行为模式。当出现异常变化时，如长期的焦虑情绪，不能仅仅归咎于外部压力，还要思考是否由内部因素引起。这样才能及时发现问题，采取相应措施，避免心理健康问题恶化，为青少年的成长营造一个健康的心理环境。

（一）个体内部因素对心理健康的影响

在探究心理健康的复杂成因时，个体内部因素无疑占据着关键地位。这些内部因素主要涵盖遗传、生理和心理三个重要层面，它们相互交织、协同作用，深刻地影响着个体的心理健康状况。

1.遗传因素

遗传因素在个体心理健康的塑造过程中，犹如一幅隐藏在生命深处的蓝图，默默地发挥着影响力。诸多研究确凿地表明，某些精神疾病呈现出显著的遗传倾向。例如，精神分裂症作为一种严重的精神障碍，其遗传因素的作用不容小觑。研究发现，如果一级亲属中有精神分裂症患者，那么个体罹患该疾病的风险相较于普通人群会显著升高。双相情感障碍同样具有较强的家族遗传性，患者的家族成员往往更容易被这种情绪波动剧烈的疾病所困扰。抑郁症的遗传因素也得到了广泛的研究证实，有抑郁症家族史的个体，在面对生活压力时，可能更容易陷入抑郁的泥沼。

从生物学机制的角度来看，遗传因素主要通过影响大脑的神经递质系统来施展其影响力。神经递质如同大脑中的化学信使，负责在神经元之间传递信息，调节着我们的情绪、认知和行为。例如，血清素是一种与情绪调节密切相关的神经递质，遗传因素可能导致血清素合成、代谢或转运过程中的异常，进而影响个体的情绪稳定，使个体更容易出现抑郁、焦虑等情绪障碍。此外，遗传因素还会对神经回路的形成和功能产生作用。神经回路是大脑中神经元相互连接形成的复杂网络，它们参与了各种心理活动的信息处理过程。如果遗传因素导致某些神经回路的发育异常，那么个体在情绪识别、记忆存储、决策制定等方面可能会出现偏差，从而增加心理问题的产生风险。

然而，必须明确的是，遗传绝非个体心理健康的唯一主宰。环境因素与遗传因素之间存在复杂的交互作用。即使个体携带某种精神疾病的遗传易感基因，但如果其成长环境稳定、支持性强，且能够学会有效的应对策略，那么他们也可能成功地避免疾病的发作，或者减轻疾病的严重程度；反之，不良的生活经历和环境压力可能会激活遗传因素中的潜在风险，使原本处于休眠状态的心理问题逐渐显现。

2.生理因素

生理状况与心理健康之间存在着千丝万缕的联系，生理因素对心理健康的影响既直接又间接，宛如一条无形的纽带，将身心紧密地交织在一起。

身体健康问题往往是引发心理问题的重要导火索。如慢性疾病（如糖尿病），患者需要长期忍受血糖波动带来的身体不适、严格的饮食控制以及烦琐的药物治疗，这些生活方式的改变和身体的痛苦容易使患者产生焦虑、抑郁等负面情绪。心脏病患者不仅要承受心脏功能受损带来的身体虚弱和活动受限，还常常担忧疾病的复发和恶化，这种长期的心理压力可能进一步加重病情，形成恶性循环。慢性疼痛更是对身心的双重折磨，持续的疼痛刺激会导致大脑神经内分泌系统的紊乱，使个体变得烦躁、易怒，睡眠质量下降，注意力难以集中，进而严重影响其心理健康。

内分泌失调也是影响心理健康的关键生理因素之一。甲状腺功能异常在这方面表现得尤为突出。甲状腺激素分泌过多时，会引发甲状腺功能亢进，患者常出现焦虑、失眠、情绪易激动等症状；而甲状腺激素分泌不足则会导致甲状腺功能减退，患者可能会表现出抑郁、疲劳、注意力减退等心理状态。女性在特殊的生理期，如经期、孕期和更年期，由于体内激素水平的剧烈波动，也容易出现情绪不稳定、焦虑、抑郁等心理问题。在生理期，雌激素和孕激素的变化可能导致经前综合征，使女性在月经前一周左右出现情绪低落、烦躁、乳房胀痛等症状；孕期女性体内激素水平的大幅改变以及身体的生理变化，可能引发孕期抑郁，表现为对胎儿健康的过度担忧、情绪低落、睡眠障碍等；更年期女性由于卵巢功能衰退，雌激素水平下降，常常会经历潮热、盗汗、失眠等身体不适，同时伴随着情绪波动、焦虑、抑郁等心理困扰。

大脑作为心理活动的物质基础，其损伤或病变必然会对心理健康产生影响。例如，脑外伤可能导致患者的性格、情绪和认知能力发生改变。额叶损伤的患者可能会出现行为冲动、情绪失控、判断力下降等问题；颞叶损伤则可能影响患者的记忆功能和情绪调节能力，使其更容易出现焦虑、抑郁等情绪障碍。此外，睡眠障碍与心理健康之间也存在着密切的关联。长期的睡眠不足或睡眠质量差，会干扰大脑的正常功能。大脑在睡眠过程中会进行自我修复和信息整合，如果睡眠不足，大脑的神经递质平衡会被打破，导致神经兴奋性增强，从而使个体出现注意力不集中、记忆力下降、烦躁不安等症状，长期下去还可能引发抑郁情绪，严重影响个体的心理健康和生活质量。

3.心理因素

个体的心理特征和认知模式犹如心灵的内在导航系统，在很大程度上决定了个体如何感知、理解和应对外部世界，进而对心理健康产生至关重要的影响。

（1）性格特点在心理健康的舞台上扮演着重要角色。神经质性格的个体往往情绪稳定性较差，对负面情绪的感受更为强烈，在面对生活中的小挫折时，容易陷入焦虑、抑郁等情绪困境中。他们可能会过度敏感地解读他人的言行，将中性评价视为批评，从而产生不必要的心理压力。内向性格的人通常更倾向于关注内部世界，在社交场合中可能会感到不自在，缺乏有效的社交支持，这使得他们在遇到压力时难以通过与他人的交流来缓解情绪，更容易将负面情绪内化，导致心理问题的产生。完美主义者则对自己和周围环境有着极高的要求，他们追求尽善尽美，不容许出现任何差错。这种高标准、严要求在面对无法达到的目标时，往往会导致强烈的挫败感和自我怀疑，长期积累下来可能导致焦虑症、抑郁症等心理疾病。

（2）认知风格同样是影响心理健康的关键因素。消极、悲观的认知风格使个体在面对问题时，更容易看到事物的负面，忽视积极因素。例如，在面对一次考试失利时，消极认知的学生可能会认为自己毫无学习能力，注定在学业上一事无成，而不是将其看作一次检验知识漏洞、提升学习方法的机会。过度灾难化的思维方式更是将小问题无限放大，想象出各种可怕的后果。比如，身体出现一点小毛病就担心自己患上绝症，这种不合理的思维方式会引发过度的焦虑和恐惧，严重影响个体的心理健康和正常生活。

（3）自我概念和自尊水平也与心理健康息息相关。自我概念是个体对自己的总体认知和评价，包括对自己的外貌、能力、性格、价值观等方面的认识。积极健康的自我概念有助于个体建立自信，更好地应对生活中的挑战；而扭曲或消极的自我概念则可能导致个体产生自卑心理，对自己的能力缺乏信心，过度依赖他人的评价，容易在面对批评或失败时陷入自我否定的深渊。自尊水平反映了个体对自己的价值判断和认可程度。低自尊的个体往往对自己缺乏信心，认为自己不如他人，在社交场合中表现得畏缩不前，不敢表达自己的真实想法和需求。他们更容易受到外界评价的影响，一旦遭遇批评或拒绝，就会产生强烈的负面情绪，如自卑、沮丧、愤怒等；长期处于低自尊状态会严重损害个体的心理健康，增加心理问题的发生风险。

此外，心理防御机制的运用方式也在一定程度上左右着心理健康状况。心理防御机制是个体在面对压力和冲突时，潜意识中采用的一种自我保护策略。然而，过度使用不成熟的防御机制，如否认和投射，可能会掩盖问题的本质，阻碍个体对自身情绪和问题的真实认知，从而导致心理问题的积累和加重。例如，一个人在面对工作中的失误时，不是选择承认错误并努力改进，而是通过否认错误的存在来逃避责任，将自己的问题归咎于他人或外部环境，这种不健康的防御方式会使问题得不到及时解决，反而可能引发人际关系紧张、自我认知偏差等新的心理问题，进一步侵蚀个体的心理健康。

（二）外部环境因素对心理健康的作用

1.家庭环境

（1）情感支持

家庭是个体情感的避风港，一个充满温暖、关爱与支持的家庭能够给予个体强烈的安全感与归属感。在这样的家庭中，成员之间相互尊重、理解与信任，个体能够自由地表达自己的情感与想法而无须担忧批评或拒绝。例如，当孩子在学校遭遇挫折或面临压力时，回到家中能得到父母的耐心倾听、安慰与鼓励，这会使其感受到被接纳和重视，从而增强其心理韧性。心理韧性是个体应对生活压力与挫折的重要能力，它使个体在面对困难时能够保持积极的心态，迅速调整情绪并寻找解决问题的方法。研究表明，在家庭中获得充分情感支持的个体，在面对诸如失业、失恋等重大生活事件时，更有可能以健康的方式应对，出现焦虑、抑郁等心理问题的风险大大减少。

（2）教育方式

父母的教育方式在个体心理发展过程中扮演着极为关键的角色。民主、平等的教育方式注重培养孩子的自主性与独立性，鼓励孩子参与家庭决策，尊重孩子的个性与兴趣爱好。在这种教育环境下成长的孩子，往往具有较强的自信心，能够积极主动地探索世界，并且具备较强的人际交往能力。他们善于表达自己的观点，也能理解和尊重他人的意见，在与同伴交往中更容易建立和谐稳定的关系。相反，过度严厉、专制的教育方式可能会抑制孩子的个性发展，使孩子长期处于紧张、压抑的情绪状态中。这类孩子可能会表现出过度的顺从或极度的叛逆，缺乏自信，对自己的能力产生怀疑，在面对挑战时容易退缩。而溺爱型的教育方式则可能导致孩子过度依赖他人，缺乏自我管理和解决问题的能力，在步入社会后难以适应独立生活与工作的要求，容易产生挫败感和心理失衡。

（3）榜样作用

家庭成员尤其是父母的行为模式和应对问题的方式犹如一面镜子，深刻地影响着孩子的心理塑造。孩子在成长过程中具有很强的模仿能力，他们会不自觉地学习父母处理事情的态度和方法。如果父母在面对困难时能够保持冷静、乐观，积极寻求解决方案，孩子也会逐渐习得这种积极应对的心理品质。例如，当家庭遭遇经济困境时，父母不是抱怨命运的不公，而是通过努力工作、合理规划家庭收支等方式来克服困难，孩子会从中学到坚韧不拔和勇于担当的精神；反之，如果父母在遇到问题时总是焦虑不安、相互指责或采取消极逃避的态度，孩子也可能会形成类似的不良心理模式，在自己面对生活中的挑战时，容易陷入无助和恐惧的状态之中。

（4）早期经历

童年时期的经历对个体心理健康的影响深远且持久。不幸的童年经历，如遭受身体或情感虐待、长期被忽视、家庭关系极度紧张（如父母频繁争吵或离异）等，可能会给个体的心灵造成难以磨灭的创伤。这些创伤可能会以潜意识的形式存在，在个体成长过程中不断影响其心理状态和行为模式。例如，曾经遭受过虐待的孩子可能会在成年后出现信任问题，难以与他人建立亲密关系，或者表现出过度的攻击性或自我保护意识过强。早期经历的创伤还可能影响个体的认知发展，使其对世界和自我形成负面的认知偏差，增加日后出现抑郁症、焦虑症、人格障碍等心理健康问题的风险。研究发现，童年时期遭受严重家庭创伤的个体，在成年后患心理疾病的概率比普通人群高出数倍，并且这些心理问题往往具有较高的复发率和治疗难度。

2.学校环境

（1）教育引导

学校作为知识传播和人才培养的重要场所，通过开设专门的心理健康教育课程，为学生提供了系统学习心理健康知识和技能的机会。这些课程涵盖了情绪管理、压力应对、人际交往、自我认知等多方面内容。例如，在情绪管理课程中，学生可以学习到如何识别自己的情绪，理解情绪产生的原因，并掌握有效的情绪调节方法，如深呼吸、放松训练、积极的自我暗示等。在压力应对课程里，学生能够了解到压力的来源和表现形式，学会运用时间管理、目标设定、问题解决等策略来应对学业压力和生活压力。通过对这些课程的学习，学生能够更加深入地了解自己的心理状态，提高自我心理调适能力，从而更好地应对成长过程中面临的各种挑战。心理健康教育课程不仅能够预防心理问题的发生，还能够促进学生的心理成长和人格完善，为其未来的发展奠定坚实的心理基础。

（2）人际关系

学校为学生提供了丰富多样的人际交往平台，良好的同学关系和师生关系对学生心理健康有着积极的促进作用。同学之间的友谊能够满足学生的社交需求，给予他们情感支持和归属感。在与同伴交往的过程中，学生学会了分享、合作、互助与竞争，发展了社交技能和团队协作能力。例如，在小组合作学习项目中，学生们需要相互沟通、协调分工，共同解决问题，这一过程有助于他们提高人际交往能力和解决冲突的能力。同时，积极的同伴关系还能增强学生的自尊心和自信心，当他们在学习或生活中遇到困难时，同伴的鼓励和帮助能够让他们感受到自己的价值和被认可。而师生关系则在学生的学业发展和心理健康方面起着重要的引导作用。关爱学生、尊重学生个性、教学方法得当的教师能够激发学生的学习兴趣和学习动力，让学生在学业上取得成就感，进而提升其自信心和心理健康水平。教师还能够成为学生的人生导师，在学生面临困惑或困境时，给予他们及时的指导和建议，帮助他们走出心理阴霾。

（3）学习环境

学校的学习环境，包括教学质量、学习压力和竞争氛围等因素，对学生的心理健康有着直接影响。合理的教学安排和高质量的教学能够让学生在轻松愉快的氛围中学习知识、掌握技能，提高学习效率。教师采用多样化的教学方法，如情景教学、探究式学习、多媒体教学等，能够激发学生的学习兴趣，使学习过程不再枯燥乏味。适度的学业要求能够让学生在挑战中成长，培养他们的学习毅力和自我管理能力。然而，如果学习压力过大，超过了学生的承受能力，就可能使学生产生焦虑、抑郁等心理问题。例如，频繁的考试、过多的作业负担以及过高的升学压力，会让学生长期处于紧张状态，影响其身心健康。此外，学校内部过度的竞争氛围也可能对学生心理健康产生负面影响。如过于强调成绩排名和竞争，可能会使部分学生产生自卑心理，甚至出现嫉妒、敌意等不良情绪，破坏同学之间的和谐关系。因此，学校应该致力于营造一个支持性的学习环境，注重学生的全面发展，关注学生的个体差异，避免给学生带来过大的学习压力和不良竞争影响。

（4）心理辅导

配备专业的心理咨询师或心理辅导老师是保障学生心理健康的重要举措。这些专业人员能够为学生提供及时的心理支持和干预服务，帮助他们解决在学习、生活和成长过程中遇到的各种心理困扰。当学生面临考试焦虑、人际关系冲突、家庭变故等问题时，心理咨询师可以通过个体咨询、团体辅导等方式，与学生进行深入的沟通和交流，了解他们的内心感受和困惑根源，运用专业的心理咨询技术，如认知行为疗法、人本主义疗法、心理动力学疗法等，帮助学生调整认知偏差，改善情绪状态，掌握应对问题的有效方法。心理辅导不仅能够帮助学生解决当前的心理问题，还能够帮助学生提高心理调适能力和心理健康水平，预防未来可能出现的心理危机。同时，学校还应该开展心理健康普查、心理健康教育宣传活动等，提高全体学生对心理健康的重视程度，营造良好的校园心理健康文化氛围。

3.社会环境

（1）文化观念

社会的文化价值观和道德标准对个体心理健康的认知和态度有着深远的影响。在一个包容、理解和重视心理健康的社会文化环境中，人们能够更加坦然地面对自己和他人的心理问题，减少对心理疾病的污名化。例如，随着社会的发展进步，越来越多的人开始认识到抑郁症、焦虑症等心理疾病是一种常见的健康问题，如同身体疾病一样需要得到及时的治疗和关爱。这种观念的转变使更多的心理疾病患者愿意主动寻求专业帮助，而不是选择隐瞒或逃避。同时，社会文化中积极倡导的心理健康理念，如乐观、豁达、坚韧等价值观，也能够影响个体的心理品质塑造。人们在这样的文化氛围中，更倾向于培养自己的心理韧性和积极心态，以应对生活中的各种压力和挑战。相反，如果社会文化对心理健康存在偏见或误解，将心理疾病视为个人的弱点或道德缺陷，那么心理疾病患者往往会遭受歧视和排斥，这不仅会加重他们的心理负担，还会阻碍他们的康复进程，甚至导致一些患者因害怕社会舆论而放弃治疗，使病情进一步恶化。

（2）社会支持系统

完善的社会支持网络对个体心理健康的维护和促进具有重要意义。社区作为社会支持系统的重要组成部分，可以为居民提供丰富多彩的心理健康服务活动。例如，社区可以组织心理健康讲座、心理咨询服务、心理健康知识宣传等活动，提高居民的心理健康意识和自我保健能力。社区还可以通过建立邻里互助机制，促进居民之间的情感交流和相互支持，让个体在遇到困难时能够及时得到身边人的帮助。志愿者组织也是社会支持系统的一支重要力量，志愿者们通过开展关爱弱势群体、心理援助等活动，为那些需要帮助的个体提供物质和精神上的支持。例如，在发生重大自然灾害或突发事件后，志愿者们迅速行动起来，为受灾群众提供心理疏导和生活援助，帮助他们缓解创伤后应激障碍等心理问题，重建生活信心。此外，专业的心理健康机构如精神卫生中心、三甲医院精神科/心理科等，可以为心理疾病患者提供专业的诊断、治疗和康复服务，是保障社会心理健康的重要防线。这些不同层面的社会支持系统相互配合、相互补充，形成了一个强大的社会支持网络，能够有效地增强个体的心理调适能力，降低心理问题的发生率。

（3）社会压力

现代社会的快速发展带来了诸多方面的社会压力，这些压力对个体心理健康构成了潜在的威胁。经济发展状况的不确定性，如就业市场的波动、物价上涨等因素，使得个体面临着经济压力的困扰。就业竞争的日益激烈是当前社会压力的一个重要方面。为了获得一份满意的工作，个体需要不断提升自己的学历、技能和综合素质，承受着巨大的求职压力。在求职过程中，频繁的面试失败、职业发展的瓶颈等问题都可能导致个体产生焦虑、抑郁、自卑等心理问题。社会变迁也是产生社会压力的一个重要因素。随着科技的飞速发展和社会结构的快速转型，个体需要不断适应新的生活方式、工作模式和社会角色要求。例如，互联网的普及使得人们的生活节奏加快，信息爆炸式增长，个体需要在海量的信息中筛选出有用的信息，这对个体的认知能力和心理承受能力提出了更高的要求。如果个体无法有效地应对这些社会压力，就可能导致心理失衡，出现各种心理健康问题。长期处于高压力状态下的个体，其身心健康都会受到严重影响，不仅容易患上心理疾病，还可能引发身体疾病，如心血管疾病、消化系统疾病等。

（4）政策和法规

政府制定的有关心理健康的政策和法规以及对心理健康事业的资源投入，对推动整个社会心理健康事业的发展、保障公民的心理健康权益具有至关重要的作用。政策、法规的制定能够为心理健康工作提供制度保障和规范指导。例如，通过立法确立心理健康服务的标准和规范，保障心理治疗师、心理咨询师等专业人员的从业资格和职业权益，确保心理健康服务的质量和安全性。政府还可以通过出台相关政策，鼓励学校、企业、社区等各领域开展心理健康工作，如要求学校配备专业的心理辅导教师、企业为员工提供心理健康福利等。在资源投入方面，政府应提供对心理健康研究、心理健康教育、心理疾病治疗等方面的资金支持，推动心理健康领域的技术创新和服务能力提升。例如，政府资助心理健康科研项目，有助于深入研究心理疾病的发病机制、治疗方法和预防策略，为临床实践提供科学依据。同时，政府对心理健康基础设施建设的投入，如建设精神卫生专科医院、社区心理健康服务中心等，能够改善心理健康服务的可及性，使更多的人享受到专业的心理健康服务。政策、法规的完善和资源投入的增加，能够营造一个有利于心理健康事业发展的社会环境，提高整个社会对心理健康问题的重视程度和应对能力。

家庭、学校和社会作为个体成长和发展的外部环境，在个体心理健康方面发挥着不可或缺的作用。家庭的温暖与支持、正确的教育方式、良好的榜样作用以及愉快的早期经历是个体心理健康的基石；学校的教育引导、和谐的人际关系、适宜的学习环境和专业的心理辅导是促进个体心理健康发展的重要环节；社会的文化观念引导、完善的社会支持系统、合理应对社会压力以及政策和法规的完善是维护个体心理健康的宏观保障。只有充分认识并整合这些外部环境因素，构建一个家庭、学校、社会协同合作的心理健康促进体系，才能更好地保障个体心理健康，促进社会的和谐稳定与可持续发展。

【心理行为拓展】

北京师范大学心理学教授林崇德在全国高校大学生心理健康测量专题培训班上曾强调，大学生的心理健康非常重要。心理健康测量的目的在于帮助大学生培养积极的心态、良好的适应能力和健全的人格，让大学生能在大学这个重要阶段以及未来的人生中充分发挥自己的潜力，快乐地生活和学习。

心理健康测量的意义重大，它关乎我们的学业成就、人际关系以及身心健康。而测量手段则是了解我们心理状态的科学工具，通过专业的量表和评估方法，能准确把握我们的心理状况，及时发现问题并提供有效的帮助。接下来，让我们一起深入探索心理健康的奥秘，开启这段提升心理素养的旅程吧！

一、大学生心理健康评估量表

（一）基本信息

1.你的性别：

A.男　　　　B.女

2.你的年级：

A.大一　　　　B.大二　　　　C.大三　　　　D.大四

3.你的专业：

（请填写具体专业名称）

（二）智力评估

1.你在学习新知识时，理解和掌握的速度如何？（　　）

A.非常快，能轻松跟上教学进度并举一反三

B.较快，基本能理解但需要一些练习巩固

C.一般，需要花费较多时间但最终能掌握

D.较慢，学习起来有些吃力但努力后可以跟上

E.非常慢，感觉学习新知识很困难

2.你解决复杂问题的能力如何？（　　）
A.很强，能迅速分析问题并找到多种解决方案
B.较强，经过思考能找到较好的解决办法
C.一般，在他人帮助下或借助参考资料能解决
D.较弱，解决问题时常常感到困惑
E.很弱，面对复杂问题几乎无从下手

（三）情绪评估

1.你最近一周内情绪波动的频率如何？（　　）
A.几乎没有情绪波动，心情比较平静
B.偶尔有情绪波动，但能很快调整
C.有时会有明显的情绪波动，需要一定时间调整
D.经常有情绪波动，且较难控制
E.情绪波动非常频繁，严重影响日常生活
2.当你遇到挫折时，你的情绪反应通常是（　　）。
A.积极面对，能迅速调整情绪寻找解决办法
B.虽然有些失落，但会尽快振作起来
C.会难过一段时间，但会逐渐恢复
D.会陷入较长时间的消极情绪中
E.会极度沮丧，甚至产生自暴自弃的想法

（四）意志能力评估

1.你设定一个目标后，通常能坚持多久去实现它？（　　）
A.总是能坚定不移地坚持到目标实现
B.大多数情况下能坚持，遇到较大困难时可能会短暂调整但仍会继续
C.一般能坚持一段时间，但遇到一些阻碍可能会放弃
D.经常会因为各种原因中途放弃
E.几乎很难坚持设定的目标
2.当你面对一项非常困难的任务时，你的态度是（　　）。
A.充满信心，积极主动地去克服困难
B.有一定的信心，会努力尝试但可能会有些犹豫
C.觉得有难度，但会尽力去做
D.有些害怕困难，不太愿意主动去面对
E.完全不想面对，选择逃避

（五）人格评估

1.（多选）你认为自己的性格特点是（　　）。
A.外向开朗，善于与人交往
B.内向沉稳，喜欢独处思考
C.乐观积极，总是看到事情好的一面
D.敏感细腻，容易察觉到他人的情绪变化
E.自信独立，有自己的主见和判断

F.温和友善，容易与他人相处
G.其他（请注明）
2.在与他人发生冲突时，你通常会（　　）。
A.冷静理智地沟通，寻求解决办法
B.先让步，避免冲突升级
C.试图说服对方，坚持自己的观点
D.会有些生气，但能控制情绪不发生激烈争吵
E.容易情绪激动，与对方发生激烈争吵
（六）自我意识评估
1.你对自己的优点和缺点的了解程度如何？（　　）
A.非常清楚自己的优点和缺点，并且能客观看待
B.比较了解自己的优点和缺点，但有时会过于强调某一方面
C.大致知道自己的优点和缺点，但不是很明确
D.对自己的优点比较清楚，对缺点认识不足
E.对自己的优点和缺点都不太了解
2.你对自己未来的发展方向有清晰的规划吗？（　　）
A.有非常明确的规划，并且一直在为之努力
B.有比较明确的规划，正在逐步实施
C.有一些想法，但还不是很清晰具体
D.没有什么规划，走一步看一步
E.完全没有考虑过未来的发展方向
（七）生活态度评估
1.你对生活的总体态度是（　　）。
A.非常积极乐观，觉得生活充满希望和乐趣
B.比较积极，能从生活中发现很多美好的事物
C.一般，没有特别积极也没有特别消极
D.有些消极，觉得生活中有很多不如意的地方
E.非常消极，对生活感到失望和无助
2.你在日常生活中，对待困难和挑战的态度是（　　）。
A.把它们看作成长的机会，积极迎接挑战
B.虽然有压力，但会努力去克服
C.觉得有些麻烦，但会尽力去应对
D.不太愿意面对，希望能避开困难
E.完全被困难吓倒，无法应对
（八）适应能力评估
1.进入大学后，你适应大学生活的速度如何？（　　）
A.很快就适应了，能很好地融入新环境
B.比较快，经过一段时间的调整后适应了
C.一般，需要一学期左右的时间逐渐适应

D.较慢，经过一年甚至更长的时间才适应

E.到现在还没有完全适应大学生活

2.当你面临生活环境或学习环境的变化时，你通常会（　　）。

A.迅速适应变化，调整自己的状态

B.能够较快地适应，找到新的应对方法

C.需要一些时间，但最终能适应

D.适应起来比较困难，会有一段时间的不适应

E.很难适应变化，会对生活和学习产生较大影响

（九）心理行为是否符合大学生年龄特征评估

1.你在人际交往中，表现出的行为方式是否符合大学生的一般特点？（　　）

A.完全符合，能够与同学、老师等建立良好的关系，沟通顺畅

B.基本符合，大多数情况下表现正常，但偶尔会有些不成熟的行为

C.部分符合，有些行为比较符合大学生的年龄特征，有些行为则有些偏差

D.不太符合，经常做出与大学生年龄不相符的行为

E.完全不符合，在人际交往中存在较大问题

2.你在学习、娱乐和休息的时间分配上，是否符合大学生的正常情况？（　　）

A.非常合理，能很好地平衡学习、娱乐和休息

B.比较合理，偶尔会有些偏差但能及时调整

C.一般，基本能保证学习时间，但娱乐和休息的安排有时不太恰当

D.不太合理，经常因为学习或娱乐而忽略了休息或其他方面

E.非常不合理，时间管理混乱，严重影响学习和生活

（十）评分标准

各选项分值：A-5分，B-4分，C-3分，D-2分，E-1分。

总分为各个部分得分之和，根据总分可以将大学生心理健康状况大致分为以下几个等级：

80～100分：心理健康状况良好，智力、情绪、意志、人格等各方面发展较为均衡，具备较强的适应能力和积极的生活态度，心理行为符合大学生年龄特征。

60～79分：心理健康状况一般，在某些方面可能存在一些小问题，但整体上能够正常学习和生活，需要适当关注和调整。

40～59分：心理健康状况欠佳，可能在多个方面存在较为明显的问题，如情绪波动较大、适应能力较弱等，建议寻求专业心理咨询帮助，进行自我调整和改善。

20～39分：心理健康状况较差，可能存在严重的心理问题，对学习和生活会产生较大影响，需要及时寻求专业心理治疗和支持。

0～19分：心理健康状况非常差，急需专业干预和治疗，建议尽快与学校心理健康中心或专业医疗机构联系，制订个性化的治疗方案。

请注意，本量表仅作为初步评估工具，不能替代专业的心理诊断。如果对自己或他人的心理健康状况有疑虑，建议寻求专业心理咨询师或医生的进一步评估和指导。

二、自助、求助、助人——“探索心的边界”

同学们，在我们的大学生活中，心理健康是非常重要的一部分。我们可能会遇到各种

各样的心理挑战，这时候就需要我们清楚地知道如何进行自助、求助和助人。今天，我们通过一个互动活动来一起探讨一下它们的范围和界限。

（一）案例展示

案例一：

小李同学最近因为期末考试压力很大，经常失眠，白天学习效率低下。他尝试通过调整作息时间、做一些简单的放松运动（如深呼吸）来改善自己的睡眠状况，同时制订了合理的学习计划，将学习任务分解，逐步完成，以减轻学习压力。

案例二：

小王同学发现自己和室友的关系越来越紧张，经常因为一些小事发生争吵，这让他心情很不好。他开始反思自己的行为和沟通方式，主动找室友进行了一次诚恳的谈话，表达了自己的感受和想法，也倾听了室友的意见，努力改善和室友的关系。

案例三：

小张同学在失恋后，情绪极度低落，对什么都提不起兴趣，甚至有了自暴自弃的想法。他自己感觉无法摆脱这种状态，于是向学校的心理健康中心预约了心理咨询，在心理咨询师的帮助下，小张逐渐走出了失恋的阴影，重新找回了生活的信心。

案例四：

小赵同学发现自己的同班同学小刘最近行为有些异常，总是一个人发呆，上课也经常走神。小赵主动关心起小刘，陪他聊天，了解到小刘是因为家庭经济困难而感到焦虑和自卑。小赵鼓励小刘向学校申请助学金，并帮助他一起准备申请材料，还经常在学习上帮助小刘，让他感受到同学的温暖和支持。

（二）分组讨论

1.将同学们分成若干小组，每组4～6人。

2.给每个小组发放讨论问题清单：

对于每个案例，分析主人公分别采取了哪种方式（自助、求助、助人）来应对心理问题或帮助他人？

案例一：____

____

案例二：____

____

案例三：____

____

案例四：____

____

在这些案例中，你认为自助、求助、助人的范围和界限分别是什么？例如，什么情况下应该先尝试自助？什么情况下需要寻求帮助？帮助他人时应该注意哪些问题，避免超出合理的界限？

____

____

____

结合自己的生活经验，说一说你曾经遇到过类似情况吗？你是如何处理的？

（三）小组汇报

1.每个小组推选一名代表进行汇报，分享小组的讨论结果。

2.其他小组可以进行提问和补充，展开进一步的讨论。

3.老师对各小组的汇报进行总结和点评，肯定同学们的积极思考和正确观点，同时纠正一些可能存在的误解。

体会：

（四）自助、求助、助人的范围和界限

1.自助：

（1）范围：在日常生活中，当我们遭遇一些轻度的心理困扰时，完全可以依靠自身的力量进行调整。比如，当面临短期的压力时，我们可以通过改变生活习惯来缓解：调整作息时间，保证充足的睡眠，让身体和大脑得到充分的休息；合理饮食，摄入均衡的营养，为身体提供能量；适度运动，释放身体内的压力荷尔蒙，促进大脑分泌内啡肽等让人愉悦的物质。此外，我们还可以调整认知，用积极的思维方式看待问题，进行自我反思，从不同的角度去理解和应对所面临的困境。同时，运用一些简单的心理调节技巧，如放松训练，通过深呼吸等方式让自己的身心放松下来；或者进行情绪宣泄，找一个合适的方法将内心的负面情绪释放出去，如写日记、画画等。

（2）界限：如果自己经过一段时间的努力，如一周到两周，却没有明显的效果，或者心理困扰的程度逐渐加重，开始影响到我们的日常生活和学习，那么此时就不能再依靠自己，而是需要考虑其他的方法来解决问题。

2.求助：

（1）范围：当我们面临中度或重度的心理问题时，靠自己往往难以有效解决，这时就应该及时寻求帮助。如果持续处于焦虑、抑郁情绪中，或者遇到严重的人际关系问题、心理创伤等情况，我们可以向学校的心理健康中心求助，那里有专业的心理咨询师为我们提供科学的指导和帮助；也可以寻求专业的心理医生进行诊断和治疗；还可以向信任的老师、家人或朋友倾诉，他们的关心和支持也能给予我们力量。

（2）界限：在求助时，我们要注意选择合适的求助对象和方式。对于一些较为严重的心理疾病，必须寻求专业心理医生的帮助，以确保得到准确的诊断和有效的治疗。同时，在向他人求助时，也要尊重对方的能力和意愿，不能过度依赖，毕竟每个人都有自己的生活和难处。

3.助人：

（1）范围：当我们发现身边的同学、朋友或家人遇到心理问题时，在自己的能力范围内，我们可以伸出援手。倾听他们的烦恼，让他们有一个倾诉的渠道，释放内心的压力；给予情感支持，让他们感受到温暖和关爱；提供一些实际的建议和帮助，如帮助他们解决生活中的困难，或者鼓励他们寻求专业帮助。

（2）界限：在帮助他人的过程中，我们要尊重对方的隐私和个人空间，不能强行干涉他们的生活。同时，我们要认识到自己的能力有限，如果对方的问题比较严重，我们应该鼓励他们及时寻求专业帮助，而不是独自承担解决问题的责任。此外，我们也要注意保护自己的心理健康，避免被他人的情绪过度影响。

注意：在大学生活中，我们要学会灵活运用自助、求助和助人的方式，关注自己和他人的心理健康，共同营造一个健康、和谐的校园环境。

（五）互动延伸

1.请同学们在课后制作一张“心理健康行动卡片”，上面写上自己在遇到心理问题时的自助计划、可以寻求帮助的资源（如学校心理健康中心的联系方式、信任的老师或朋友的名字）以及自己愿意在他人需要时提供帮助的方式和注意事项。

2.鼓励同学们在日常生活中互相监督和支持，积极运用所学的知识，维护自己和他人的心理健康。

通过这样的课堂互动，希望同学们能够更加清楚地了解自助、求助、助人的范围和界限，在面对心理问题时能够做出正确的选择，保持良好的心理健康状态。

本章小结

大学生心理健康是指大学生在大学校园环境中的心理活动处于正常、积极且协调的状态。其内涵丰富，涵盖良好的适应能力、积极的情绪、清晰的自我认知、和谐的人际关系、有效的心理调节、健全的人格、合理的认知思维和明确的生活目标。大学生处于特殊的人生阶段，面临发展关键期、环境变化大、人际关系复杂、自我期望高、恋爱与性心理问题、职业规划迷茫、信息多元化冲击等情况，这使得他们的心理健康具有独特性和不同的需求。

大学生心理健康有明确的标准，包括智力正常、情绪稳定、意志健全、自我认知准确、人际关系和谐、适应能力良好、心理行为符合年龄特征、健全的人格、积极的生活态度、能够应对压力。影响大学生心理健康的因素主要有个人因素（如遗传、生理、人格特征、认知方式）、家庭因素、学校因素、社会因素、重大生活事件、心理应激等。这些因素相互交织，共同影响着大学生的心理状况，了解这些对维护大学生心理健康至关重要。

※学习园地※

●互动思考题

1.作为一名大学生，你怎样做才能提高自己的环境适应能力和社会融入感？

2.在大学校园里怎样判断自己的心理健康状况？

3.把你的不适应说给心理老师或者辅导员听听吧！

第二章　大学生的自我认知

学习目标

通过对本章的学习，大学生要做到以下三点：一是深度掌握自我意识的相关知识，包括其概念、内涵、形成、发展过程以及大学生自我意识发展的特点，深刻理解马斯洛需要层次理论在自我意识发展中的作用，从而从理论高度深入剖析自我；二是熟练掌握自我认知的各类途径（如自我观察、他人评价、社会比较和心理测试）以及多种方法和工具（如反思日记、设定目标与评估、内省法和心理测评工具等），并能合理运用以实现准确的自我认知；三是精准识别大学生常见的自我认知偏差，熟练掌握相应的矫正技巧与自我调适策略，如正确归因、积极自我暗示、合理社会比较、设定现实目标、多角度评价、接受反馈、提升认知和培养成长型思维等，进而提升自我认知水平，有力促进心理健康与个人成长。

（1）自我认知的发展有利于个人做出正确的决策。了解自己的兴趣、价值观和能力，可以在选择职业、学业方向以及人际关系等方面做出更符合自身需求的决策。良好的自我认知有助于树立积极的自我形象。当个体对自己有清晰准确的认识时，他能明确自己的优点和长处，从而增强自信心和自尊心。

（2）自我认知能够促进个人的情绪管理和心理健康。认识到自己的情绪触发点和应对方式，有助于更好地调节情绪。当面临压力和挫折时，自我认知良好的人能够客观分析自己的处境，不盲目自责或怨天尤人，而是采取积极有效的应对策略，减少负面情绪对心理的影响，保持心理健康。

（3）自我认知有助于个人成长和自我完善。通过不断反思自己的行为和表现，个体可以发现自己的不足之处，并努力加以改进。这种持续的自我反思和成长意识，能够推动个人不断进步，实现自我价值的最大化。

在大学期间，随着生活环境的变化、知识的增长和社交圈子的扩大，大学生的自我认知逐渐丰富和清晰。他们开始更深入地思考自己的性格、兴趣、价值观、能力等。

第一节　自我意识的发展

微课 2-1

自我意识的发展

一、自我意识概述

（一）自我意识的概念

自我意识是个体对自己的认识和理解，包括对自身生理状态、心理状态、社会角色等方面的认知。它涵盖了自我观察、自我评价和自我调节等过程。自我意识使大学生能够认识到自己的优点和不足，明确自己的兴趣爱好和价值观，有助于更好地规划人生方向。同时，自我意识也促使大学生在与他人交往中把握好自己的行为和态度，不断调整和完善自我，实现个人的成长与发展。

（二）自我意识的内涵

1.自我观察和反思能力增强

大学生告别了青涩的中学时代，步入更为自由和多元的大学环境，其自我观察和反思能力会显著提升。他们如同敏锐的心灵探险家，开始将关注的目光更多地投向自己的内心深处。在每一次经历之后，无论是课堂上的小组讨论、社团活动中的组织协作，还是与朋友的深入交谈，他们都会在心底默默复盘，思考自己当时的内心感受是怎样的波澜起伏，行为模式是何种风格，思维方式又是如何运转的。例如，在一次激烈的课堂辩论中，大学生可能会察觉到自己在面对不同观点时的情绪反应，是冷静理性地回应，还是因紧张而稍显慌乱；观察自己的行为表现，是积极主动地阐述观点，还是略显被动地跟随他人的思路；剖析自己的思维方式，是从多角度全面分析，还是局限于单一视角。通过这样细致入微的自我观察，他们逐渐对自己的优点（如敏捷的思维、出色的表达能力）以及不足（如偶尔的急躁情绪、思考不够深入等）形成更为客观且清晰的认识。他们不再仅仅依赖外界的评价来了解自己，而是通过自我反思这面镜子，深入探究自己的行为动机和内心渴望，以便在未来的人生道路上能够更加精准地把握自己的方向，做出更符合自身特点和长远目标的决策，实现从懵懂少年向成熟个体的蜕变。

2.自我概念的多元化

大学是一个丰富多彩的舞台，为大学生提供了众多展现自我的机会和领域，这使得他们的自我概念不再狭隘地局限于学业成绩上。在中学时期，成绩或许是衡量自我价值的重要甚至是唯一标尺，而在大学，他们犹如破茧而出的蝴蝶，开始从多个维度构建自我概念。在社交活动中，善于与人沟通交流、广结好友的大学生会将社交能力视为自己的重要特质，在组织社团活动、参与志愿者服务等过程中收获的友谊和团队协作经验，成为他们自我认知的重要组成部分；对艺术有着浓厚兴趣和天赋的学生，通过参加绘画、音乐、舞蹈等社团或选修相关课程，在艺术的海洋中畅游，他们从艺术修养的提升中找到了自我价值的新源泉；在体育赛场上挥洒汗水、拼搏奋进的大学生，将体育特长作为自己的骄傲，每一次打破纪录、赢得比赛都是对自我概念的有力强化；还有那些在社团组织中担任领导职务、成功策划并组织各类活动的大学生，他们的领导才能得到充分发挥和认可，从而成为自我认知中熠熠生辉的亮点。这种自我概念的多元化构建，让大学生认识到自己是一个具有多面性和丰富潜力的个体，不再被单一的评价标准所束缚，为他们未来的职业选择和人生发展提供了更为广阔的视野和更多的可能性。

3.理想自我与现实自我的冲突

大学生正处于朝气蓬勃、对未来充满无限憧憬的人生阶段，他们的心中怀揣着一个理想的自我形象，犹如远方闪耀的灯塔，指引着他们前进的方向。在他们的理想蓝图中，自己或许是学业上的佼佼者，在专业领域独占鳌头；是社交场上的明星，左右逢源，拥有众多真挚的朋友；是职场上的精英，能够迅速适应并在职场中崭露头角。然而，当他们从美好的幻想中回归到现实生活的轨道时，往往会发现现实中的自己与理想状态之间存在着或大或小的差距。在学业上，可能会遇到晦涩难懂的专业知识，尽管付出了努力但成绩仍不尽如人意；在社交方面，或许会因为性格内向或缺乏社交技巧而在新环境中显得孤独和格格不入；在实践能力上，面对实际问题时才发现自己的经验和技能储备非常匮乏。这种理想与现实的碰撞所产生的冲突，虽然会让他们在最初感到沮丧、迷茫甚至焦虑，但从长远来看，却犹如一把砥砺前行的宝剑，促使他们深刻反思自己的不足，激发他们内在的动力，努力去改变现状、提升自我。他们会为了缩小理想与现实的差距而制订详细的学习计划，积极参加各种培训和实践活动，主动学习社交技巧，在不断地努力与尝试中，逐步向理想中的自我靠近，实现自我成长与超越。

4.社会比较更加频繁

在大学这个会聚了五湖四海学子的大集体中，大学生之间的交流与互动日益频繁，这使得他们不可避免地会进行社会比较，以此来进一步明确自己在群体中的位置和独特性。在课堂上，他们会比较彼此的学习成绩、学习方法和知识掌握程度；在社团活动中，会对比各自的组织能力、团队协作能力和领导魅力；在社交场合，会留意他人的人际交往技巧、受欢迎程度和人际关系网络的广度与深度。适度的社会比较能够为大学生提供有益的参照系，让他们发现自己的优势所在，从而增强自信心和自我认同感；同时，也能清晰地认识到自己的不足之处，进而有针对性地进行学习和改进。例如，当看到其他同学在演讲比赛中表现出色时，自己可能会意识到自身在表达能力上的欠缺，从而积极参加演讲培训或向他人请教经验。然而，物极必反，过度的社会比较可能会成为心灵的沉重枷锁，导致自卑或自负的心理滋生。如果总是将自己的短处与他人的长处相比，并且过度在意这种差距，就容易陷入自我否定的旋涡，产生自卑情绪，认为自己处处不如人，失去前进的动力和勇气；反之，如果总是盲目地高估自己，只看到自己的优点而忽视他人的长处和自己的不足，就会滋生自负心理，变得骄傲自满，难以接受他人的意见和建议，阻碍自身的成长与进步。

5.身份探索与认同

大学是大学生从校园走向社会的重要过渡阶段，在这个关键时期，他们犹如在茫茫大海中航行的船只，试图在众多的社会角色和身份中找到属于自己的稳固港湾，即找到自己的定位。他们开始思考自己未来的职业方向，是投身于充满挑战的商业领域，成为一名职场精英；还是致力于科研创新，在学术的道路上默默耕耘；抑或是选择教育事业，用知识的火种点燃下一代的希望之光。在兴趣爱好方面，他们也在不断地探索和专攻，是专注于文学创作，用文字描绘世间百态；还是热衷于艺术设计，用创意塑造美的世界；或是痴迷于体育运动，在赛场上挥洒青春的汗水。通过参加各种实习、实践活动、社团组织以及选修课程，他们亲身体验不同角色和身份所带来的感受和收获，逐渐找到与自己内心追求和价值观相契合的方向，从而形成稳定的自我认同。例如，一个对计算机编程有着浓厚兴趣的学生，通过参加编程社团、参与实际项目开发等活动，不断提升自己的编程能力。在这一过程中，他不仅实现了专业技能的提升，更在内心深处认定自己是一名未来的软件开发者，这种身份认同会给予他强烈的使命感和动力，激励他在相关领域不断深入学习和探索，为未来的职业发展奠定坚实的基础。

6.自我控制和调节能力提高

随着年龄的增长和阅历的增加，大学生的自我控制和调节能力也迈上了一个新的台阶。他们不再像年少时那样容易被情绪所左右，而是能够在情绪的浪潮中保持一份冷静与理智，更好地管理自己的情绪和行为。当面对挫折和困难时，他们不再一味地抱怨、逃避或陷入消极情绪的泥沼中，而是能够主动地调整心态，以积极乐观的态度去迎接挑战，并且迅速制定出切实可行的行动策略。例如，在考试失利后，他们不会长时间地沉浸在沮丧和自责中，而是冷静地分析试卷，找出自己的薄弱环节，制订详细的复习计划，调整学习方法，为下一次考试做好充分的准备；在与同学发生矛盾时，能够控制自己的愤怒情绪，主动与对方沟通交流，尝试站在对方的立场上想问题，以平和的方式解决矛盾。这种自我控制和调节能力的提升，使大学生在面对复杂多变的大学生活和未来社会的种种挑战时，能够保持内心的平衡与稳定，灵活应对各种突发情况，成为自己情绪和行为的主人，为实现个人的成长和发展奠定坚实的心理基础。

总之，大学阶段是自我认知和自我意识发展的关键时期，这对个人的成长、职业规划和心理健康都具有重要意义。

二、自我意识的形成与发展过程

自我意识是人类个体对自身存在状态的认知与觉察，它并非与生俱来便完整成型，而是在个体的成长过程中，遵循着特定的阶段规律逐步发展演进。从呱呱坠地的婴儿到成熟稳重的成年人，自我意识经历了从生理层面的初步感知，到社会层面的逐步构建，再到心理层面的深入探索，直至反思层面的全面整合这一复杂而又奇妙的过程。

（一）生理的自我意识（0～3岁）：感知身体与世界的最初觉醒

在生命的最初阶段，即0～3岁，婴儿犹如一张纯净的白纸，开始了他们对自我意识的最初书写。这一时期，他们主要依赖身体的感觉和动作来开启对自我以及周围世界的认知之旅。

婴儿最初对自己身体的认识源于各种本能的动作体验。他们在无意识的探索中，逐渐发现自己的小手具有抓握东西的神奇能力。当他们偶然地握住一个小玩具并感受到它的存在时，一种对自身肢体功能的朦胧认知开始在心底萌芽。每一次成功的抓握，都是他们与外界建立联系的一次小小尝试，也是对自己身体能力的一次确认。同样，嘴巴作为婴儿感知世界的重要器官，在进食过程中让他们体会到了身体的需求与满足。他们通过吸吮乳汁或进食辅食，意识到嘴巴能够带来愉悦和饱腹感，进而对自己身体的这一部位有了更为深刻的感知。

随着成长的脚步逐渐迈进，婴儿在大约1岁半到2岁时，开始对自己的外貌和身体特征有了初步的感知，这一标志性的发展体现在他们能够认出镜子中的自己。当他们第一次站在镜子面前时，可能会好奇地触摸镜子里的影像，试图与那个“小伙伴”互动。经过一段时间的观察与探索，他们逐渐明白镜子中的形象就是自己，这是自我意识发展过程中的一个重要里程碑。例如，当他们在脸上涂抹了一些颜料后，看到镜子中自己的形象发生了改变，会表现出惊讶或好奇。这表明他们已经能够将镜子中的形象与自己的身体联系起来，开始意识到自己是一个独立的个体，具有独特的外貌特征。

在这个阶段，婴儿的自我意识主要集中在对身体的直接感受和体验上。他们通过不断地重复各种动作，如爬行、站立、行走等，逐渐熟悉自己身体的运动能力和空间位置，从而在大脑中构建起关于自己身体的初步认知地图。这种生理层面的自我意识虽然还处于较为基础和简单的阶段，但却为后续更为复杂的自我意识发展奠定了坚实的基石。

（二）社会的自我意识（3～13岁）：在人际互动中构建自我认知

当儿童成长到3～13岁时，他们的生活范围逐渐从家庭扩展到学校和社区等更为广阔的社会环境中，与他人的互动日益频繁。在这个过程中，儿童的自我意识开始从单纯的生理层面逐渐向社会层面延伸，他们逐渐从他人对自己的评价和反应中汲取信息，以此来构建对自己更为丰富和全面的认识。

在家庭环境中，儿童首先明确了自己作为父母孩子的角色。他们通过与父母的日常相处，感受父母的关爱、期望与要求。例如，当他们帮助父母完成一些简单的家务时，得到父母的表扬和鼓励，会意识到自己是一个能够为家庭做出贡献的成员，从而产生一种自豪和满足感；反之，当他们因为调皮而受到父母的批评时，会明白自己的某些行为是不被认可的，进而尝试调整自己的行为方式。

进入学校后，儿童又面临着新的社会角色定位——老师的学生和同学的伙伴。在学校里，他们接受老师的教导，学习各种知识和技能。老师的评价，无论是对学习成绩的肯定还是对课堂表现的批评，都对儿童的自我意识产生着深远影响。一个经常得到老师表扬的孩子，可能会认为自己是聪明、优秀的学生，从而在学习上更有动力和自信；而一个总是被老师批评的孩子，则可能会对自己的学习能力产生怀疑，甚至产生自卑心理。同时，在与同学的交往中，他们学会了分享、合作与竞争。通过与同伴的互动，他们了解到自己在群体中的地位和受欢迎程度。例如，在游戏中，如果他们总是被同伴推选为领导者，那么他们会逐渐形成自己具有领导才能的自我认知；而如果经常被同伴排斥或忽视，他们可能会感到孤独和失落，进而反思自己的行为举止，试图改变现状以融入集体。

在这个阶段，儿童的自我意识发展具有很强的可塑性。他们会根据外界的反馈不断调整自己的行为，努力使自己符合社会的期望。这种对社会评价的敏感性和适应性，有助于他们逐渐形成社会规范意识和道德观念，学会在不同的社会情境中恰当地表现自己。然而，如果外界的评价过于单一或负面，也可能会对儿童的自我意识发展产生不利影响，导致他们形成片面或不健康的自我认知。

（三）心理的自我意识（14～18岁）：深入探索内心世界与自我确立

步入青春期，通常在14～18岁，个体迎来了自我意识发展的又一个关键时期——心理的自我意识阶段。在这个阶段，青少年的身心经历着巨大的变化，他们开始将关注的焦点从外部世界更多地转向自己的内心深处，试图解开自我灵魂的奥秘。

青少年开始深入思考自己的性格特点。他们会反思自己是外向开朗还是内向沉稳，是乐观积极还是多愁善感。例如，一个原本认为自己很外向的青少年，在经历了一些社交挫折后，可能会重新审视自己的性格，发现自己在某些情况下也会表现得很害羞或紧张，从而对自己的性格有了更为复杂和深入的认识。

兴趣爱好也成为青少年自我意识探索的重要领域。他们逐渐明确自己对哪些事物充满热情，是热衷于文学创作、绘画艺术，还是痴迷于科学实验、体育运动。通过参与各种兴趣活动，他们不仅能够在其中获得乐趣和成就感，还能进一步确认自己的独特性。比如，一个热爱绘画的青少年，在不断地创作过程中，会发现自己对色彩和线条有着独特的感知和表达能力，这种对自身兴趣和特长的认知有助于他们形成积极的自我概念。

价值观的形成是心理自我意识发展的核心内容之一。青少年开始思考什么对自己来说是最重要的，是友情、爱情、家庭还是学业成就、社会地位。他们在面对道德抉择和人生选择时，逐渐明晰自己的价值取向。例如，在面对是否要为了帮助朋友而放弃自己的学习时间这个问题时，青少年会根据自己的价值观来做出决定，而这个决定过程也让他们更加清楚地认识到自己内心所坚守的原则和信念。

同时，青少年也试图理解自己的情感和心理状态，以及这些状态对自己行为的影响。他们会意识到自己在青春期容易出现情绪波动，如时而兴奋、时而沮丧，并且开始思考这些情绪变化背后的原因。他们明白自己的情绪可能会影响到学习效率、人际关系等方面，因此会尝试寻找调节情绪的方法，如通过运动、听音乐或与朋友倾诉来缓解压力和调解不良情绪。

在这个阶段，青少年通过不断地探索和反思，逐渐确立了自己的独特性，形成了相对稳定和一致的自我概念。这个自我概念不再仅仅依赖外界的评价，而是更多地基于自己内心的感受和认知，成为他们走向成年的重要心理标志。

（四）反思的自我意识（18岁以后）：全面审视与自我完善的持续旅程

当个体年满18岁，进入成年期后，自我意识发展到了反思的阶段。这一阶段的个体能够站在一个更为宏观和全面的视角，对自己的过去、现在和未来进行综合的思考和评价。

成年人不仅满足于对自身的简单认识，他们还具备了站在他人角度审视自己的能力。他们会想象自己在他人眼中的形象，思考他人对自己的看法和评价是否客观公正。例如，在工作中，他们会考虑同事和上司对自己工作表现的评价，同时也会反思自己在团队合作中的角色和贡献是否得到了充分的认可。通过这种换位思考，他们能够发现自己在人际交往和自我认知中可能存在的盲点，从而对自我进行更客观、全面的反思。

在面对生活中的各种经历和挑战时，成年人会回顾自己的过去，总结经验教训，分析自己在过去的决策和行为中哪些是正确的，哪些是失误的。例如，在回顾自己的大学生活时，他们会思考自己在学业选择、社交活动、职业规划等方面是否做出了明智的决策，如果有遗憾，他们会从中吸取教训，以便在未来的生活中避免类似的错误。同时，他们也会对自己的现状进行审视，评估自己目前的生活状态、职业发展、人际关系等是否符合自己的预期和理想。如果发现存在差距，他们会制订相应的计划和目标，努力调整和改善现状。

对于未来，成年人会基于对自己的深入了解和对社会环境的认知，进行合理的规划和展望。他们会思考自己的职业发展方向是否需要调整，个人生活目标是否需要重新设定，以及如何在不断变化的世界中保持自己的竞争力和适应性。例如，在面对新兴行业的崛起和传统行业的变革时，他们会反思自己的职业技能是否需要更新换代，是否需要学习新的知识和技术来适应未来的职业发展需求。

在这一阶段，成年人的自我意识处于一个动态的调整和完善过程中。他们不断地根据生活中的变化和挑战，修正自己的自我概念，调整自己的行为方式和价值取向，以实现个人的成长和发展。这种反思的自我意识使成年人能够更加从容地应对生活中的各种复杂情况，在人生的道路上不断追求自我实现和自我超越。

自我意识的发展是一个贯穿个体生命全程的复杂过程。从生理的自我意识到社会的自我意识，再到心理的自我意识，最后到反思的自我意识，每个阶段都有其独特性和重要意义。了解这一发展历程，无论是对教育工作者、家长还是个体自身，都具有极为重要的价值，它有助于我们更好地理解人类的成长与发展规律，为个体的心理健康和全面发展提供有力的支持与引导。

需要注意：自我意识的发展并非严格按照这些阶段线性进行，而是相互交织、相互影响的，并且会受到个体生活经历、文化背景、教育水平等多种因素的影响。

三、大学生自我意识发展的特点

在大学这个充满机遇与挑战的人生阶段，大学生的自我意识呈现出多维度的显著变化与发展趋势，这些变化深刻地影响着他们的成长轨迹与心理健康状况。

（一）自我认识更加主动和全面

步入大学后，大学生犹如踏入了一座自我探索的宝藏殿堂，他们不再被动地接受外界给予的评价，而是主动地开启一场深入内心世界的旅程，多角度地剖析自己的特点、优势与不足。他们不再仅仅满足于知晓自己的外貌、身高、体重等外在情况，而是如同敏锐的探险家，深入挖掘自己的内在品质。他们思考自己是否具备坚韧不拔的毅力、诚实守信的品德、善良宽广的胸怀等。在价值观方面，他们反思自己所秉持的信念究竟是什么，是追求功成名就的荣耀，还是向往内心宁静的平和；是崇尚个人主义的自由，还是注重集体主义的奉献。对动机的探寻也成为自我认识的重要部分，他们追问自己学习的动力是源于对知识的纯粹热爱，还是为了获得他人的赞赏与认可，抑或是为了未来更好的职业发展。大学生们对理想的追求也不再模糊，他们清晰地勾勒出自己未来想要成为什么样的人，从事何种职业，过怎样的生活。例如，有的大学生渴望成为一名救死扶伤的医生，于是开始审视自己是否具有关爱他人的同情心、严谨认真的科学态度以及应对压力的强大心理。这种主动且全面的自我认识，为他们的个人成长奠定了坚实的基础，使他们能够更加精准地规划自己的人生道路，在未来的发展中有的放矢。

（二）自我体验丰富而复杂

大学生活恰似一幅色彩斑斓的画卷，为大学生的自我体验提供了丰富多样的素材，使其情感体验变得更加丰富和细腻。在学业的舞台上，当他们经过不懈努力取得优异成绩，如在期末考试中名列前茅，或者在学术竞赛中荣获佳绩时，内心会涌起强烈的成就感和喜悦感，这种积极体验如同璀璨的星光，照亮他们的心灵，激励他们在学术道路上继续奋勇前行。在社交领域，成功地组织一场社团活动，结交到一群志同道合的朋友，或者收获一份真挚的爱情，都会让他们感受到被接纳、被喜爱的温暖与幸福。然而，大学生活并非总是一帆风顺，挫折与冲突也时常相伴。当他们在学业上遭遇挂科的打击，面对复杂的专业知识感到力不从心时，沮丧、失落等消极情绪便会涌上心头。在人际关系中，与室友发生矛盾，或者在团队合作中遭受误解与指责，也会让他们陷入痛苦与迷茫之中。而且，在这个阶段，大学生自我体验的敏感性显著增强，他们格外在意他人的评价和看法。他人一个赞许的眼神、一句赞扬的话语，都可能让他们心花怒放；反之，一句批评的话语、一个不屑的表情，都可能使他们陷入自我怀疑和自卑的泥沼中。例如，在课堂上回答问题后，如果得到老师的肯定，他们会信心倍增；但如果老师指出回答中的不足，他们可能会在很长一段时间内纠结于这个问题，反复思考自己的错误，甚至对自己的能力产生质疑。

（三）自我控制能力增强

随着大学生知识储备的不断扩充以及社会经验的逐步积累，他们在自我控制方面展现出日益成熟的一面，无论是行为还是情绪的控制都有了显著提升。在行为控制上，他们能够依据自己设定的目标，有条不紊地规划行动步骤。例如，计划考研的学生，会制订详细的学习计划，每天按时起床去图书馆占座，按照课程表复习各个科目，合理分配时间用于学习新知识、做练习题和模拟试卷，拒绝外界的各种诱惑，如朋友的聚会邀请、手机游戏的干扰等，坚定不移地朝着考研成功的目标前进。在情绪控制方面，他们学会了在情绪激动时进行自我调节。当与同学发生争执时，不再像以前那样冲动地发脾气，而是深呼吸，冷静片刻后，以理性的态度去解决问题。当面临压力和焦虑时，他们知道通过运动、听音乐、写日记等方式来舒缓情绪，使自己的心态恢复平静。这种自我控制能力的增强，使大学生能够更好地应对大学生活中的各种挑战，在复杂多变的环境中保持冷静与专注，有效地实现自己的预定目标，为未来步入社会后的自我管理和适应能力奠定良好的基础。

（四）理想自我与现实自我的冲突加剧

大学生对未来充满了无限美好的憧憬，他们在脑海中精心绘制了一幅理想的宏伟蓝图，为自己设定了较高的标准。在学业上，他们期望自己能够门门功课优秀，轻松掌握专业知识，在学术领域有所建树，成为众人注目的学霸；在社交方面，他们希望自己是社交圈中的明星，拥有广泛的人脉，能够左右逢源，处理各种人际关系游刃有余；在个人形象上，他们希望自己兼具外在的美貌与帅气以及内在的气质与修养，成为他人眼中的完美典范。然而，现实生活往往并非如他们所愿。在学业的征程中，他们可能会遇到难以攻克的专业难题，无论如何努力，成绩都不尽如人意；在社交场合，他们可能会因为性格内向或缺乏社交技巧而遭受冷遇，难以融入群体；在追求个人目标的道路上，他们可能会遭遇各种意外和挫折，如计划好的实习机会因竞争激烈而失之交臂，参加的比赛因发挥失常而名落孙山。这种理想与现实之间的巨大差距，使他们的内心深处产生了强烈的冲突和焦虑。他们开始怀疑自己的能力，对未来感到迷茫和恐惧，不知道该如何缩小理想与现实之间的鸿沟。这种冲突如果得不到及时有效的缓解，可能会对他们的心理健康产生严重的负面影响，甚至导致抑郁、自卑等心理问题的产生。

（五）自我同一性的探索

大学是一个充满多元选择和无限可能性的阶段，大学生们置身其中，努力地探寻着自我同一性，试图确定自己在这个纷繁复杂的世界中的身份、角色和未来发展方向。他们犹如在茫茫大海中航行的船只，在众多的航道中寻找属于自己的那一条。在专业选择上，他们思考自己是适合深入钻研理论性较强的学科，还是更倾向于实践性专业；在职业规划方面，他们权衡自己是投身于竞争激烈的商业领域，追求财富与地位，还是选择相对稳定的教育、医疗行业，奉献知识与爱心；在个人兴趣爱好的发展上，他们思索是将更多的时间和精力投入艺术创作中，以表达内心的情感与创意，还是专注于体育运动，强身健体并在赛场上展现拼搏精神。他们试图将过去的经历、现在的状态和未来的憧憬有机地整合在一起，形成一个连贯、一致的整体。例如，一个在中学时期就对计算机编程有着浓厚兴趣且有一定基础的学生，在大学中会进一步探索自己是否要将编程作为未来的职业方向，他会参加相关的社团活动、实习项目，与专业人士交流，以确定自己是否真的适合在这个领域发展，从而构建起一个从过去对编程的热爱到现在深入学习再到未来从事相关职业的完整自我认知链条，使自己的人生轨迹更加清晰明确，内心更加笃定从容。

（六）独立性和自主性增强

在大学的学习与生活环境中，大学生的独立性和自主性得到了前所未有的锻炼与提升。在思考和决策过程中，他们不再像中学时期那样，完全依赖父母、老师的意见和指导，而是更倾向于依靠自己的判断和选择。在学习上，他们自主安排学习时间，根据自己的学习进度和兴趣爱好选择选修课程，制订个性化的学习计划。例如，一些学有余力的学生会主动选择跨学科的课程，拓宽自己的知识视野，而不是仅仅满足于学校规定的课程体系。在生活中，他们独立处理各种事务，从日常生活的衣食住行到个人财务管理，都由自己负责。他们可以决定自己的穿着风格、饮食偏好，合理规划每月的生活费，学会理财和节约。在面对重大问题时，如选择继续深造还是就业，他们会主动收集信息，分析利弊，与不同的人交流探讨，然后根据自己的内心感受和长远目标做出决策。这种独立性和自主性的增强，使大学生逐渐成长为具有独立人格的个体，能够更好地适应社会的发展需求，在未来的人生道路上独当一面。

（七）关注自我形象

大学生对自我形象的关注达到了一个新的高度，他们既注重外在形象的修饰，又重视内在气质的培养，期望在他人面前展现出良好的形象，从而获得认可和尊重。在外在形象方面，他们关注自己的穿着打扮是否时尚得体，发型是否符合自己的气质，面容是否整洁干净。男生可能会精心挑选适合自己风格的服装，注重鞋子与整体搭配的协调性，通过健身、锻炼塑造良好的身材线条；女生则会花费时间研究化妆技巧，选择适合自己肤色和场合的妆容，在发型设计上也更加讲究，同时注重饰品的搭配，以提升整体的美感。然而，他们对自我形象的关注不仅仅停留在外表，更深入到内在气质的塑造上。他们努力提升自己的文化素养，通过阅读大量的书籍、参加各种文化讲座和艺术展览，丰富自己的知识内涵，使自己在与人交谈时能够出口成章、见解独到。他们注重培养自己的品德，秉持诚实守信、友善待人的原则，在行为举止上表现得优雅大方、彬彬有礼。这种对自我形象的全方位关注，反映了大学生希望在社会交往中展现出自己最好的一面、建立良好人际关系的心理需求，同时也是他们自我意识成熟的一种表现。

（八）自我评价趋于客观

随着大学生社会阅历的逐渐增加以及对自我认识的不断深入，他们在自我评价方面逐渐趋于客观。他们不再仅凭主观臆断或片面的经历来评价自己，而是能够结合社会标准和他人的反馈，对自己进行相对全面、准确的评估。他们明白社会对不同角色和行为有着特定的期望和评价标准。例如，在学术领域，优秀的学生通常具备扎实的专业知识、较强的研究能力和良好的学术道德；在职业环境中，一个称职的员工需要具备专业技能、团队协作精神和责任心。他们会参照这些标准来审视自己的行为和能力，同时，他们也重视他人对自己的评价。在与同学、老师、朋友的交往中，他们会留意他人对自己的看法和建议，将这些反馈信息作为自我评价的重要参考。例如，如果在小组作业中，队友指出自己在团队合作中沟通能力不足，他们会认真反思自己的行为，分析自己在交流过程中存在的问题，并努力改进。然而，由于大学生仍处于成长和发展阶段，他们的自我评价有时仍存在一定的片面性和极端性。成功时，他们可能会过度高估自己的能力，产生骄傲自满的情绪；而在遭遇失败时，又可能会过度贬低自己，陷入自我否定的困境。但总体而言，他们在自我评价的客观性上已经有了明显的进步，这有助于他们更好地了解自己，发现自己的优势和不足，从而有针对性地进行自我提升和完善。

四、马斯洛需要层次理论

马斯洛提出的需要层次理论深刻地揭示了个体成长发展过程中的内在动力机制。该理论强调，个体成长发展的核心内在力量是动机，而这一动机又是由纷繁复杂且多层次的需要构建而成的。为此，马斯洛精心构建了一个需要层次理论金字塔，清晰地呈现出不同层次需要之间的递进关系。

当诸如食物、安全、关怀、自尊等一系列基本需要逐步得到满足后，个体就如同获得了坚实的基石与充足的养分，能够更为顺畅地踏上自我意识发展的征程，全力去追寻并充分施展自己的全部潜能。这一理论将人的需要精准地从低到高划分为五个层次，每一层次都具有独特且不可或缺的意义与内涵。

（一）生理的需要

处于最基础层面的是生理的需要，这涵盖了食物、水、氧气、睡眠、住所等维持生命最基本运转的要素以及其他相关生理需要。这些需要是人类生存的根基，就像大厦的基石，缺之不可。只有当这些生理需要得到切实保障后，个体才有可能去关注更高层次的需求。

（二）安全的需要

紧接着是安全的需要，它包括稳定的工作、可靠的收入以及保护自己免受身体和情感伤害的种种需求。在满足了基本的生存需要后，人们渴望生活在一个相对稳定、可预见且安全无虞的环境中，无论是身体上的安全还是情感上的安宁，都成为个体关注的焦点。

（三）爱与归属的需要

爱与归属的需要则着重于良好的人际关系构建，如真挚的友谊、浪漫的爱情以及对某个群体的归属感等。人是社会性动物，内心深处都揣着与他人建立紧密联系、融入特定群体的渴望。这种情感上的需求给予个体温暖、支持与认同，使其在社交网络中找到自己的位置与价值。

（四）尊重的需要

尊重分为内部尊重和外部尊重。内部尊重体现为自尊、自主以及对自身成就感的追求，是个体对自我价值的深度认可与坚守；外部尊重则涉及社会地位、他人的认可与关注等，意味着个体在社会舞台上获得了他人的肯定，这对个体自信心与自我认知的塑造具有极为关键的作用。

（五）自我实现的需要

位于金字塔顶端的是自我实现的需要，即个体追求成长与发展，全力以赴发挥自身潜能并努力实现自我理想的高层次需求。当个体在较低层次的需要上得到满足后，便会向着这一终极目标奋勇前行，不断挑战自我，突破极限，以达成个人价值的最大化。

其中，生理的需要和安全的需要作为生存性需要，是个体存活于世的基本前提；爱与归属的需要和尊重的需要属于归属性需要，侧重于个体在社会关系与情感层面的满足；自我实现的需要则代表着成长性需要，是个体追求卓越与自我超越的体现。

马斯洛需要层次理论具有两个极为鲜明的特点：其一，人作为有需要的生物，那些已经得到满足的需要将不再具备激励个体行动的力量。例如，当一个人衣食无忧时，单纯的物质给予便难以再激发其强烈的奋斗欲望。其二，人的需要呈现出明显的层次性，唯有较低一层需要得到充分满足后，上一层需要才会崭露头角并发挥其激励作用。这就如同攀登阶梯，只有先稳固地站在较低的台阶上，才有可能迈向更高的层级。所以，当低层级的需要被满足之后，高层级的需要才会逐步进入个体的视野并成为其追求的目标。一旦个体成功地满足了自己的各级需要，内心将会收获无与伦比的充实与富足感，这种精神上的滋养与升华将极大地促进自我意识的良性发展，推动个体在成长的道路上越走越远，实现从物质到精神、从生存到发展的全面蜕变与升华。马斯洛需要层次理论示意图如图2-1所示。

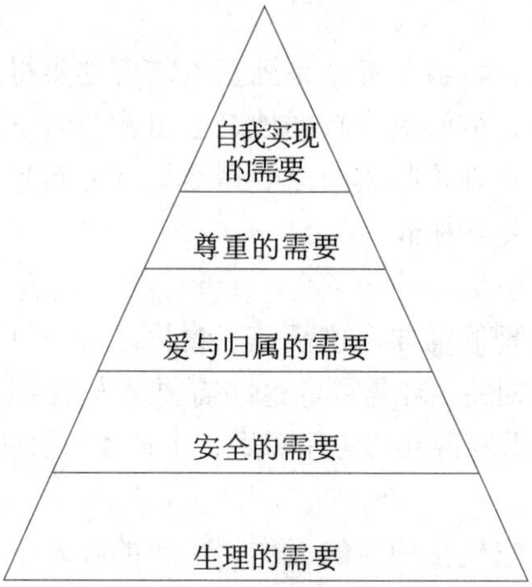

图2-1 马斯洛需要层次理论

第二节 自我认知的途径与方法

微课 2-2

自我认知的途径和方法

在人类对自我探索的漫长旅程中，自我认知占据着核心地位。它宛如一面镜子，使我们得以清晰地审视自己的内心世界，进而更好地理解自身行为、情感与思维模式。而自我认知并非通过单一途径达成，自我观察、他人评价、社会比较以及心理测试等多种方式相互交织，共同构建起我们对自我的全面认知体系。

一、自我认知的途径

（一）自我观察

自我观察是个体深入了解自我的基石，它通过经验总结、回忆自身行为、开展自我内在对话等方式，促使个体对自己的行为、想法、感受和情绪状态进行有意识的留意与审视。

首先，在日常生活习惯与行为模式方面，自我观察能够揭示我们诸多潜在特质。例如，留意自己是否经常拖延任务，这可能暗示我们在时间管理、自我驱动力或任务规划方面存在一些问题。若一个人总是将事情推迟到最后一刻才着手处理，可能反映出其缺乏有效的自律机制或对任务难度存在恐惧心理。又如，观察自己是否容易冲动行事，在面对抉择时是深思熟虑还是草率决定，这有助于我们认识到自己的情绪控制能力和决策风格。有些人可能在情绪激动时迅速做出反应，而事后又常常懊悔，这种自我观察能让其意识到需要提升情绪管理和冷静思考的能力。

其次，自我观察还着重于觉察自己在不同情境下的情绪反应。当处于压力环境中时，我们需要留意自己是被焦虑情绪所笼罩，还是能够保持冷静应对。比如，在考试期间或面临工作任务的紧迫期限时，有些人会心跳加速、手心出汗、思维混乱，表现出明显的焦虑症状；而另一些人则能沉稳地分析问题，有条不紊地推进工作，展现出较强的抗压能力。同样，在取得成功时，我们也要审视自己的内心感受，是滋生骄傲自满的情绪，还是能够保持谦虚谨慎的态度继续前行。骄傲可能使我们停滞不前，忽视自身的不足，而谦虚则有助于我们持续学习和进步。

最后，对思维方式的自我观察也不可或缺。我们需要明确自己是倾向于积极乐观地看待事物，还是容易陷入消极悲观的思维陷阱中。积极乐观的思维者往往能在困境中发现机遇，将挫折视为成长的垫脚石；而消极悲观者可能在面对挑战时更多地看到困难和失败，从而削弱自己的行动力。此外，还需要判断自己是擅长理性分析，依据事实和逻辑做出判断，还是更依赖感性直觉，凭借情感和第一印象来决策。例如，在解决数学问题或分析商业案例时，理性分析能力强的人会严谨地梳理条件，运用公式和策略进行推导；而在艺术创作或人际交往中，感性直觉丰富的人可能更敏锐地捕捉到情感氛围和他人的微妙情绪变化。

然而，自我观察并非易事，它需要我们保持一定的客观性和批判性，避免过度宽容或严苛地对待自己。过度宽容可能导致我们忽视自身的缺点和问题，错失成长的机会；而过度严苛则会打击自信心，使我们陷入自我否定的旋涡。要增强自我观察的效果，写日记是一种极为有效的方法。通过记录日常经历、感受和思考，我们能够以文字的形式梳理自己的行为模式和心理变化，更清晰地看到自己的成长轨迹和需要改进的地方。同时，记录内心独白也有助于我们深入挖掘潜意识中的想法和情感，发现那些隐藏在日常行为背后的深层动机。例如，当我们在日记中写下对某个人的不满情绪时，可能在反思过程中意识到这种不满并非仅源于对方的行为，还可能与自己过去的经历或未满足的需求有关。

（二）他人评价

他人评价作为自我认知的重要途径之一，是从他人那里获取关于自己的看法和反馈。其重要性体现在多个方面。

其一，他人能够提供不同的视角。由于我们自身的认知存在局限性，他人可能会注意到我们自己未曾察觉的优点和不足。例如，在一个团队项目中，同事可能会发现我们在协调团队成员关系方面具有独特的天赋，能够巧妙地化解矛盾，促进团队合作的和谐进行；而我们自己可能一直专注于任务的执行，并未意识到这一优势。反之，他人也可能指出我们在表达观点时过于冗长烦琐，导致信息传达不够清晰，而这是我们自我审视时容易忽略的问题。

其二，他人评价有助于我们了解在社交互动中的表现。我们的沟通能力、合作能力以及对他人的影响力等方面，在他人眼中可能有着更为直观的呈现。比如，在与朋友的聚会中，朋友可能会反馈我们在交流过程中善于倾听，能够给予他人充分的表达机会，并且能够用恰当的幽默和情感回应，使交流氛围轻松愉快；或者在工作场合中，上司和同事可能会评价我们在团队合作中是否具备责任心、是否能够积极主动地承担任务、是否善于与不同性格的人协作等。这些评价能让我们更全面地认识自己在社交和职业场景中的行为模式和效果。

其三，他人评价能够促进自我改进。积极的评价犹如一束光，能够增强我们的自信心，让我们更加坚定地发挥自身优势。当他人赞扬我们在某一领域的专业能力时，我们会感受到自身价值得到认可，从而更有动力去深入钻研和提升。而建设性的批评则像一面镜子，帮助我们正视自己的缺点并加以改正。例如，如果老师指出我们在论文写作中逻辑结构不够严谨，我们就可以有针对性地学习逻辑分析方法，阅读优秀论文范例，逐步提升自己的写作水平。

在对待他人评价时，我们需要注意以下几点：首先是评价者的多样性。我们应尽量获取来自不同关系方的评价，如家人、朋友、同事、老师等。家人可能更了解我们的成长背景和性格形成过程，他们的评价往往基于长期的观察和深厚的情感；朋友则会从日常交往和共同兴趣爱好的角度出发，提供较为轻松、贴近生活的反馈；同事和老师则能在工作和学习场景中对我们的专业能力和职业素养进行评价。综合不同来源的评价，我们能够绘制出更为全面的自我认知画像。其次是客观性和主观性的辨别。有些评价可能受到评价者个人偏见或情绪的影响。例如，某个同事可能因为与我们在工作上存在竞争关系，而给出带有贬低性的评价；或者朋友在情绪低落时对我们的评价会过于消极。因此，我们需要理性分析评价内容，区分其中的客观事实与主观偏见，避免被不实评价所误导。

（三）社会比较

社会比较是将自己与他人在各种方面进行对比的一种自我认知方式。其主要作用有：

其一，明确自己的位置。通过与他人比较，我们能够了解自己在某个群体或社会环境中的相对水平。在学校里，我们可以对比自己与同学的学习成绩、学术成果、受欢迎程度等；在职场中，与同事比较工作业绩、职业晋升速度、专业技能掌握程度等。这种比较能让我们知晓自己在特定领域的优势和劣势，从而为自我定位和职业发展规划提供参考。例如，在一个班级中，如果我们发现自己的数学成绩排名处于前列，而语文成绩排名相对靠后，我们就可以针对薄弱环节制订学习计划，提升语文素养；在公司里，如果看到其他同事因流利的外语沟通而获得了更多的国际项目合作机会，我们就可以意识到自己在语言技能方面的不足，进而加强学习。

其二，能够激发动力。当我们发现自己在某些方面不如他人时，往往会产生努力追赶的动力。看到身边的同学因坚持健身而拥有健康的体魄和良好的精神状态，我们可能会受到激励，开始制订自己的健身计划，努力改善身体状况；目睹同事因不断学习新知识、新技能而在工作中脱颖而出，我们可能会被触动，积极参加培训课程或自主学习，提升自己的职业竞争力。这种因比较而产生的动力促使我们不断超越自我，追求更高的目标。

然而，社会比较也存在风险。首先，过度比较可能导致自卑或自负。如果总是觉得自己不如别人，在长期的自我否定下，自尊水平会逐渐降低，陷入自卑的泥沼中。例如，一些人在社交媒体上看到他人光鲜亮丽的生活和卓越的成就后，对比自己平凡的日常，便产生强烈的自我怀疑和自卑感，忽略了自己生活中的点滴美好和潜在优势。反之，如果总是认为自己比别人强，就可能滋生骄傲自满情绪，停止进步的脚步。比如，某些大学生在班级中成绩一直名列前茅，便自视甚高，不愿意与其他同学交流学习情况，结果在后续的学习中逐渐被超越。其次，选择不恰当的比较对象也会得出错误的自我认知结论。如果比较的标准不客观或不合理，如将自己初入职场的表现与行业资深专家相比，或者将自己的业余爱好水平与专业选手相比，这种巨大的差距会让我们产生挫败感或错误地高估自己的能力。

为了更健康地进行社会比较，我们应关注自身的成长和进步，而不仅仅是与他人的差距。将自己的过去与现在进行对比，看看在一段时间内自己在知识、技能、心态等方面有哪些提升，这种自我比较能够让我们看到自己的努力成果，增强自信心和成就感。同时，要选择与自己情况相似且具有积极特质的人作为比较对象。例如，与同行业、同年龄段、同起点的人比较工作经验的积累和职业发展路径，这样的比较更具参考性和激励性，能够让我们在相互学习和借鉴中共同成长。

此外，我们还可以通过参加各种实践活动，如社团活动、志愿者活动、实习活动等，在实际情境中观察自己的行为表现和能力发挥情况。在社团活动中，我们可以看到自己在组织协调、团队领导、创意策划等方面的能力；在志愿者工作中，了解自己的社会责任感、沟通能力和应对突发情况的能力；在实习过程中，检验自己的专业知识应用能力、职场适应能力和人际关系处理能力。这些实践活动为我们提供了丰富的自我观察和社会比较的素材，有助于我们更全面、深入地认识自己。

（四）心理测试

心理测试借助专业的心理测评工具，如性格测试、职业兴趣测试等，为我们提供关于自己性格、兴趣、能力等方面的分析和反馈。性格测试能够帮助我们了解自己的性格类型，是外向开朗还是内向沉稳，是注重细节还是擅长把握全局，是情感丰富还是理性冷静等。通过了解自己的性格特点，我们可以更好地选择适合自己的职业、社交方式和生活环境。比如，外向型性格的人可能更适合从事销售、公关等与人打交道频繁的职业；而内向型性格的人可能在研究、创作等需要独立思考和专注的领域更能发挥优势。

职业兴趣测试则能够揭示我们对不同职业领域的兴趣倾向。它通过一系列问题和情境模拟，判断我们对艺术、科学、技术、人文等领域的喜好程度，从而为职业规划提供指引。例如，如果一个人在职业兴趣测试中显示出对科学研究有浓厚兴趣，且在逻辑思维和实验操作能力方面表现出色，那么他可能更适合选择科研岗位或继续深造相关专业。

然而，我们需要认识到心理测试结果并非绝对的定论。心理测试只是一种工具，其结果受到多种因素的影响，包括测试时的情绪状态、对问题的理解偏差、测试工具本身的局限性等。因此，我们应将心理测试结果作为参考，结合自我观察、他人评价和社会比较等多种途径，综合判断自己的特点和需求。

自我观察、他人评价、社会比较以及心理测试都是自我认知的重要途径。自我观察让我们从内部审视自己的行为、思想和情感；他人评价从外部视角为我们提供多元反馈；社会比较使我们在群体中找准定位并激发动力；心理测试则借助专业工具提供系统的分析。但只有合理运用这些途径，避免片面性和盲目性，才能更准确、全面地认识自己，为个人的成长、职业发展和心理健康奠定坚实的基础。

二、自我认知的方法

（一）反思日记

反思日记是一种极具价值的自我认知方法，它要求我们每天抽出一定时间，将自己的想法、感受、行为以及经历详细地记录下来。在书写的过程中，我们仿佛是自己生活的忠实记录者，把那些或平凡或特别的瞬间转化为文字，定格在日记本上。比如，记录一下今天在课堂上发言时的紧张心情，以及发言后同学们的反应；或是描述工作中遇到棘手任务时内心的焦虑，以及最终是如何解决的等。

定期回顾和分析这些记录则是关键所在。当我们在一周或者一个月后重新翻阅日记时，便能从中发现一些隐藏的模式和变化，也许会察觉到自己每逢重要场合，总会出现类似的消极情绪，像紧张导致说话语速加快、逻辑不够清晰等行为模式；又或者发现随着时间的推移，自己对待同类型问题的态度从起初的逃避逐渐转变为积极应对，这体现出心态上的积极变化。通过这样持续地记录与回顾分析，我们就像是给自己的内心世界绘制了一幅动态的成长地图，清晰地看到自己一路走来的轨迹，更深入地洞察自己的思维习惯、情绪反应机制以及行为倾向，进而更好地理解自己。

（二）设定目标与评估

为自己设定明确的短期和长期目标是自我认知道路上的重要指引。短期目标可以是在本周内读完一本专业书籍并做好笔记，或者在这个月内学会一项新的工作技能；长期目标则可能是在一年内获得某个专业领域的证书，或是在几年内实现职位晋升等。这些目标如同一个个清晰的坐标，让我们的努力有了明确的方向。

定期评估目标的达成情况更是重中之重。当我们去审视目标是否实现时，便能直观地看到自己的优势和不足所在。比如，设定的短期目标是提高英语口语水平，经过一段时间学习后，如果能够顺利地和外国友人进行简单交流，那说明我们在学习方法的运用以及语言学习能力上有一定的优势；要是发现自己虽然掌握了一些常用语句，但在复杂话题交流时仍词不达意，那就暴露出了词汇量储备不足、语法运用不够灵活等短板。通过这样不断设定并评估目标，我们能以目标为镜子，精准地映照出自身能力的全貌，清楚知道自己哪里做得好，哪里还需要改进，从而有针对性地提升自我，不断完善个人的能力结构。

（三）自我提问

自我提问是一种简单却有效的自我认知手段，它鼓励我们经常向自己抛出一些关键问题，然后静下心来认真思考答案。例如，当我们身处某种复杂的情境时，可以问自己“我在这种情况下为什么会这样做”。通过这样的追问，我们能挖掘出自己行为背后的深层次动机，是出于习惯、情绪驱使，还是经过理性思考后的抉择。

再如，问自己“我的优点和缺点是什么”，这有助于我们跳出自我感觉良好或者过度自卑的局限，客观地罗列自己的长处与不足。也许我们会发现自己的优点在于富有创造力，总能想出新颖的点子，但缺点是缺乏耐心，做事容易半途而废。还有像“我真正想要的是什么”这个问题，则能引导我们拨开生活中的重重迷雾，去探寻内心深处的渴望和追求，明确自己的人生方向，是更看重事业上的成就，还是更倾向于家庭的美满幸福等。通过持续不断地自我提问与思考，我们如同给自己的内心世界打开了一扇扇探索之门，逐步揭开自我的神秘面纱，更透彻地认识真实的自己。

（四）内观

内观练习对自我认知有着独特的助力。内观更强调对当下自身身心状态的如实观察，不做评判，只是纯粹地去感知自己的想法、感受和身体的各种感觉。长期坚持这样的练习，我们内心的平静感会不断增强，对自己的思维和情绪的觉察能力也会显著提高，从而能在日常生活中更好地把控自己的状态，及时发现自己在情绪、思维等方面出现的问题，进一步加深对自己的了解，实现自我认知的深化。

（五）360度评估

360度评估是一种从多维度收集反馈以全面认识自己的方法。它涵盖了上级、同事、下属、客户等多个方面对我们的评价。上级可能会从工作能力、执行力以及领导潜力等角度给出看法，如指出我们在项目管理中决策果断，但在细节把控上还有待加强；同事则会基于日常合作中的沟通协作情况进行反馈，如评价我们团队合作意识强，但有时候过于坚持自己的观点，不够灵活；下属也许会提到我们在指导工作时是否耐心、是否善于激励他们成长；而客户则更多地聚焦于服务态度、解决问题的效率等。

综合这些来自不同立场、不同视角的评价，我们就能拼凑出一幅全方位的自我画像，避免了仅从自己或者单一他人角度认识自己的片面性，真正做到全面客观地了解自己在不同人际关系、不同工作场景中的表现，进而发现那些自己未曾注意到的优点和有待改进之处，为自我提升和个人发展奠定坚实的基础。

（六）分析成功与失败的经历

回顾过往的成功和失败经历，是我们认识自己能力和特点的宝贵途径。我们可以从成功的案例中总结出事情顺利解决的各种因素，分析自己在其中发挥的作用和展现出的能力。例如，曾经成功地组织了一场大型活动，我们可以回顾从策划、筹备到执行的整个过程，发现自己在协调各方资源、调动团队积极性以及应对突发情况等方面有着较强的能力，这些就是我们的优势所在。

而对于失败的经历，同样不容忽视。我们要分析失败的原因以及自己的表现，这能让我们看到自己的不足之处。比如，在一次重要考试中失利，仔细反思可能会发现是自己复习得不够全面、时间安排不合理，又或者是考试时心态过于紧张等导致的，这就提醒我们在后续的学习中要着重弥补这些短板。通过对成功与失败经历的深度剖析，我们就如同拿着放大镜审视自己，能更清楚地把握自己的能力边界，了解自己的性格特点对事情结果的影响，进而在未来的生活和工作中扬长避短，不断成长进步。

需要注意：当自我调整遇到困难时，需要主动寻求专业的心理咨询帮助，与心理咨询师进行交流，借助专业人士的指导来深入了解自己。

三、自我认知的工具

（一）学习内省法

内省法，作为一种古老而深邃的自我认知方式，源远流长，在哲学与心理学的发展长河中都占据着举足轻重的地位。它着重强调个体对自身内心活动的深入觉察与细致反思，是我们与自我内心展开深度对话的有效桥梁。

1.创造安静的环境

为了能够顺利地开启内省之旅，首要的任务便是精心寻觅一个安静、舒适且毫无干扰的空间。这个空间可以是家中静谧的书房，四周环绕着琳琅满目的书籍，散发着淡淡的墨香；也可以是户外宁静的公园角落，绿树成荫、鸟语花香，微风轻轻拂过脸颊。在这样的环境中，我们能够有效地屏蔽外界的喧嚣与纷扰，让自己的注意力如同一束聚焦的激光，全然集中于内心世界的探索之中。例如，当我们准备深入内省自己近期在工作中频繁出现的焦虑情绪时，如果身处嘈杂的菜市场或者热闹非凡的商场，外界的喧闹声、嘈杂声会不断地冲击我们的耳膜，使我们的思绪变得支离破碎，根本无法静下心来仔细梳理内心的情绪脉络；而在安静的空间里，我们能够沉浸于自我反思的氛围中，为后续的内省步骤奠定坚实的基础。

2.放松身心

在寻得适宜的环境之后，接下来的关键步骤是让身心从紧绷的状态中解脱出来，实现深度放松。我们可以借助深呼吸这一简单而有效的方法，慢慢地吸气，让清新的空气缓缓充满腹部，然后再缓缓地呼气，将体内的浊气全部吐出，仿佛将所有的烦恼与压力一并释放。冥想也是一种极为有益的放松方式，我们可以选择舒适地坐在椅子上或者垫子上，轻轻地闭上眼睛，将注意力专注于自己的呼吸或者一个特定的意象，如一朵盛开的莲花或者一片宁静的湖泊，任由思绪在这宁静的氛围中自由飘荡，逐渐达到身心合一的空灵境界。此外，简单的伸展运动同样不容忽视，如伸展双臂，向上伸直，感受身体的拉伸，或者转动脖颈，放松颈部的肌肉。通过这些方式，身体的紧张和焦虑如同冰雪在暖阳下渐渐消融，思维也会随之变得愈发清晰明了，如同被擦拭干净的镜子，能够更加真实地映照出内心的景象。

3.设定主题

明确了内省的主题，恰似为我们的内心探索之旅确定了精准的导航坐标。主题的选择可以涵盖生活的方方面面。例如，若最近经历了一次刻骨铭心的情绪波动，如因失恋而陷入长时间的悲伤与痛苦之中，那么这便可以成为内省的主题；或者在面临一个关乎人生走向的重要决策时，如是否要放弃稳定的工作去追寻创业梦想，内心充满了犹豫与挣扎，这同样是一个极具价值的内省主题；又或者与他人发生了激烈的冲突，如在团队合作中与同事因意见不合而发生激烈争吵，事后对自己当时的行为和情绪反应感到困惑与懊悔，这也可作为内省的关注点。通过设定明确的主题，我们能够将内省的目光精准地聚焦于特定的领域，避免思绪如同脱缰的野马四处狂奔，从而确保内省的过程更加深入、高效且富有成效。

4.回忆细节

在主题确定之后，我们需要如同电影回放一般，极其仔细地回忆与主题紧密相关的每一个事件、情境以及自己当时的反应。其中，包括当时脑海中一闪而过的各种想法，是积极乐观的憧憬，还是消极悲观的担忧；内心深处涌起的种种感受，是喜悦、愤怒、悲伤还是恐惧；身体所做出的动作，是冲动的言辞激烈反驳，还是冷静地沉默倾听；以及周围环境中的各种元素，如房间的布置、天气状况、他人的表情和言语等。例如，在回忆与同事的冲突事件时，我们要努力回想当时办公室的灯光是明亮还是昏暗，周围同事们的眼神和表情是惊讶、关切还是冷漠，自己在争吵时声音的音调、语速以及话语的具体内容，以及在冲突发生前双方讨论的具体细节和氛围等。每一个细节都可能成为我们深入了解自己内心世界的重要线索，如同拼图中的每一块碎片，只有将它们完整地拼凑在一起，才能呈现出事件全貌以及我们内心反应的真实画卷。

5.分析原因

当我们将事件的细节在脑海中清晰地重现之后，接下来便要深入思考究竟是哪些因素使自己产生了特定的想法和感受。这背后的原因可能是多方面且错综复杂的，其中个人的价值观起着根本性的导向作用。例如，一个秉持诚实正直价值观的人，在面对他人的欺骗行为时，可能会产生强烈的愤怒和不满情绪，因为这种行为严重违背了他内心坚守的道德准则。过往的经历也会在很大程度上塑造我们的思维和情感模式，曾经在童年时期遭受过被朋友背叛的痛苦经历，可能会使我们在成年后的人际交往中对他人的信任建立变得格外谨慎，一旦察觉到类似的潜在风险，便会引发内心深处的不安和恐惧情绪。性格特点同样不容忽视，性格内向、敏感的人可能更容易在他人的批评声中受到伤害，产生自卑和沮丧的情绪；而性格外向、乐观的人则可能会将批评视为提升自己的宝贵建议，以更加积极的心态去面对。此外，外部的压力如工作中的紧迫任务、经济的沉重负担等也会对我们的内心状态产生影响。在巨大的工作压力下，我们可能会变得焦虑烦躁，对一些原本能够轻松应对的事情也会表现出不耐烦和情绪失控。

6.寻找模式

在对多个类似主题的内省过程中，我们需要用心观察自己在这些相似情境中的反应是否存在某种固定的模式。这就如同在茂密的森林中寻找动物的足迹，通过不断地追踪和归纳，发现其行动的规律。例如，经过多次对自己在社交场合中的内省，发现自己每当面对陌生人时，总是会不自觉地感到紧张和羞涩，表现出说话结结巴巴、不敢与对方对视等相似的行为模式。这种模式的发现有助于我们深刻认识自己的习惯性思维和行为方式，从而能够提前做好心理准备并采取有效的应对措施。又如，在面对各种挑战和困难时，总是习惯性地先选择逃避，而不是积极主动地去寻找解决办法。这一模式的揭示让我们意识到自己在应对压力和挫折方面存在的不足，进而有针对性地进行自我调整和训练，逐步打破这种不良的模式，培养更加积极健康的思维和行为习惯。

7.记录思考

将内省的过程和所获得的宝贵结论认真地记录下来，是内省法中一个极易被忽视却又至关重要的环节。我们可以准备一本专门的笔记本，将每一次内省的日期、主题、详细的思考过程以及最终得出的结论逐一记录在案。例如，在记录关于自己职业发展困惑的内省时，详细写下自己对当前工作的不满之处、对未来职业方向的各种设想以及分析过程中所考虑到的自身优势和劣势等内容。这样做的好处在于，当我们在未来的某个时刻回顾这些记录时，能够从更加客观、全面的视角重新审视自己曾经的内心世界，发现那些可能被遗忘或者当时未能深刻理解的重要信息。同时，记录思考过程也有助于我们进一步梳理自己的思路，使模糊的想法逐渐变得清晰明了，如同将散落的珍珠串成精美的项链，更便于我们对自我认知进行系统性的总结和提升。

8.保持客观

在整个内省的过程中，以客观、公正的态度对待自己的内心活动，犹如航行在茫茫大海中的灯塔，为我们指引正确的方向。我们要努力避免过度批评自己，不要因为一次失误或者错误的行为而将自己全盘否定，陷入无尽的自责和自卑之中。例如，在反思自己在一次考试中失利的原因时，不能仅仅因为成绩不理想就认为自己愚笨无能，而应该客观地分析是因为准备不充分、考试时过于紧张，还是对知识点的理解存在偏差等具体原因。同样，我们也不能盲目地为自己找借口，试图逃避责任或者掩盖自己的不足。当与他人发生冲突时，不能一味地将责任推给对方，而应该诚实地审视自己在其中的过错和不当之处。只有以客观的态度看待自己，才能真正发现内心深处的真实自我，挖掘出自身的潜力与不足，为个人的成长和发展提供坚实的依据。

（二）利用心理测评工具了解自己

在当今科技飞速发展的时代，心理测评工具犹如一座蕴藏丰富知识宝藏的神秘岛屿，为我们提供了另一种全面、系统且科学地了解自己的途径。这些测评工具通过严谨的设计和大量的实证研究，能够从多个维度对我们的心理特质进行精准的测量和分析，为我们绘制出一幅相对完整的自我心理画像。

1.性格测试

（1）MBTI性格类型测试：以其独特的理论框架和广泛的应用而闻名于世，它将人的性格细致地划分为16种类型，每种类型都由四个维度的偏好组合而成，分别是外向（E）与内向（I）、感觉（S）与直觉（N）、思考（T）与情感（F）、判断（J）与感知（P）。通过回答一系列精心设计的问题，我们能够确定自己在每个维度上的偏好，进而获知属于自己的独特性格类型。例如，一个测试结果为ENFP类型的人，通常具有外向、直觉、情感和感知的性格特点。他们往往充满热情与活力，对新事物充满好奇心和想象力，善于与人交往，并能够敏锐地感知他人的情感需求，在生活中更加注重灵活性和开放性，喜欢探索各种可能性。这种性格类型的人可能在创意性工作、社交活动组织以及人际关系协调等方面具有独特的优势，但在面对需要高度专注和严谨规划的任务时，可能会因为过于追求新奇和变化而出现注意力不集中或者计划执行不力的情况。了解自己的MBTI性格类型，能够帮助我们更好地理解自己的行为风格、沟通方式以及职业偏好，从而在人际交往、职业选择和个人发展等方面做出更加明智的决策。

（2）大五人格测试：从开放性、责任心、外倾性、宜人性和神经质五个维度对人格特质进行全面而深入的评估。开放性高的人对新思想、新文化和新经验充满渴望，富有创造力和想象力，喜欢探索未知的领域，在艺术、科学创新等领域往往能够展现出独特的才华；责任心强的人具有高度的自律性、可靠性和组织性，他们总是能够认真负责地完成任务，注重细节和秩序，在工作中往往能够成为值得信赖的领导者或者优秀的团队成员；外倾性高的人善于社交，充满活力，能够在人群中迅速建立起良好的人际关系，他们从与他人的交往中获取能量和乐趣，在销售、公关、演艺等需要与人频繁互动的行业中可能会如鱼得水；宜人性强的人善良、体贴、富有同情心，善于理解和包容他人，他们在团队合作和人际关系处理中能够营造出和谐融洽的氛围，是团队中的润滑剂；神经质维度则反映了个体情绪的稳定性，神经质得分高的人可能更容易体验到焦虑、抑郁、愤怒等负面情绪，情绪波动较大，而得分低的人则情绪相对稳定，能够更加从容地应对生活中的各种压力和挑战。大五人格测试为我们提供了一个全面了解自己人格特质的框架，使我们能够清晰地认识到自己在不同人格维度上的优势和不足，从而有针对性地进行自我提升和个人发展规划。

2.职业兴趣测试

霍兰德职业兴趣测试：依据人的兴趣将职业巧妙地分为六种类型，分别是现实型（R）、研究型（I）、艺术型（A）、社会型（S）、企业型（E）和常规型（C）。该测试通过让我们对一系列职业活动和兴趣爱好进行选择和评价，来确定我们在这六种类型中的兴趣倾向组合。例如，一个在艺术型（A）和社会型（S）方面得分较高的人，可能对绘画、音乐、舞蹈等艺术创作活动充满热情，同时也非常喜欢与人交往，善于关心和帮助他人。这样的人可能更适合从事艺术教育、文化传播、社会工作等职业。在这些领域中，他们能够充分发挥自己的艺术才华和人际交往优势，实现个人兴趣与职业发展的完美结合。霍兰德职业兴趣测试为我们在职业选择的迷茫大海中点亮了一盏明灯，帮助我们明确自己的兴趣方向，缩小职业搜索的范围，提高职业选择的满意度和成功率，使我们能够在未来的职业生涯中更加充满激情和动力地前行。

3.情绪智力测试

情绪智力量表（EIS）专注于测量个体感知、理解、管理和运用情绪的能力。在现代社会，情绪智力的重要性日益凸显，它直接影响着我们在人际关系、职场竞争、心理健康等多个方面的表现。一个情绪智力高的人，能够敏锐地感知自己和他人的情绪变化。比如，在与他人交流时，能够通过对方的表情、语气和肢体语言迅速捕捉到其情绪状态，是高兴、悲伤还是愤怒；他们也能够深刻理解情绪产生的原因和影响，当自己感到焦虑时，能够准确分析是因为工作压力、人际关系还是其他因素导致的，并清楚这种情绪可能会对自己的决策和行为产生何种影响。更重要的是，他们能够有效地管理自己的情绪，在面对挫折和压力时，保持冷静和乐观，不会让情绪失控而做出错误的行为；同时，还能够巧妙地运用情绪来促进人际关系的和谐与沟通的顺畅。例如，在团队合作中，通过积极的情绪感染和激励其他成员，提高团队的凝聚力和工作效率。通过 EIS 测试，我们能够全面了解自己的情绪智力水平，发现自己在情绪感知、理解、管理和运用方面存在的优势和不足，进而有针对性地进行情绪管理和人际交往能力的提升训练，使自己在生活的舞台上更加从容、自信地应对各种情绪挑战。

4.价值观测试

舒伯职业价值观量表致力于帮助我们明确个人在职业选择中最看重的价值观。在职业发展的道路上，我们每个人内心深处都有着不同的价值追求，这些价值观如同指南针，指引着我们做出职业选择和职业发展决策。例如，有些人将成就感视为职业选择的首要价值观，他们渴望在工作中取得显著的成绩，完成具有挑战性的任务，得到他人的认可和赞扬。这种人可能更倾向于选择那些能够提供广阔发展空间和晋升机会的职业，如科研创新、创业等领域。而有些人则更看重经济报酬，他们希望通过工作获得丰厚的收入，以满足自己和家人在物质生活上的需求，这样的人可能会更关注金融、投资、高新技术等行业。还有一些人注重工作环境，希望在舒适、和谐、有良好团队氛围的环境中工作，对他们来说，良好的工作环境能够提高工作的满意度和效率，如教育、文化艺术等行业往往能够提供相对宽松和愉悦的工作环境。舒伯职业价值观量表通过对一系列职业价值观进行排序和评价，帮助我们清晰地梳理出自己内心深处的职业价值取向，使我们在职业选择过程中能够更加明确自己的目标和方向，避免盲目跟风或者仅仅基于外部因素做出不适合自己的职业选择。

5.能力测试

一般能力倾向成套测验（GATB）旨在全面评估个体在语言、数字、空间、知觉等多个方面的能力。语言能力包括语言理解、表达和推理等方面，在写作、演讲、翻译等职业领域中具有至关重要的作用；数字能力涉及数学运算、逻辑推理和数据分析等，对从事金融、会计、统计、科学研究等需要精确计算和数据分析的职业来说是不可或缺的；空间能力则体现在对空间形状、位置关系和物体运动的感知与想象能力上，在建筑设计、机械工程、艺术创作等领域有着广泛的应用；知觉能力包括对图形、符号、颜色等的感知速度和准确性，在一些需要快速识别和处理信息的职业（如安检员、驾驶员、图形设计师等）中发挥着重要作用。通过 GATB 测试，我们能够准确了解自己在不同能力维度上的水平，发现自己的优势能力和潜在的能力短板，从而为自己的职业规划、学习水平提升和个人发展提供科学的依据。例如，如果一个人在语言能力和知觉能力方面表现出色，但在数字能力方面相对薄弱，那么他可以在选择职业时更多地考虑与语言和知觉相关的领域，并通过针对性的学习和训练来提高自己的数字能力，以拓宽自己的职业发展道路。

小结：内省法并非一蹴而就的技巧，它需要我们在日常生活中持之以恒地练习和培养。如同锻炼身体的肌肉一样，只有通过不断地锻炼，才能使我们的内省能力逐渐增强，对自己内心世界的洞察更加敏锐。然而，我们也必须清醒地认识到内省法存在一定的局限性，由于其高度依赖个人的主观意识，因此可能会受到个人主观偏见的影响。例如，我们可能会因为过于关注自己的优点而忽视了潜在的缺点，或者因为过往的经历而对某些事物产生片面的看法。但只要我们能够恰当地运用内省法，充分发挥其优势，克服其局限性，它必将成为我们自我认知和个人成长道路上的得力助手，助力我们在人生的旅途中不断探索自我、超越自我。

第三节　大学生常见的自我认知偏差及调适

微课 2-3

常见的自我认知偏差及调适

一、大学生常见的自我认知偏差

在自我认知领域，有多种认知偏差可能误导我们对自身的判断，这些偏差犹如层层迷雾，常常使我们难以看清真实的自我，进而在生活、学习与工作中做出不恰当的决策与行为。

（一）过度自我中心

过度自我中心的人往往陷入一种自我认知的误区，他们会显著高估自己在群体中的重要性以及影响力。在团队合作中，这类人可能主导讨论进程，强行传播自己的观点，全然不顾及其他成员的意见与建议；错误地认为自己的想法就是最高明且正确的，只有按照自己的规划行事，才能达到最佳效果。他们总是期望群体围绕自己的需求和意愿运转，在分配任务与资源时，优先考虑自身利益，却忽视了他人同样有合理的诉求与期望。在社交场合，过度自我中心者常常滔滔不绝地谈论自己的经历、成就与感受，很少主动倾听他人的心声，对他人的观点表现出不屑一顾或者缺乏耐心去理解，仿佛整个社交场合仅是为了展示他自己而存在的。这种过度自我中心的认知偏差，不仅会破坏良好的人际关系，还会阻碍个人的成长与进步，因为他们难以从他人那里获取多元的信息与有益的反馈，长期处于自我封闭的认知循环中。

（二）过度自卑

过度自卑的个体则走向了另一个极端，他们过低地评价自己的能力与价值。明明自身有诸多优点和一定的成就，他却仿佛被一层无形的纱幕所遮蔽，对此视而不见。这类人总是盯着自己的不足与失败，并且无限放大负面因素。在面对新的任务或挑战时，即便自身拥有足够的实力，也会因为内心的自卑而畏缩不前，自我怀疑的声音在脑海中不断回响，认为自己肯定无法胜任。例如，在学校，过度自卑的学生可能因为一次考试成绩不理想，就全盘否定自己的学习能力，而忽略了以往取得的进步与优异成绩。在工作中，这类人可能因为一个小小的失误，就觉得自己在整个团队中是多余的，不敢争取更好的发展机会。这种过度自卑的心理如同沉重的枷锁，严重阻碍了个人的发展，使其在本可以大放异彩的舞台上黯然失色，长期处于自我压抑与自我设限的状态。

（三）盲目乐观

盲目乐观者对未来的预期呈现一种不切实际的理想化状态。他们仿佛戴着有色眼镜看待未来的道路，仅看到阳光明媚的一面，而完全忽视了潜在的风险与困难。在制订计划时，他们可能设定过高的目标，而没有充分考虑可能遇到的困难与挫折，也未制订相应的应对策略。比如，一些创业者仅凭借一腔热血和对市场前景的乐观估计，就贸然投入大量资金与精力，而没有对行业竞争、资金链断裂、市场需求变化等潜在风险进行深入调研与分析。当真正面临这些未曾预料到的困难时，他们往往措手不及，因为之前毫无心理准备与应对方案，使事业遭受重创。盲目乐观使人们在追求目标的过程中缺乏必要的谨慎与理性，容易陷入盲目冒进的陷阱，最终可能使原本美好的憧憬化为泡影。

（四）自我服务偏差

自我服务偏差表现为人们在对事情结果进行归因时的一种偏向性。当取得成功时，他们会毫不犹豫地将其归因于自己的卓越能力与不懈努力，沉浸在自我成就感之中，认为这是自己应得的荣耀。然而，当遭遇失败时，他们却迅速地将责任推诿给外部因素，如抱怨运气太差、总是遇到不可抗力，或者声称任务难度过高，超出了常人所能承受的范围，而不愿意反思自身在其中可能存在的问题与不足。在学习上，考好了，他们觉得是自己聪明、勤奋；考差了，就说题目出得太偏或者考试环境不佳。这种自我服务偏差会阻碍个人的自我反思与成长，使人难以从失败中汲取教训，也不利于建立良好的人际关系，因为他人可能对这种总是自夸而不担责的行为产生反感。

（五）虚假一致性偏差

虚假一致性偏差使人们倾向于高估他人与自己持有相同观点、做出相同行为的程度。他们潜意识里认为自己的想法和行为是普遍的、正常的，且被大众所接受的，从而忽略了个体之间的差异与多样性。在讨论某个有争议的话题时，持有某种观点的人可能错误地认为大多数人都和他站在同一阵线，而当发现实际情况并非如此时，往往会感到困惑与惊讶。例如，在选择职业方向时，一些人可能因为自己对某个新兴行业充满热情，就觉得身边的朋友也应该看好这个行业，并且在规划未来时也会做出相同的选择，而实际上每个人的兴趣、价值观与职业规划都不尽相同。这种偏差会导致人们在人际交往与判断中出现误解与误判，影响沟通效果与团队协作。

（六）刻板印象

刻板印象是指人们对自己所属的群体，如专业、性别、地域等，持有固定且片面的看法，并将这些看法生硬地套用到自己身上。从专业角度看，学文科的学生可能认为自己就应该擅长文字表达而缺乏逻辑思维能力，学理科的学生则觉得自己只精于公式计算而不善于人际交往，他们都忽略了个体的多元性与发展潜力。在性别方面，男性可能因为刻板印象而压抑自己感性的一面，认为自己必须时刻表现出坚强、理性与果断，而女性可能觉得自己在某些领域不如男性，限制自己尝试一些具有挑战性的工作。地域刻板印象也会使人们给自己贴上标签，如某个地区的人认为自己具有某种特定的性格特点或生活习惯，而忽视了个体之间的巨大差异。这种刻板印象严重影响了人们对自身特点的准确认知，阻碍个人根据自己的真实情况去追求梦想与发展个性，使人们困在一种无形的框架之中，难以挣脱。

二、自我认知偏差的矫正技巧

在自我认知的复杂“迷宫”中，偏差常常如影随形，阻碍人们清晰地洞察真实的自我。然而，通过一系列有效的矫正技巧，人们能够逐步驱散迷雾，构建更为精准且客观的自我认知。

（一）多角度收集反馈

多角度收集反馈至关重要。我们不能仅局限于自我的内在视角，还需积极主动地向外界探寻。朋友、老师和家人如同多面镜子，能从不同维度映照出我们的形象。朋友可能指出我们在社交场合中的互动模式，老师可以评价我们在学业或专业技能上的表现，家人更了解我们的性格养成与习惯特点。认真聆听他们的评价和建议，能使我们跳出自我的狭隘视野，发现自己未曾察觉的优点与不足。同时，记录和反思也是不可或缺的环节。写日记是一种极为有效的方式，将每天的经历、感受以及行为细致地记录下来，定期回顾这些文字记录，如同重放电影一般，以一种更为客观、冷静的姿态来剖析自己的行为动机与产生的结果，从中找寻反复出现的规律和隐藏的问题，为自我改进提供明晰的线索。

（二）学习心理知识

学习心理知识为我们矫正自我认知偏差提供了理论武器。深入了解常见的认知偏差类型及其内在原理，能让我们在思维运转的过程中敏锐地察觉可能陷入的误区，从而悬崖勒马，调整思维方向。例如，如果意识到自己可能存在自我服务偏差，在面对成功与失败时，就能更加审慎地归因。此外，设定合理目标有助于我们在实践中校准对自身能力的认知。目标既不能遥不可及，让我们在屡屡受挫后陷入自我否定的泥沼，也不能很轻松地实现，使我们因轻易达成目标而过度高估自己。通过自己的努力，实现一个个切实可行的目标，我们能在这个过程中真切地感受到自己的能力边界与潜力所在，进而对自我有更为精准的认知。

（三）接受不完美

接受不完美是构建健康自我认知的关键心态。金无足赤，人无完人。每个人都是优点与缺陷的混合体。学会坦然接纳自己的不足，不因为一次失败而对自己全盘否定，以一种平和、包容的心态看待自己，这样才能避免因过度追求完美而陷入自我认知的误区。

（四）增加阅历

增加阅历能够从根本上拓宽我们的视野，打破思维的枷锁。积极参与各类活动，无论是社会实践、志愿服务还是兴趣小组，都能让我们体验不同的情境与角色；广泛阅读不同类型的书籍，犹如穿梭于不同的时空与文化之中，领略多元思想与价值观；主动接触形形色色的人和文化，感受差异与包容，从而冲破刻板印象的束缚，以更为开阔、灵活的思维认识自己与世界，实现自我认知的升华与突破。

【案例分享2-1】

以下为您举例说明大学生常见的自我认知偏差，包括过度自负、过度自卑、盲目乐观、自我服务偏差、虚假一致性偏差：

1.过度自负

小李是一名大学生，他在学业上一直表现出色，多次在考试中取得高分。然而，他因此认为自己在任何方面都比别人优秀，在小组作业中常常独断专行，不愿意听取他人的意见，觉得别人的想法都不如自己的好。参加学校比赛时，他也坚信自己一定会夺冠，不做充分准备，结果大失所望。但是，他仍然觉得是比赛不公平或者是其他外部因素导致自己没有成功，而不是自身存在问题。

2.过度自卑

小王性格内向，在大学的社交活动中总是显得有些局促。他看到同学们在各种场合都能自信地表达自己，而自己却不敢开口，因此觉得自己一无是处，没有任何优点和特长。在面对考试时，即使他复习得很充分，也总是担心自己考不好，觉得自己比别人笨。在社团招新时，他因为害怕自己能力不足而不敢报名参加，错过了很多锻炼自己的机会。

3.盲目乐观

小赵一直梦想成为一名优秀的律师，他觉得只要自己大学毕业就能顺利进入知名律所工作。在大学期间，他没有努力积累实践经验，也未曾有针对性地提升自己的专业技能，总认为凭借自己的热情和理想就能够实现目标。然而，当他毕业找工作时，才发现现实与自己的想象相差甚远，面临诸多困难和挑战。

4.自我服务偏差

小张在一个团队合作项目中表现一般，但是项目最终取得了不错的结果。他将成绩完全归功于自己的努力和聪明才智，而忽视了其他团队成员的贡献。而当项目出现问题时，他把责任都推给了外部环境或者其他成员，认为自己没有任何过错。

5.虚假一致性偏差

小陈喜欢某个小众的音乐类型，他就认为身边的同学也应该喜欢，当发现有人不感兴趣时，他感到很惊讶并且难以理解，觉得别人"不正常"，没有和自己一样的品位。

三、大学生自我调适策略

在个人成长与心理健康的发展过程中，构建正确且积极的自我认知体系占据着核心地位。我们将详细介绍几种行之有效的途径，帮助个体达成这一重要目标。

（一）正确归因

无论是面对成功还是面对失败，正确归因都具有极为重要的意义。当在考试中斩获佳绩时，诚然自身付出的努力不容小觑，挑灯夜读、刻苦钻研的身影是成功的坚实基石，然而，不可忽视其他外部因素所发挥的积极作用。例如，老师的悉心指导犹如智慧的灯塔，在知识的海洋中为我们指引方向，其精准的讲解、耐心的答疑解惑能够帮助我们攻克诸多疑难知识点。再如，良好的学习环境，如安静舒适的教室、丰富齐全的学习资源以及浓厚的学习氛围，如同肥沃的土壤一样，滋养着我们学习成长。反之，当遭遇考试失利的困境时，固然可能存在考试当天身体不适、题目难度超出预期等外部不利因素，但是，更应深刻反思自身内在的问题。比如，学习方法是否科学高效，是一味死记硬背，还是能够灵活运用多种学习策略，如归纳总结、举一反三；时间管理是否合理得当，是否存在因拖延而导致复习计划未能充分实施的情况，或者在各个科目的学习时间分配上存在失衡等。通过全面、客观地剖析成功与失败的根源，我们能够精准地把握自身的优势与不足，从而为后续的学习与成长提供极具针对性的改进方向，避免盲目自大或过度自责的不良心态。

（二）积极自我暗示

积极自我暗示作为一种强大而有效的心理调节工具，能够在潜移默化中重塑我们的心理状态与行为表现。每日清晨，当站在镜子面前整理衣冠时，不妨凝视自己的双眼，坚定而自信地对自己说一些积极的肯定话语。例如“我有能力解决问题”，这并非盲目自大，而是在内心深处种下一颗自信的种子，让自己在面对各种挑战时，能够从潜意识里唤起这种积极的信念，从而激发自身的潜能，探索解决问题的路径；再如，“我每天都在进步”，则是关注自身成长的动态过程，无论进步的幅度大小，都予以认可与鼓励，使自己在成长的道路上始终保持积极向上的动力。当面对公开演讲、重要考试、职场面试时，我们的内心难免会被不安与紧张情绪所笼罩。此时，默默地对自己说“我可以应对这种情况”“我已经做好了准备”，能够有效地缓解焦虑情绪，使我们的身心状态调整得更为平稳，进而在实际应对过程中发挥得更出色。这种积极自我暗示的力量能够逐渐改变我们对自我的认知评价，将消极的自我认知逐步转化为积极乐观的心态，为个人的发展奠定坚实的心理基础。

（三）社会比较合理化

在社会比较的过程中，选择恰当的比较对象是实现合理化比较的关键所在。倘若总是将目光聚焦于那些在各方面都显著优于自己的佼佼者，如行业内的顶尖精英、学术领域的泰斗大师，就容易使自己陷入无尽的自卑与挫败感之中，仿佛自身的努力与成就都变得微不足道；反之，若只与那些明显不如自己的人进行比较，虽然可能在短期内获得一种虚假的优越感，但是从长远来看，不利于自身的持续进步与成长，容易滋生骄傲自满的情绪，使自己停滞不前。合理的方式是进行“平行比较”，即寻找那些与自己处于相似境遇、拥有相近背景和起点的人作为比较对象。例如，同是刚刚踏入职场的新人，比较彼此在工作技能提升速度、职业规划清晰度、人际关系处理能力等方面的异同与优劣，能够从对方身上汲取宝贵的经验，发现自身的不足之处并及时加以改进；同时，也能看到自身的优势，增强自信心，促使自身不断成长与进步。

（四）设定现实目标

将宏伟的大目标逐步拆解为一系列小的、切实可行的阶段性目标，是一种极具智慧的目标设定策略。例如，若将“成为一名优秀的作家”设定为大目标，那么可以将其分解为“每月阅读一定数量的经典文学作品以提升文学素养”“每周完成一篇高质量的短文写作并进行自我修改与完善”“参加写作培训课程或听专家的讲座，学习写作技巧与方法”等小目标。每当成功地达成一个小目标，就如同在攀登高峰的道路上登上了一个稳固的台阶，能够为我们带来实实在在的成就感与自信心的提升。在设定目标时，必须充分考量自身的实际能力与所拥有的资源状况。要对自己的知识储备、技能水平、时间精力以及可借助的外部资源等进行全面且深入的评估，确保所设定的目标既具有一定的挑战性，能够激发自身的努力与潜能，又不至于因过高而遥不可及，使自己频繁受挫而丧失信心；同样，不应设定过低的目标，如果在自己毫无压力的状态下就能轻松达成目标，就难以实现自我能力的有效提升与突破。

（五）多角度自我评价

在进行自我评价时，切不可将目光仅局限于学业成绩这一个方面。人际关系的和谐与否同样是衡量个人综合素养与自我认知健康程度的重要维度。一个在社交场合善于倾听、懂得尊重他人、能够与不同性格的人建立良好关系的人，往往具备较强的人际交往能力与高情商，这无疑是其个人魅力与能力的重要体现；兴趣爱好的广泛与深入发展，反映了个人对生活的热爱和对多元知识、技能的探索精神，无论是绘画、音乐、体育还是手工制作等，都能在丰富个人生活的同时，培养专注、坚持、创新等宝贵品质；品德修养更是个人立足社会的根本基石，诚实守信、善良友爱、有责任感等品德特质贯穿于个人生活与工作的方方面面，深刻影响着他人对自己的评价以及自身内心的安宁与满足感。定期开展全面、深入的自我评估，如同对自身进行一次全方位的健康体检，总结、梳理出自己在各个方面的优点与不足，并据此精心制订详细且具有可操作性的改进计划，从而推动自我多维度全面成长与进步。

（六）接受反馈

以开放包容的心态虚心接受他人的批评与建议，是个人成长道路上不可或缺的重要品质。当他人指出我们的不足与错误时，不应心生抵触或辩解，而应将其视为一次难得的成长契机。例如，在工作中，同事指出我们在项目执行过程中的沟通、协作方式存在问题，此时我们若能认真反思并积极改进，便能提升自己的团队合作能力，使未来的项目推进更加顺畅、高效。对于他人给予的赞扬，同样需要保持清醒的头脑与理性的思考。要审慎分析自己是否真的实至名归，避免因过度沉浸于赞扬声中而迷失自我，沾沾自喜于虚假的荣耀。通过正确对待反馈信息，我们能够不断调整与完善自我认知，使自己在成长的道路上始终保持正确的方向与稳健的步伐。

（七）提升自我认知

通过阅读心理学、自我成长等领域的经典书籍，我们能够系统地汲取专业知识与智慧结晶，深入了解人类心理活动的规律与自我成长的路径和方法。参加相关的课程或听专家的讲座，可以在专业人员的引领下，与众多志同道合的学习者探讨交流，在互动学习的过程中获得更为丰富、多元的见解与感悟。写反思日记是一种极具深度与个性化的自我认知提升方式，将自己每日的想法、感受以及行为详细地记录下来，在书写的过程中，犹如与内心深处的另一个自己进行对话，能够更清晰地洞察自己的思维模式、情绪变化以及行为动机，进而发现那些隐藏在日常表象之下的自我认知盲点与误区，为进一步自我调整与成长提供精准的依据与方向。

（八）培养成长型思维

坚信自身的能力并非固定不变，而是能够通过不懈的努力与持续的学习得到提升与拓展，这是成长型思维的核心内涵。当遭遇挫折与失败时，不应将其视为对自己能力的否定与终结，而应看作成长旅程中的宝贵经历与学习机会。例如，在学习一门新的外语时，我们可能遇到语法理解困难、词汇记忆瓶颈等挫折，此时以成长型思维来看待，就会积极主动地寻找更多的学习资源，调整学习方法，如通过观看外语电影、与外教交流等来突破困境，从而在学习过程中实现外语能力的提升与自我的成长。这种成长型思维模式能够使我们在面对各种挑战与困难时，始终保持乐观、积极的态度与坚韧不拔的毅力，为实现个人的长远发展与终身成长奠定坚实的思想基础。

【心理行为拓展】

在大学生心理健康领域，自我认知占据关键地位。正如著名心理学家卡尔·罗杰斯所

说："真正的自我接纳，是其心理健康的基石。"

自我认知，简单来说，就是对自己的全面认识，包括自己的性格、兴趣、价值观、能力等方面。它并非一蹴而就，而是一个渐进的过程，需要我们不断地去探索、反思和总结。

这个过程包括对自身行为和情绪的观察、分析，与他人的互动、比较等。其重要性不言而喻，良好的自我认知能帮助我们准确地定位自己，合理规划未来，增强自信心，更好地应对生活中的各种挑战，为我们的心理健康和个人成长保驾护航。让我们一起深入探索自我认知的奇妙世界吧！

一、唤醒自我意识——"自我发现之旅"

（一）活动内容

1.请回忆一下，你最近一次感到特别自豪的时刻是什么时候？当时发生了什么事情？你为什么会有这样的感受？

____

____

2.如果你可以拥有一种超能力，你希望是什么？为什么会选择这种超能力？

____

____

3.想象一下，未来的你在理想的生活中是什么样子的？你从事什么工作？生活在什么样的环境里？身边有哪些人？

____

____

____

（二）评估标准

1.自我意识较强：能够详细、生动地描述自己感到自豪的时刻，清晰地阐述原因，对超能力的选择有深刻的内在动机，并且能全面、具体地描绘未来理想生活的各个方面，展现出对自身强烈的关注和清晰的认知。

2.自我意识中等：能较为清楚地讲述自己感到自豪的时刻、超能力选择和对未来理想生活的想象，但是在描述的细节和深度上有所欠缺，对自身的认知有一定程度的体现，不过不够全面、深入。

3.自我意识缺乏：对这些问题的回答简单、模糊，缺乏具体内容，显示出对自身的关注和思考较少，自我意识较为淡薄。

二、探索自我同一性——"身份拼图大冒险"

（一）活动内容

1.你觉得自己在不同的社交场合（如宿舍、课堂、社团活动等）中表现有什么不同？这些不同的表现是如何形成的？它们反映了你怎样的性格特点？

____

____

2.你的兴趣爱好有哪些？这些兴趣爱好对你来说意味着什么？它们是否影响了你对自己的身份认同和未来规划？

3. 思考一下你所钦佩的人（如名人、家人、朋友等），他们身上有哪些特质吸引你？你认为自己在哪些方面和他们相似，哪些方面不同？这些相似和不同之处对你认识自己有什么帮助？

（二）评估标准

1. 自我同一性较强：能敏锐地察觉自己在不同社交场合的差异，并深入分析形成原因和反映的性格特点，清晰阐述兴趣爱好对自身的重要意义及与未来规划的关联，全面且深刻地分析自己与所钦佩之人的相似和不同之处以及对自我认识的影响，表现出对自我同一性的深入探索和清晰把握。

2. 自我同一性中等：对上述问题有一定的认识和分析，但是在深度和广度上有所不足，能够部分理解不同情境下的自己、兴趣爱好与自我的关系，以及与他人的比较对自我认识的作用，不过不够全面和深入。

3. 自我同一性较低：对这些问题的回答较为肤浅，缺乏深入思考，不能很好地理解自己在不同场合的表现、兴趣爱好与自我认识的关系，以及与他人的比较意义，自我同一性较为模糊。

三、自我认知的整合——“内心世界建筑师”

（一）活动内容

1. 请用一些关键词来描述你现在对自己的整体认识，包括你的性格、能力、价值观等方面。然后，为每个关键词举一个具体的例子，说明你是如何在生活中体现这个特点的。

2. 假设你要向一个陌生人介绍自己，你会重点强调哪些方面？为什么你认为这些方面是最重要的？它们如何代表你这个人？

3. 回顾你过去的经历，有没有一些关键的事件或决策对你的自我认知产生了重大影响？请分享这些经历，并说明它们是如何改变你对自己的看法的。

（二）评估标准

1. 自我认知整合程度较高：能够准确、全面地用关键词概括自己的各个方面，并能通过具体、恰当的例子进行说明；在向陌生人介绍自己时，能抓住核心要点并清晰阐述其重要性和代表性，对过去影响自我认知的关键事件有深刻的理解并能进行清晰的分析，显示出良好的自我认知整合能力。

2. 自我认知整合程度一般：能大致用关键词描述自己，例子相对简单，在介绍自己和分析关键事件时能表达一定的观点，但不够深入和全面，自我认知整合程度一般，仍需要进一步努力。

3. 自我认知整合程度较差：关键词描述不准确或不全面，例子缺乏说服力，对介绍自己的重点把握不清，对关键事件的分析肤浅，自我认知整合能力较差。

四、结语

同学们，通过这次活动，希望大家对自己有了更深入的了解。无论结果如何，都只是一个起点，让我们在今后的生活中不断探索和成长，更好地认识自己，创造属于自己的精彩人生！请记得，你是独一无二的，你的内心世界充满了无限的可能，你要去自己发现！

希望这个活动能帮助你开启一段有趣的自我认知之旅，如果你对自己的某些回答有特别的感受或想法，不妨和身边的朋友、老师分享，或者自己进一步深入思考，你会发现更多关于自己的奥秘，加油！

本章小结

本章聚焦大学生自我认知，深入探讨其多方面内容。自我认知对大学生意义重大，影响大学生的决策、自我形象、情绪管理和个人成长。自我意识涵盖对自身多方面的认知，其形成和发展历经生理、社会、心理、反思阶段，大学生自我意识呈现出主动和全面、丰富而复杂、自我控制能力增强、理想自我与现实自我的冲突加剧、自我同一性的探索、独立性和自主性增强、关注自我形象、自我评价趋于客观等特点，同时受马斯洛需要层次理论影响。自我认知途径多样、方法丰富、工具多元，但需合理运用。大学生存在多种自我认知偏差，可通过多角度收集反馈、学习心理知识、接受不完美、增加阅历等技巧矫正，运用正确归因、积极自我暗示、社会比较合理化、设定现实目标、多角度自我评价、接受反馈、提升自我认知、培养成长型思维等策略调适，从而获得准确的自我认知，推动心理健康与个人发展。

※学习园地※

●互动思考题

1. 请画一个自我成长线段图，标出自己成长的记号，发现自己成长的轨迹，制订未来的发展计划。

2. 思考一下自己在角色转变过程中遇到的困惑。

3. 把自己成长过程中的不开心分享给心理老师或者辅导员。

第三章　大学生的情绪管理

学习目标

本章旨在介绍情绪这种心理现象的基本概念以及生活中常见的情绪，通过对自身情绪的认知、理解来觉察自己的心理健康状态。通过本章的学习，我们需要了解什么是情绪，情绪的基本概念是什么，构成要素有哪些；情绪如何分类，常见的情绪有哪些，哪些是不良情绪。

大学生的情绪管理是指大学生对自身情绪的认知、理解、表达和调节，以达到保持良好心理状态、促进个人成长和适应大学生活的目的。在大学阶段，学生面临着学业、人际关系、未来规划等多方面的挑战和压力，这些都容易引发各种情绪，如焦虑、抑郁、愤怒、兴奋等。

第一节　情绪的分类与构成要素

一、情绪的基本概念与分类

微课 3-1

情绪的基本概念与分类

情绪是指人对客观事物的态度体验及相应的行为反应。情绪通常可以分为以下几类：

（一）基本情绪

快乐：通常由满足、愉悦的情境或事件引起，表现为欢笑、轻松等。

悲伤：往往因失去、挫折或不如意的事情而产生，可能有哭泣、沮丧等表现。

愤怒：当遭遇不公平、冒犯或阻碍时会出现，可能伴有攻击、争吵等行为。

恐惧：面对威胁、危险或未知情况时产生，可能出现颤抖、逃避等反应。

（二）复合情绪

焦虑：是对未来不确定性的担忧和不安。

内疚：是因为自己的错误或不当行为而产生的自责情绪。

自豪：是因自身的成就或优点而产生的自我肯定和满足感。

嫉妒：是看到别人拥有而自己渴望的东西时产生的不良情绪。

需要注意：情绪的分类并不是绝对的，而且在不同的文化和个体之间可能有一定的差异。同时，情绪之间也可以相互组合和转化。

二、情绪的构成要素

微课 3-2

情绪的构成要素

情绪是一种复杂的心理现象，是个体对客观事物的主观体验和感受，以及由此产生的生理反应和行为表现。情绪的构成要素主要包括以下方面：

（1）主观体验：这是情绪的核心部分，是个体对不同情境和刺激所产生的内心感受，如快乐、悲伤、愤怒、恐惧等。主观体验具有个人独特性，不同的人对同一事件可能有不同的感受。

（2）生理唤醒：这是指情绪产生时身体的生理反应，包括心率、血压、呼吸、肌肉紧张度、激素分泌等的变化。例如，愤怒时可能心跳加快、血压升高；恐惧时可能呼吸急促、肌肉紧张。

（3）外部表现：包括面部表情、姿态表情和语调表情等。面部表情如微笑表示快乐，皱眉表示忧愁；姿态表情如垂头丧气表示沮丧，昂首挺胸表示自信；语调表情如欢快的语调表示兴奋，低沉的语调表示悲伤。

小结：这三个要素相互作用、相互影响，共同构成了情绪的完整过程。

三、常见的情绪

1.喜

（1）喜悦：是一种轻松、愉快和满足的感受，通常由积极的事件或经历引起，如取得好成绩、收到礼物、与亲朋好友相聚等。

（2）兴奋：是一种强烈的、充满活力的积极情绪，可能由于期待中的事情即将发生引起，如即将开始一次旅行、参加一场喜欢的活动。

（3）惊喜：是意料之外的好事情带来的突然的、强烈的喜悦情绪。

2.怒

（1）愤怒：因不满、被冒犯或受到不公正对待而产生的强烈情绪，可能伴随着攻击的冲动，如争吵、指责。

（2）恼怒：程度稍轻的愤怒，通常因为一些较小的烦心事或持续的困扰引起。

（3）暴怒：极度强烈的愤怒，可能导致失去理智和失控。

3.哀

（1）悲哀：深深的、持久的悲伤，如失去亲人、重要的关系破裂。

（2）哀伤：带有忧愁和痛苦的情绪，可能因回忆过去的不幸或当前的困境而产生。

（3）哀怨：包含了抱怨和无奈的悲伤情绪。

4.惧

（1）恐惧：对明确的、具体的危险或威胁所产生的强烈害怕，如面对猛兽、自然灾害。

（2）惊恐：突然遭遇危险或极度可怕的情况时产生的恐惧，可能导致惊慌失措。

（3）畏惧：对可能发生的不良后果或强大的对象有所担心和害怕，带有一定的敬畏成分。

这些情绪在强度、持续时间和引发原因上可能有所不同，但是它们共同构成了人类丰富的情绪体验。

第二节　大学生常见的情绪问题与产生原因

微课 3-3

大学生常见的情绪问题

大学生在学习、生活、人际交往等方面常见的情绪困扰有焦虑、抑郁、愤怒、孤独、自卑、嫉妒、烦躁、恋爱情绪问题等。

一、常见的情绪困扰

（1）焦虑：可能源于学业压力，如考试、论文、升学；也可能来自对未来职业发展的不确定性、社交压力等，其表现为过度担心、紧张不安、难以集中注意力等。

（2）抑郁：如在遭遇挫折、人际关系困扰时，或长期处于高压环境等情况下，可能出现情绪低落、失去兴趣、自责、睡眠和饮食问题等。

（3）愤怒：与同学的冲突、对学校管理的不满、家庭问题等都可能引发愤怒情绪，表现为冲动、争吵、攻击性行为或内心的强烈不满。

（4）孤独：进入新的环境，难以融入集体，或者在人际交往中遇到困难，容易产生孤独感，表现为内心的空虚、渴望陪伴和交流。

（5）自卑：觉得自己在能力、外貌、家庭背景等方面不如别人，导致自我评价过低，表现为缺乏自信、回避挑战、对批评过度敏感。

（6）嫉妒：看到同学在学业、社交、才艺等方面表现出色，而自己相对落后时，可能产生嫉妒情绪，表现为怨恨、冷嘲热讽或自我否定。

（7）烦躁：当面对生活中的琐事繁多、环境嘈杂、计划被打乱等情况时，容易出现烦躁情绪，表现为不耐烦、易发脾气。

（8）恋爱情绪问题：如失恋后的痛苦、恋爱中的争吵带来的苦恼、单恋的苦闷等。

二、大学生情绪问题产生的原因

大学生常见情绪问题产生的原因是多方面的，以下是一些主要因素：

（一）学业压力

大学课程难度增加，学习任务繁重，需要投入大量时间和精力；追求高绩点、奖学金以及为未来升学、就业做准备，也带来竞争压力；以及在考试、论文答辩等重要节点，大学生都容易产生焦虑情绪。

（二）人际关系

与同学、室友相处的过程中可能会出现矛盾和冲突，如生活习惯不同、性格不合等；渴望建立深厚的友谊，但是难以找到志同道合的朋友，导致孤独；在恋爱关系中，可能经历争吵、分手等情感挫折。

（三）未来规划的不确定性

很多大学生对毕业后的职业选择感到迷茫，不清楚自己适合什么工作；担心就业竞争激烈，难以找到理想的工作，从而产生焦虑和抑郁情绪。

（四）家庭因素

家庭经济困难可能导致学生产生自卑心理；父母期望过高，与学生自身的想法和能力不匹配，也会给学生造成压力；家庭关系不和谐，如父母经常争吵或对学生关爱不足，都会影响学生的情绪状态。

（五）个人心理特点

一些学生性格内向、敏感，更容易受到外界因素的影响，产生负面情绪。具有完美主义倾向的大学生对自己要求过高，一旦达不到目标，就容易陷入自我否定的情绪中。

（六）社会比较

社交媒体的普及使学生更容易将自己与他人进行比较，看到他人的优秀表现可能会产生嫉妒、自卑等情绪。

（七）环境变化

适应新的大学环境、生活方式和学习模式的过程中，可能出现不适和焦虑；当遇到困难和挫折时，不懂得如何正确调节情绪，会导致情绪问题积累和加重。

第三节　情绪调节的方法与情绪表达

一、情绪调节的方法与技巧

（一）认知重评

微课 3-4

情绪调节的方法与技巧

认知重评是指改变对情绪的理解和解释，从而改变情绪反应；或者改变对引起情绪的事件的看法和解释。例如，把一次失败看作一次学习和成长的机会，而不是对自己能力的否定。认知重评的步骤包括：

（1）觉察情绪：意识到自己正在经历某种强烈的情绪。

（2）分析事件：仔细思考引发情绪的具体事件或情境。

（3）挑战原有认知：审视自己对该事件的最初看法，思考是否存在片面、消极或不合理的地方。

（4）形成新的认知：尝试从不同的角度看待事件，寻找更积极、合理的解释。

例如，你在考试中成绩不理想，感到很沮丧，原有的认知可能是“我太笨了，永远也学不好”。通过认知重评，你可以这样想，“这次考试只是暴露了我还没掌握好的部分，给了我改进和提升的机会”。

（二）情绪宣泄

情绪宣泄是指通过适当的方式将压抑的情绪释放出来，可以与信任的朋友、家人或老师分享自己的感受和想法，获得情感支持和建议。情绪宣泄的方式包括：

（1）倾诉：找朋友、家人或心理咨询师，把内心的感受和想法说出来。

（2）书写：写日记、写信，把情绪倾注在文字中。

（3）运动：进行适度运动，如跑步、拳击等，让身体的能量得到释放。

需要注意：情绪宣泄要在合法、合理、不伤害他人和自己的前提下进行。

（三）放松训练

放松训练有助于缓解身体的紧张，从而减轻情绪的压力。常见的放松训练方法有：

（1）深呼吸：慢慢地吸气，使腹部鼓起，然后缓缓呼气，重复几次。同时，放松身体的肌肉，从头部开始逐渐放松到脚部。

（2）渐进性肌肉松弛：从头到脚依次紧绷和放松身体的各个肌肉群，感受紧张与放松的差异。

（3）冥想：找一个安静的地方，专注于自己的呼吸或一个特定的意象，排除杂念。例如，当感到紧张、焦虑时，可以坐下，闭上眼睛，先做几次深呼吸，然后依次紧绷和放松手臂、肩膀、腿部等部位的肌肉，最后继续深呼吸并保持放松状态几分钟。可以根据自己的情况选择适合的情绪调节方法，并经常练习，以更好地应对各种情绪。

（四）转移注意力

投入到自己喜欢的活动中，如看电影、听音乐、阅读、绘画等，暂时忘却引起不良情绪的事情。

（五）积极的自我暗示

用积极的语言鼓励自己，如“我能应对这个挑战”“我今天很棒”等。

（六）培养兴趣爱好

丰富生活，从中获得乐趣和成就感，提升情绪状态。

（七）良好的睡眠

保证充足的睡眠，有助于恢复精力和稳定情绪。

（八）时间管理

合理安排任务，避免压力过大导致情绪失控。

（九）幽默应对

用幽默的方式看待问题，减轻紧张和焦虑。

小结：每个人适用的情绪调节方法可能不同，需要不断尝试和探索，找到最适合自己的方式。

二、情绪表达的原则和方式

（一）情绪表达的原则

（1）真诚原则：真实地表达自己内心的感受，不虚饰、不伪装。

（2）适度原则：表达的程度要适中，既不过分强烈也不过于微弱，避免给他人带来过度的负担或让人觉得不够重视。

（3）适时原则：选择合适的时间和场合来表达情绪，避免在不恰当的时候爆发情绪，影响他人和自己。

（4）尊重原则：尊重他人的感受和观点，在表达自己情绪的同时，不伤害或冒犯他人。

（5）负责原则：对自己的情绪表达负责，意识到其可能产生的后果，并愿意承担相应的责任。

（二）情绪表达的方法

（1）语言表达：用清晰、准确的语言描述自己的情绪感受，如“我现在感到很生气，因为……”“我非常开心，是因为……”

（2）非语言表达：包括面部表情（微笑、皱眉等）肢体动作（拥抱、挥手、跺脚等）眼神交流（注视、回避等），这些都能辅助传达情绪。

（3）书面表达：通过写信、写日记、发邮件等方式，更深入、详细地表达自己的情绪。

（4）艺术表达：借助音乐、绘画、舞蹈等艺术形式来抒发情绪，将抽象的情绪转化为具体的艺术作品。

（5）隐喻和象征：使用比喻、象征的手法来形容情绪，比如用“我的心像被乌云笼罩”来表达悲伤。

（6）分享经历：讲述与情绪相关的具体事件和经历，让他人更好地理解自己的情绪来源。

【心理行为拓展】

情绪如同我们内心的天气，时而阳光明媚，时而阴云密布。马克思曾说过：“一种美好的心情，比十副良药更能解除生理上的疲惫和痛楚。”

情绪管理的意义重大。它能帮助我们在面对压力和挑战时保持冷静，做出理性的决策。良好的情绪管理可以提升我们的人际关系质量，让我们更好地与他人沟通和相处。同时，它也是维护身心健康的重要保障，能有效预防因长期负面情绪积累而导致的各种心理和生理问题。

在这一章，我们将一起探索情绪管理的奥秘，学习如何识别、理解和调节自己的情绪，让我们的内心世界更加和谐、稳定，为美好的大学生活奠定坚实的心理基础。

一、察觉情绪——“情绪的奇幻冒险”

小明在大学生活中遇到了各种各样的事情。有一天，他参加了一场重要的考试，考试前他非常紧张，心跳加速，手心里都是汗。在考试过程中，他遇到了一道难题，怎么也想不出来答案，这时他感到很焦虑，开始胡思乱想，担心自己考不好。然而，他突然意识到自己这种情绪状态可能会影响考试发挥，于是他尝试做了几个深呼吸，让自己平静下来，重新集中精力思考问题。最终，他顺利完成了考试，成绩也还不错。

之后，在一次社团活动中，小明和团队成员因为意见不合发生了争执。他一开始很生气，觉得对方不理解自己的想法，差点就和对方吵起来。但是，他又想起了考试时的经历，他决定先离开现场，让自己冷静一下。在冷静的过程中，他开始思考自己为什么会这么生气，是不是自己也有不对的地方。经过反思，他发现自己在沟通方式上存在问题，于是他主动回去和团队成员重新沟通，最终大家达成了一致，活动也顺利进行。

又有一次，小明接到了家里的电话，得知家里出了一些事情，他顿时感到非常担忧和难过。他不知道该怎么办，情绪很低落。但是，他没有一直沉浸在这种负面情绪中，而是尝试和朋友倾诉，朋友给了他很多安慰和建议，他也开始积极地想办法解决家里的问题，同时调整自己的情绪，让自己能够更好地面对生活中的困难。

请根据下面的几个问题来认识不同的情绪：

1.同学们，在小明的这些经历中，你们能感受到他都有哪些不同的情绪吗？

____

____

2.当小明遇到这些情绪时，他采取的不同应对方式对情绪产生了怎样的影响呢？

____

3.你们在生活中有没有类似的经历呢？当时你们的情绪是怎样的，又是如何应对的呢？

下面请跟随问题来提升自己察觉情绪、命名情绪的能力：

请同学们闭上眼睛，放松身体，深呼吸几次。然后，回忆最近一周内让你印象最深刻的一个场景，可以是学习上的、生活中的或者社交方面的。尽可能详细地在脑海中重现这个场景，包括当时的环境、人物、事件的经过等。

1.当你回忆起这个场景时，注意自己内心的感受，你体验到了哪些情绪？当时有什么样的身体反应？比如，心跳加速、呼吸急促等。请尝试给这些情绪的强烈程度打分，0分表示没有这种情绪，10分表示这种情绪非常强烈。

2.你觉得这些情绪是由什么具体的事情或因素引发的呢？

3.你的思维方式在这种情绪下有没有发生什么变化，比如变得更消极或者更积极，更理性或者更冲动？

4.这种情绪对你当时的行为产生了怎样的影响，你是怎么做的，说了什么？

5.如果你现在重新面对那个场景，你会采取不同的方式来应对这些情绪吗？会怎么做呢？

6.思考如何在日常生活中更加敏锐地觉察自己的情绪，以及当情绪出现时，如何更好地应对和管理情绪，让自己的生活更加积极健康。

通过这样的情绪觉察个人能力拓展训练，同学们可以逐渐提高对自己内在情绪的觉察能力，更好地理解自己的情绪反应，从而为有效地管理情绪奠定基础。希望同学们在今后的生活中能够更加关注自己的情绪，成为自己情绪的主人，以更加积极乐观的心态面对大学生活的各种挑战。大家可以在课后也经常进行这样的练习，不断提升自己的情绪觉察和管理能力哦！你们觉得自己今天在这个训练中有什么新的发现或者感悟吗？可以随时记录下来，以便日后回顾和进一步思考。加油哦，同学们！你们一定可以更好地认识和管理自己的情绪，让自己的大学生活更加精彩！

二、消除内在消极信念——“情绪解密大作战”

（一）情绪ABC理论

阿尔伯特·艾利斯提出了情绪ABC理论。该理论认为，激发事件A（Activating Event）只是引发情绪和行为后果C（Consequence）的间接原因，而引起C的直接原因则是个体对激发事件A的认知和评价所产生的信念B（Belief）。也就是说，不同的信念B会导致人们对同一事件A产生不同的情绪和行为后果C。

接下来，我们来看一个例子：小李是一名大学生，他在一次重要的考试中成绩很不理想。让我们来分析一下这个事件中的ABC：

事件A：小李考试失利，成绩很差。

信念B：小李认为考试成绩代表了自己的能力，这次考差了就说明自己很笨，而且会让老师和同学看不起，未来也很难在学业上取得好成绩。

结果C：小李因此感到极度沮丧和自卑，对学习数学产生了恐惧和抵触情绪，甚至开始怀疑自己是否适合学习，在之后的学习中也缺乏动力和信心。

从这个例子可以看出，同样是考试失利这一事件，小李的消极信念，导致了他消极的情绪和行为后果。如果小李能够改变信念，比如认为这次考试失利只是一次暂时的挫折，是发现自己知识漏洞的机会，通过努力可以提升成绩，那么他的情绪和后续行为可能会大不相同。这体现了情绪ABC理论中信念对情绪和行为的关键影响。

（二）实践活动——“情绪事件大收集”

1.让同学们快速回忆最近一周内让自己产生明显消极情绪（如焦虑、愤怒、沮丧等）的一件事情。

____

____

2.请同学们在纸上简单写下这件事情的经过（一句话概括即可）。

____

____

3.对于刚才写下的那件事情，自己当时内心的想法和看法是什么？这些想法和看法导致了怎样的消极情绪？

____

____

4.请同学们在事件描述的旁边写下自己当时的主要消极信念。例如：“我觉得自己这次考试考砸了，肯定会被同学嘲笑，我真是个失败者。”（这里的消极信念可能是“考砸了就会被嘲笑”“我是个失败者”等）

____

____

5.请同学们再次回顾自己最初写下的消极事件，然后带着反转后的积极信念重新思考这件事情，感受自己此时的情绪变化。

____

____

在活动的最后，简要总结情绪ABC理论的要点和本次活动的主要内容，鼓励同学们在今后的生活中遇到消极情绪时，能够运用今天学到的方法，觉察自己的消极信念，并尝试通过转变信念来调整情绪，保持积极乐观的心态。

通过这个“情绪解密大作战”活动，希望能够以生动有趣的方式帮助大学生更好地理解和掌握情绪调试的方法，提高他们的情绪管理能力，让他们在大学生活中更加从容地面对各种挑战和困难，拥有更加健康、积极的心理状态。

三、提升积极情绪体验小妙招

（一）认识积极情绪与幸福的关系

积极情绪包括喜悦、感激、宁静、兴趣、希望、自豪、逗趣、激励、敬佩和爱等。研究表明，当我们体验到更多的积极情绪时，我们会更倾向于感受到生活的幸福和满足。积极情绪能够拓展我们的思维，增强我们的心理韧性，改善人际关系，提升我们的身心健康水平，从而为我们创造出一种更加充实和有意义的生活体验，是构成幸福的重要元素。

（二）提升情绪积极体验的小方法

1.感恩练习

每天晚上花几分钟时间，回顾当天发生的事情，写下三件让你感恩的小事。可以是别人的一个微笑、一次帮助，或者是自己取得的一点小进步等。然后，用心去感受这些事情带给你的温暖和感激之情。

示例：今天我感恩同学帮我占了图书馆的座位，让我能顺利地开始学习；感恩阳光明媚的天气，让我的心情也变得格外好；感恩自己在课堂上勇敢地回答了问题，有了新的收获。

2.积极回忆

每周选择一个特定的时间，比如周末的下午，找一个安静舒适的地方坐下，闭上眼睛，回忆过去一周中让你感到快乐、自豪、满足等积极情绪的时刻。尽可能详细地在脑海中重现这些场景，包括当时的环境、人物、对话和自己的感受。回忆结束后，用文字记录下这些美好的瞬间。

示例：我想起了在社团活动中，我们团队一起成功完成了一个项目，大家欢呼雀跃的那一刻，我感受到了团队的力量和自己的价值，那种自豪和喜悦至今难以忘怀。

3.培养兴趣爱好

列出自己一直感兴趣但从未尝试过的事情，或者曾经喜欢但因为各种原因放下的爱好。然后选择其中一项或几项，每周安排一定的时间去投入其中。可以参加相关的课程、社团，或者自己在网上学习、实践。

示例：我一直对绘画感兴趣，所以我决定每周抽出三个晚上，每次一个小时来学习绘画。我报名了一个线上绘画课程，跟着老师的指导一步步学习，在这个过程中，我沉浸在色彩和线条的世界里，忘记了一切烦恼，每次完成一幅作品都充满了成就感和喜悦。

4.运动锻炼

选择一项自己喜欢的运动，如跑步、游泳、瑜伽、篮球等，每周至少进行3次，每次持续30分钟以上。可以找朋友一起运动，增加乐趣和动力。在运动过程中，专注于身体的感觉和运动带来的愉悦感。

示例：我每周会和朋友一起去打两次篮球，每次在球场上尽情奔跑、投篮，感受汗水的流淌和团队协作的快乐。运动后，我觉得身体充满了活力，心情也变得格外舒畅，压力和负面情绪都得到了释放。

5. 随机善举

每天至少做一件随机的善举，可以是很小的事情，如给同学递一张纸巾、为室友倒一杯水、在公交车上给老人让座等。在做这些善举的时候，不要期待任何回报，只是单纯地享受帮助他人带来的快乐。

示例：今天在食堂吃饭的时候，我看到旁边有一位同学忘记带餐具了，我就把我的多余的餐具借给了他。他对我露出了感激的笑容，那一刻，我心里也暖暖的，这种小小的善举让我感受到了人与人之间的善意和连接，也为我的一天增添了一份积极的情绪。

通过坚持这些方法，我们可以逐渐增加生活中的积极情绪体验，提升情绪积极率，进而更加深刻地感受到幸福的存在。同学们，让我们行动起来，用心去培养和呵护积极情绪，让我们的大学生活充满阳光和快乐！

本章小结

情绪调节的方法与技巧包括认知重评、放松训练、运动锻炼、情绪宣泄、倾诉交流等。在表达情绪时要遵循真诚、适度、适时、尊重和负责等五项原则，可以通过语言、非语言、书面、艺术、隐喻和象征以及分享经历的方法来表达自己的情绪。情绪调节的方法包括认知重评、情绪宣泄以及放松训练，需要根据自身实际情况选择调节方法并进行训练，从而在能够准确地觉察自身的情绪和心理状态下，运用适合自身的调节方法，使自我的情绪管理效果达到最优，并保持良好的心理状态。

※学习园地※

●互动思考题

1. 请画一个情绪图谱，发现自己近期情绪波动的曲线。

2. 生活中自己是如何控制自己情绪的？

3. 把自己不开心的事情分享给心理老师或者辅导员听听吧！

第四章　大学生的人际关系

学习目标

通过本章的学习，学生应从心理学角度理解大学生人际关系的重要性和复杂性。掌握大学生人际关系的类型、特点和发展规律，包括同学关系、师生关系、舍友关系等不同维度。学会分析影响大学生人际关系的各种因素，如个人性格、成长背景、沟通方式等；能够运用所学理论和方法，提高自身在人际交往中的沟通能力、共情能力和冲突解决能力；了解人际关系不良可能导致的心理问题，并掌握预防和应对这些问题的策略；培养积极健康的人际交往心态，构建和谐、稳定且富有建设性的人际关系网络，为大学生活的顺利开展和个人的全面发展奠定良好的心理与社交基础。

大学生人际关系是指大学生在大学学习和生活期间与他人建立和发展的各种关系。良好的人际关系对大学生的成长和发展具有重要意义，它可以促进心理健康，增强自信心和自尊，提供情感支持和帮助，丰富大学生活体验，也有利于未来职业发展和社会适应。然而，处理不好人际关系也可能导致孤独、焦虑、抑郁等问题。

第一节　人际关系的概念与类型

一、人际关系的概念

人际关系是指人与人在相互交往过程中所形成的心理关系。它涵盖了个体之间通过交流、互动、情感联结和相互影响所建立的各种关系，包括家庭关系、朋友关系、同事关系、师生关系等。

微课 4-1

人际关系的类型

二、人际关系的类型

人际关系的类型可以从不同的角度进行划分。

（一）按照关系的情感成分划分

（1）亲情关系：如父母与子女、兄弟姐妹之间的关系，这种关系通常基于血缘和家庭。

（2）友情关系：朋友之间的关系，建立在相互的兴趣、价值观和信任基础上。

（3）爱情关系：恋人或夫妻之间的亲密关系，包含深厚的情感和亲密的互动。

（二）按照关系的形成基础划分

（1）地缘关系：因居住在同一地区而形成的关系，如邻居关系。

（2）业缘关系：由工作或职业活动而产生的关系，如同事关系、上下级关系。

（3）学缘关系：在求学过程中形成的关系，如同学关系、师生关系。

（三）按照关系的密切程度划分

（1）亲密关系：如与家人、恋人之间的关系，彼此之间有高度的信任、依赖和情感交流。

（2）普通关系：如一般的同学、同事、熟人，交流和互动相对较少和较浅。

（四）按照关系的交往频率划分

（1）频繁交往关系：经常见面、交流的关系。

（2）偶尔交往关系：不常接触，但在特定情境下会有联系的关系。

小结：这些分类并不是绝对的，在实际生活中，人际关系往往是复杂多样的，可能同时具备多种类型的特点。

三、人际关系的重要性

人际关系是个体生存与发展的核心要素，对人的心理、情感、社会适应及个人成长具有不可替代的重要意义，具体体现在以下方面：

（1）情感支持：为人们提供爱、关心、理解和安慰，帮助应对生活中的压力和挫折，增强心理韧性和幸福感。

（2）信息交流：使人们能够分享知识、经验、观点和消息，促进个人的学习和成长，拓宽视野，增加对世界的了解。

（3）归属感：让人感到自己属于某个群体或社会网络，满足归属的基本心理需求，减少孤独感和疏离感。

（4）合作与互助：促进个体之间的合作，共同完成任务、实现目标。在困难时能够相互帮助、相互支持。

（5）自我认知：通过与他人的互动和反馈，更好地了解自己的优点和不足，从而调整和改进自己的行为和态度。

（6）心理健康：良好的人际关系有助于减少焦虑、抑郁等心理问题的发生，提升心理健康水平。

（7）社会适应：帮助个体适应社会环境，遵循社会规范和文化习俗，提高社会适应能力。

（8）个人发展：为个人的职业发展、社交技能提升等方面提供机会和资源，有助于实现个人的人生价值和目标。

小结：人际关系对个人的身心健康、社会适应和全面发展都具有不可替代的重要作用。

四、大学生常见的人际关系

（一）亲子关系

特点：大学生在心理和生活上逐渐独立，但仍与父母保持着深厚的情感联系。可能存在父母期望与个人追求之间的冲突，以及沟通方式的转变需求。

重要性：父母通常是经济和情感支持的重要来源，良好的亲子关系有助于大学生获得安全感和自信心。

挑战：如父母对大学生的生活干涉过多，或者大学生对父母的依赖过强等。

（二）师生关系

特点：具有一定的权威性和专业性，同时可能存在亦师亦友的情况。

重要性：老师能够在学业上给予指导和启发，对个人的专业成长和未来职业规划有重要影响。

挑战：可能存在沟通不畅、对老师教学风格不适应等问题。

（三）同学关系

特点：较为平等和自由，基于共同的学习和生活环境而建立。

重要性：同学之间可以互相交流学习经验、共同参与活动，拓展社交圈子，培养团队合作能力。

挑战：可能会有竞争带来的压力，以及个性差异导致的矛盾和冲突。

（四）恋爱关系

特点：充满浪漫和情感投入，同时需要处理个人空间与共同发展的平衡。

重要性：能带来情感上的满足和成长，学会关心他人、承担责任。

挑战：可能面临感情的不稳定、价值观的差异以及学业与恋爱的平衡等问题。

（五）室友关系

特点：朝夕相处，生活习惯和个性的差异容易引发矛盾，但也有机会建立深厚的友谊。

重要性：良好的室友关系能营造舒适的居住环境，互相支持和帮助。

挑战：如作息时间不一致、卫生习惯不同等。

（六）社团关系

特点：基于共同的兴趣爱好或目标而聚集，关系相对较为轻松和活跃。

重要性：可以发展特长，提升组织和协调能力，拓展人脉。

挑战：可能存在分工不明确、意见不合等情况。

第二节　大学生人际交往的特点与原则

一、人际交往的特点

微课 4-2

大学生人际交往的特点与原则

（1）开放性和多元性：大学环境汇聚了来自不同地区、不同家庭背景、不同性格和兴趣爱好的学生，交往对象更加多样，交流的内容也更加广泛。

（2）独立性增强：大学生在人际交往中更加注重自我表达和个性展现，不再过度依赖他人的意见和认可。

（3）虚拟交往增加：随着互联网的发展，通过社交媒体、网络平台等进行的虚拟交往在大学生人际交往中占据一定比例。

（4）情感需求强烈：离开家庭，在新环境中渴望建立深厚的友谊和情感支持，以满足心理上的归属需求。

（5）功利性成分存在：在面临就业、升学等压力时，人际交往中可能会带有一定的功利目的，如拓展人脉资源等。

（6）不稳定和易变性：由于大学生处于成长和发展阶段，价值观和人生观尚未完全定型，人际交往关系也相对不够稳定，容易受到各种因素的影响而发生变化。

二、人际交往的原则

（1）平等原则：交往双方地位平等，相互尊重，不轻视或歧视他人。

（2）尊重原则：尊重他人的个性、习惯、观点和隐私等。

（3）真诚原则：以真心诚意对待他人，不虚情假意。

（4）包容原则：接纳他人的差异和不足，宽以待人，避免过分计较。

（5）互惠原则：在交往中相互关心、帮助，实现共同成长和进步。

（6）信用原则：遵守承诺，言出必行，建立可靠的信任关系。

（7）适度原则：保持适度的交往频率和深度，不过分依赖或疏远他人。

（8）自我保护原则：在交往中保持一定的警惕性，避免受到伤害。

三、大学生人际交往的特点

（一）自主性

大学生在人际交往中往往具有更强的自主选择意识。他们能够根据自己的兴趣、价值观和目标主动地选择交往对象，不再像中学时期那样受到过多的外部约束，如家长和老师的限制。

在交往方式和活动的参与上也有更多自主决定的权利，能够自主安排时间和精力投入到人际交往中。这种自主性使得大学生能够更加真实地表达自己的意愿和需求，建立更符合自身期望的人际关系。

（二）开放性

大学的环境更加开放和多元，大学生有更多机会接触到来自不同地域、文化背景、专业领域的人。这促使他们在人际交往中展现出更开放的心态，愿意接纳和理解不同的观点、习惯和生活方式。

随着社交媒体和网络的普及，大学生的人际交往范围不再局限于现实生活中的同学和老师，他们可以通过网络与更广泛的人群交流，进一步拓展了人际交往的范围。

这种开放性有助于大学生开阔视野，增长见识，培养包容和多元的思维方式。

（三）广泛性

大学生活丰富多彩，大学生可以参与各种社团、组织、学术活动等，这使得他们的人际交往对象广泛，不仅有同龄人，还可能包括不同年级、不同专业的学生，甚至是学校的教职工和校外人士。

随着实习、社会实践等活动的增加，大学生还会与社会上的各类人员建立联系，从而丰富了人际交往的层面和领域。

（四）虚拟性

互联网和移动设备的普及使得大学生越来越多地通过网络平台进行人际交往。例如，通过社交软件、在线游戏、论坛等与他人交流。

虚拟交往突破了时间和空间的限制，让大学生能够更便捷地与他人保持联系，但也可能导致面对面交流能力的弱化和真实情感表达的不足。

（五）功利性

在面临就业竞争和未来发展的压力下，部分大学生在人际交往中会带有一定的功利色彩。例如，刻意结交一些可能对自己未来职业发展有帮助的人，或者参与一些能够增加人脉资源的活动。这种功利性的人际交往在一定程度上可能影响到真诚和纯粹的友谊建立。

（六）情感性

大学生正处于情感丰富和敏感的时期，他们在人际交往中往往更注重情感的交流和共鸣。渴望得到他人的理解、支持和关爱，对友情和爱情有着较高的期待和追求。

良好的情感关系能够给大学生带来心理上的满足和安全感，而不良的情感冲突则可能对其造成较大的困扰和伤害。

四、大学生人际交往的原则

（一）尊重原则

尊重是人际交往的基础和前提。它意味着对他人的人格、价值观、意见、感受和权利的认可和重视。尊重体现在以下方面：

（1）不贬低、侮辱他人，避免使用冒犯性的语言和行为。

（2）认真倾听他人的观点和想法，不随意打断或驳斥。

（3）尊重他人的隐私，不窥探、不传播他人的个人秘密。

（4）对不同文化、背景、性格的人保持包容和理解，不因其差异而产生歧视或偏见。

尊重他人能够建立起良好的人际关系氛围，使交流更加顺畅和深入，也有助于赢得他人对自己的尊重。

（二）真诚原则

真诚是指在交往中以真心实意对待他人，不虚伪、不做作。真诚的表现包括：

（1）表达自己真实的想法、感受和需求，不掩饰或伪装。

（2）言行一致，承诺的事情要努力做到。

（3）以诚恳的态度对待他人的优点和不足，给予真实的反馈和评价。

真诚能够建立起信任，使双方能够更加坦诚地交流和互动，增进彼此的了解和感情。

（三）互利原则

互利是指在人际交往中双方都能够获得一定的利益或好处，这种利益可以是物质的，也可以是精神的。互利的实现方式有：

（1）在交流中分享有价值的信息、知识和经验，使双方都能从中受益。

（2）互相帮助、支持，共同解决问题，实现共同的目标。

（3）关注对方的需求，并在力所能及的范围内提供帮助，同时也接受对方的帮助，形成一种相互依存、共同发展的关系。

遵循互利原则能够使交往更加稳定和持久，促进关系的良性发展。

（四）宽容原则

宽容意味着对他人的错误、缺点和不同意见有包容和谅解的态度。

（1）当他人犯错时，给予改正的机会，不揪着错误不放。

（2）对于与自己不同的观点和行为，能够理解和接纳，不强求一致。

（3）以平和的心态对待交往中的矛盾和冲突，不记仇、不报复。

宽容能够化解矛盾，营造和谐的人际关系。

（五）理解原则

理解要求我们站在对方的角度思考问题，感受其情感和需求。其具体体现为：

（1）尝试体会他人的处境和心情，不主观臆断。

（2）当出现分歧时，努力理解对方的立场和动机。

（3）对他人的行为和反应给予合理的解释，而不是轻易地指责和批评。

理解能够增进彼此的共鸣和共情，促进关系的融洽。

这些原则相互关联、相互影响，共同指导着良好人际交往的建立和发展。

第三节　学习人际沟通的技巧

一、人际沟通的技巧

微课 4-3

学习人际沟通的技巧

（1）积极倾听：给予对方充分的关注，不打断、不急于发表自己的意见。用眼神交流、点头、适当的回应（如“嗯”“是的”）来表明你在认真倾听。

（2）清晰表达：说话有条理，逻辑清晰。先明确主题，再逐步展开阐述观点。避免模糊、歧义的语言。

（3）语言恰当：根据沟通对象和场合选择合适的词汇和语气。避免使用冒犯、粗俗或带有偏见的语言。

（4）观察非语言信号：注意对方的面部表情、肢体语言和语调，这些非语言信号往往能传达更多真实的信息。同时，要注意自己的非语言表达，保持良好的姿态和表情。

（5）提问与反馈：通过适当的提问来促进交流，确保自己理解对方的意思。及时给予对方积极的反馈，让对方知道你在关注并理解他的话。

（6）尊重差异：接纳不同的观点和想法，不要强行将自己的观点加给别人。以开放的心态进行讨论和交流。

（7）控制情绪：避免在沟通中因情绪激动而失去理智，尽量保持冷静和理智。

换位思考：尝试站在对方的角度思考问题，这样能更好地理解对方的立场和需求，从而使沟通更加顺畅和有效。

（8）赞美与鼓励：真诚地赞美和鼓励对方的优点和成就，有助于建立良好的关系。

（9）适当妥协：在沟通中，当双方存在分歧时，寻求共同的利益点，做出适当的妥协和让步。

二、有效沟通的要素

（一）语言表达

（1）清晰准确：使用简洁明了、没有歧义的词汇和句子，确保对方能够准确理解自己的意思。避免模糊、含混或过于复杂的表述。

（2）恰当措辞：根据沟通的情境、对象和目的选择合适的词语，注意语气的轻重、态度的友善。

（3）逻辑连贯：按照一定的逻辑顺序组织语言，如先提出观点，再给出理由和证据，最后总结。使表达有条理，易于理解。

（4）情感融入：在适当的时候表达情感，但要注意适度，避免过于情绪化影响信息传递。

（二）非语言表达

（1）面部表情：微笑、皱眉、眼神交流等都能传达丰富的信息。保持友好、专注的表情能增强沟通效果。

（2）肢体动作：手势、姿势、身体的朝向等都能辅助表达。例如，开放的姿势（双臂不交叉）表示接纳，而频繁的小动作可能显示紧张或不耐烦。

（3）语音语调：说话的语速、音量、音调和停顿等都会影响信息的传达。适中的语速、恰当的音量和抑扬顿挫的语调能让表达更生动。

（4）空间距离：与对方的身体距离也能传递关系的亲疏和沟通的氛围。例如，亲密距离适用于亲近的人，而社交距离则更适合一般的交往。

（三）倾听

（1）专注投入：集中注意力在对方的话语上，排除干扰，不打断对方。

（2）理解意图：不仅听对方说了什么，还要理解背后的含义、情感和需求。

（3）反馈回应：通过点头、微笑、简短的语言回应（如“嗯”“对”）等方式让对方知道自己在认真倾听。

（4）提问澄清：对于不明白的地方，适时提出问题，以确保完全理解对方的意思。

小结：这些要素相互配合，共同构成了有效沟通的基础。在实际的沟通中，灵活运用这些要素，可以大大提高沟通的质量和效果。

三、提升沟通能力的技巧

（一）换位思考

尝试理解对方的立场和处境，想象自己处于他们的位置会有怎样的感受和想法；在表达观点前，先考虑对方可能的反应和接受程度；多问自己“如果我是他/她，我会怎么想/做”，以此调整沟通方式和内容。

（二）赞美他人

真诚地发现并指出对方的优点和成就，具体而不空泛，如“你这次的报告数据翔实、分析深入，结论很有价值”，而不是简单地说“你很棒”。赞美要及时，在对方表现出色时尽快给予肯定。不仅赞美结果，也赞美过程和努力，让对方感到被关注和认可。

（三）保持微笑和眼神交流

微笑能传递友善和亲和力，让对方感到放松和舒适。与对方保持适度的眼神交流，展示专注和尊重，但不要长时间盯着，以免造成压力。

（四）学会倾听

给予对方充分的表达时间，不急于打断或插话。用肢体语言和简短的回应表示在认真倾听，如点头、前倾身体等。听完后总结对方的主要观点，确保理解无误。

（五）控制情绪

避免在沟通中因情绪激动而失态，如大声争吵、指责。当感觉到自己情绪即将失控时，先深呼吸或暂停沟通，待冷静后再继续。

（六）运用幽默

适当的幽默可以缓解紧张气氛，使沟通更轻松愉快。但要注意幽默的内容和时机，确保不会冒犯到对方。

（七）提供清晰的信息

表达时条理清晰，按照重要程度或逻辑顺序阐述观点。避免使用模糊、含糊不清的词语和句子。

（八）尊重差异

接受他人与自己在观点、习惯、文化等方面的不同，不强行要求对方与自己一致；以开放的心态对待不同的意见和建议。

（九）肢体语言得体

保持良好的姿势，坐立端正，不懒散或过于随意。手势自然，不过分夸张或频繁。

（十）给予反馈

对对方的观点和建议及时给予正面或建设性的反馈，促进交流的深入。通过不断练习和运用这些技巧，可以显著提升沟通能力，建立更加良好、有效的人际关系。

四、人际困扰的应对策略

（一）大学生常见的人际困扰

（1）难以融入集体：如在新入学时，发现自己很难适应新的班级或宿舍环境，无法与同学们建立良好的关系。

（2）社交恐惧：在与人交往时感到紧张、害怕，不敢主动与人交流，害怕在公众场合发言或表现自己。

（3）人际冲突：与同学、室友或朋友在生活习惯、价值观、利益等方面产生矛盾和冲突，如作息时间不一致、财物分配不均等。

（4）孤独感：虽然身处人群中，但内心仍感到孤独，缺乏真正能够倾诉和依靠的朋友。

（5）恋爱问题：如恋爱关系中的争吵、分手，或者单恋、暗恋带来的痛苦和困扰。

（6）竞争压力导致的关系紧张：在奖学金评定、竞选干部等竞争场景中，与同学之间产生隔阂和竞争过度导致的关系紧张。

（二）应对人际困扰可采取的措施

（1）自我反思：分析自己在人际交往中的行为和态度，找出可能存在的问题并加以改进。

（2）学习沟通技巧：通过阅读相关书籍、参加培训或向善于沟通的人请教，提高自己的表达和倾听能力。

（3）主动交往：克服内心的恐惧和羞涩，主动与他人打招呼、交流，积极参与集体活动。

（4）尊重和包容：理解他人的差异和不足，尊重别人的想法和习惯，避免过分计较和指责。

（5）解决冲突：当出现冲突时，保持冷静，采用理性的方式沟通解决，避免情绪化的争吵。

（6）拓展社交圈子：参加社团、兴趣小组等活动，结识更多志同道合的朋友。

（7）培养兴趣爱好：拥有共同的兴趣爱好往往能成为建立良好人际关系的桥梁。

（8）树立正确的恋爱观：在恋爱中保持独立和自我，学会处理感情问题，必要时寻求专业帮助。

（9）调整心态：以平和的心态看待竞争，将竞争视为共同进步的机会，而不是破坏关系的因素。

【案例分享4–1】

人际交往中常见的问题包括人际冲突、社交焦虑等。

1.人际冲突

宿舍冲突：小王习惯早睡早起，而室友小李则是个“夜猫子”，经常熬夜打游戏还弄出很大声响，影响小王休息。两人为此多次发生争吵。

小组作业冲突：在课程小组作业中，小张和小赵对作业的完成方式和任务重点存在很大分歧，小张注重理论分析，小赵强调实践案例，双方各执己见，互不相让，导致小组作业进度受阻。

竞争冲突：在竞选学生会干部时，小孙和小刘都想竞选同一个职位，两人在竞选过程中互相贬低对方，甚至在私下散布对方的负面消息，使得原本良好的关系变得紧张。

2.社交焦虑

公开演讲恐惧：小周在课堂上被老师点名做一个简短的报告，他一站起来就面红耳赤，心跳加速，大脑一片空白，说话结结巴巴，无法清晰表达自己的观点。

聚会恐惧：小杨被同学邀请参加一个聚会，想到要和众多不熟悉的人交流，就感到无比焦虑，找借口拒绝参加。即使勉强去了，小杨也会一直躲在角落里，不敢主动与人搭话。

异性交往恐惧：小李在面对异性时总是特别紧张，不敢直视对方的眼睛，说话也变得语无伦次。即使心里对某个异性有好感，小李也不敢主动表白或接近。

【心理行为拓展】

人际关系是我们生活中不可或缺的一部分，正如著名心理学家阿德勒所言：“人的烦恼皆来源于人际关系。”但良好的人际关系也能为我们带来无尽的幸福与成长。

人际关系的意义非凡，它影响着我们的情绪状态、心理健康和个人发展。通过与他人的交往，我们可以获得情感支持、拓展视野、提升自我认知。而测量人际关系的手段也有多种，如社会测绘法等，可以帮助我们了解自己在人际关系网络中的位置和状态。

在这一章，我们将共同探索人际关系的奥秘，学习如何建立、维护良好的人际关系，提升人际交往能力，让我们在大学这个丰富多彩的舞台上，编织出属于自己的美好人际网络。

一、社交能力评估——“E人 VS I人”

（一）社交能力评估量表

以下是一个较为常用的大学生社交能力量表，请同学们根据指导语的提示评估自己的社交能力：

指导语：该量表由五个部分组成，以下25道题目描述了人们在特定情境下的人际交互作用。备选答案有5个，回答时请在问题右侧的括号内选择填写数字1～5中你认为适当的一个，“1”表示你“做不到，感觉没有把握且尽量逃避开”；“2”表示你“可以这么做，但感觉非常不安，并且处理起来有许多困难”；“3”表示你“能做，不过感觉稍有不安，并且处理起来有些困难”；“4”表示你“擅长这么做，感觉轻松，并且能够处理这类问题”；“5”表示你“非常擅长这么做，感觉非常轻松，并且能够处理得非常出色”。请逐条仔细阅读每道题目的描述，选出符合你自身情况的一个答案。需要说明的是，有些问题可能是你经历过的，请根据你的经验回答，还有些问题对你而言可能是陌生的，那么请选择你认为自己最有可能采用的一种应对方式。请务必回答每一个问题，不要漏项。

1.人际关系建立能力方面

（1）我会参加陌生人的集会以发展新的人际关系。（　　）

（2）我能与我想认识的同学主动谈话。（　　）

（3）我知道如何推进与别人的谈话，真正促进相互了解。（　　）

（4）我能跟刚刚结识的人闲聊时谈及自己的私密。（　　）

（5）我信任新朋友，并能向他们表现自己脆弱、敏感的一面。（　　）

2.适度拒绝能力方面

（1）当熟人赠送贵重的礼品，而自己觉得不能接受时，我能明确地拒绝（委婉或直接）。（　　）

（2）当关系亲密的同学或朋友做让我难堪（或厌恶）的事情时，我会提出不满甚至拒绝去做。（　　）

（3）当某个关系亲密的同学或朋友把他们力所能及的事情推给我做时，我会拒绝。（　　）

（4）异性亲密朋友对我提出超出我们关系的请求时，我会拒绝（委婉或直接）。（　　）

（5）关系亲密的同学或朋友想知道我的一些私人秘密的时候，我会回绝他（她）的请求。（　　）

3.自我表露能力方面

（1）当关系密切的同学或朋友情绪低落时，我是一个好的倾听者。（　　）

（2）我能够耐心而充满感情地倾听关系密切的同学或朋友发泄有关他（她）经受的外在困扰的情绪。（　　）

（3）我是一个能够给予别人恰当安慰的人。（　　）

（4）当关系密切的同学或朋友需要诉说时（话题可能是我不感兴趣的），我能够给予真诚的关注。（ ）

（5）我愿意告诉新朋友一些与自己有关的感到羞耻的事情。（ ）

4.冲突控制能力方面

（1）当关系密切的同学或朋友令我生气时，我仍能够接受这样的看法：他（她）的观点有合理之处，哪怕我并不同意这个观点。（ ）

（2）当与好朋友意见不合时，我会真实地告诉他（她）自己的想法。（ ）

（3）在争吵中我能够接受关系密切的同学或朋友的意见，并真正理解他（她）的观点。（ ）

（4）我能够向好朋友呈现自己性格上的缺点或者比较脆弱敏感的一面。（ ）

（5）别人发生矛盾冲突的时候，我能够化解双方的矛盾。（ ）

5.情感支持能力方面

（1）当与好朋友意见不合时，我会真实地告诉他（她）自己的想法。（ ）

（2）当新认识的同伴处于困境时，我能够鼓励并以实际行动支持他（她）。（ ）

（3）当与关系密切的同学或朋友之间有矛盾时，我能真诚地倾听他（她）的抱怨。（ ）

（4）当关系密切的同学或朋友情绪低落时，我能够给予真诚的情感关注。（ ）

（5）别人心情不好的时候，我能够令他（她）高兴起来。（ ）

（二）评分标准

将25道题的分数相加，求出个人总分。最高分为125分，最低分为25分。可以根据总分大致评估大学生的社交能力水平，如100分以上为社交能力较强，80～100分为社交能力中等，80分以下为社交能力相对较弱，但这只是一个较为宽泛的参考，具体情况还需要结合实际分析。

二、建立健康的人际边界——“守护好我们的专属领地”

同学们，在我们丰富多彩的大学生活中，人际关系就像一张错综复杂的网，时刻影响着我们的心情和成长。想象一下，当你身处各种情境中，与不同的人打交道，人际边界的问题就悄然出现啦。有时我们可能会感到困惑，不知如何应对他人的过度亲近或不合理要求。现在，让我们一起跟随下面的人际关系探索情景，来剖析其中的奥秘，找到守护我们内心世界和良好人际关系的钥匙。

情景一：你正在宿舍专心学习，准备迎接即将到来的考试，室友却不停地和你聊天，干扰你学习。

情景二：同学向你借一笔钱，而你自己最近手头也不宽裕，但又担心拒绝会影响关系。

情景三：朋友未经你允许，翻看你的手机相册。

同学们，如果你处在这些情景中，你的感受如何？

____

____

你认为什么样的行为侵犯了你的人际边界？

____

如果你遇到这些情况，你会怎么处理？

我们在维护自己人际边界的同时，如何更好地理解和包容他人，以便建立和谐的人际关系呢？

通过这个简短的课堂互动活动，希望能够帮助同学们更加清晰地认识人际边界，学会在人际交往中合理维护自己的权益和尊重他人，为建立健康、良好的人际关系奠定基础。同学们，在今后的生活中，让我们一起努力守护好自己的人际边界，同时用尊重和理解对待他人，创造更加和谐美好的校园生活。

三、评估你的同理心——“我能理解你的感受”

（一）同理心水平测试量表

杰弗逊同理心水平量表就像一把神奇的钥匙，能帮你打开了解自己同理心程度的大门。它通过一系列问题，探寻你在理解他人感受、站在他人角度思考等方面的能力。杰弗逊同理心水平量表旨在评估个体在人际交往中理解他人感受、观点和经历的能力。它涵盖了对患者情绪感知、从他人角度思考等多个方面的考量。

指导语：以下是一些关于你在与他人相处时的看法和做法的问题。请根据你自己的真实想法和实际情况进行选择。没有绝对的对错之分，你的诚实回答将有助于我们更好地了解你的同理心水平。认真阅读每一个题目，选择你认为最符合自己的选项。接下来请开始答题：

1.我对患者及家属感受的了解不会影响对患者的治疗和护理。(　　)

2.当我理解患者的感受时，他们感觉比较好。(　　)

3.要我从患者的角度看问题，很难。(　　)

4.在护患关系中，我认为理解患者的身体语言和语言交流同样重要。(　　)

5.护理人员具有良好的幽默感有助于患者得到更好的治疗效果。(　　)

6.因为人是有差异的，所以我难以从患者的角度考虑问题。(　　)

7.在采集患者病史或询问患者身体状况时，我努力不去注意他们的情绪。(　　)

8.关注患者的个人经历对其治疗结果不会产生影响。(　　)

9.在照顾患者时，我会尽可能设身处地地为他们着想。(　　)

10.患者认为，我对他们情绪的理解是有治疗价值的。(　　)

11.只靠药物和手术治疗就能治好患者的疾病，护患情感联系对治疗结果并无显著的影响。(　　)

12.询问患者个人生活中发生的事情对理解他们身体的主诉没有帮助。(　　)

13.我通过关注患者的非语言线索和身体语言，试图理解他们内心的活动。(　　)

14.我认为情绪对疾病的治疗没有作用。(　　)

15.同理心是一种治疗性技巧，没有同理心很难取得成功的治疗。(　　)

16.我和患者关系中一个非常重要的组成部分是了解患者及其家属的情绪状态。(　　)

17.为了提供更好的照顾，我会试着站在患者的角度思考问题。（　　）

18.我尽力避免自己受患者与其家属强烈的个人情感联系的影响。（　　）

19.我不喜欢阅读非医学图书或文学艺术作品。（　　）

20.我认为在内科或外科治疗过程中，同理心是一个重要的治疗性因素。（　　）

（二）评分标准

该量表采用7点计分法：1分表示“非常不同意”；2分表示“不同意”；3分表示“有些不同意”；4分表示“不确定”；5分表示“有些同意”；6分表示“同意”；7分表示“非常同意”。

将所有题目的得分相加，得到总分。总分越高，说明被测试者的同理心水平越高；总分越低，则说明被测试者的同理心水平越低。具体评分可以参考以下说明：

1.低同理心水平（总分≤60分）

处于这一区间的个体，在同理心方面可能表现出相对较弱的能力。他们可能较难理解他人的感受和观点，在与他人的互动中，往往更关注自身的想法和需求，对他人的情绪信号不够敏感。在人际交往和工作场景中，他们可能会因为缺乏同理心而导致沟通不畅、人际关系紧张，难以与人建立深入的情感连接。例如，在面对他人的困难时，他们可能无法真正感同身受地提供有效的支持和帮助，在团队合作中他们也可能较难理解他人的立场，从而影响合作效果。

2.中等同理心水平（61分<总分≤120分）

此分数段的个体具有一定的同理心能力，但仍有提升空间。他们能够在一定程度上理解他人的感受，但可能在某些复杂或具有挑战性的情境下，表现出理解的不稳定性或局限性。他们会尝试站在他人角度思考问题，但会受到自身经验、情绪等因素的干扰。在人际关系中，他们能够维持基本的良好互动，但在处理深层次的情感问题或冲突时，他们可能需要进一步提高同理心技巧。比如，在与他人发生意见分歧时，虽然他们能够意识到对方可能有不同的想法，但在协调和融合双方观点上还不够熟练。

3.高同理心水平（总分>120分）

得分在该范围的个体同理心水平较高，能敏锐感知他人情绪和需求，代入他人情境理解感受。他们善于倾听，给予他人关注和支持，易建立深厚信任关系。在个人生活和工作中，他们能够凭借出色的同理心有效解决冲突、促进合作，为他人带来积极影响，如在医疗、教育、心理咨询等行业他们能够更好地满足服务对象的需求。但常模和解释需要根据不同场景来分析，个体同理心水平可以通过培训和实践来提升，评分标准可根据实际情况进行调整和完善。

本章小结

本章围绕大学生的人际关系展开整体性学习，帮助学生了解大学生人际关系的各方面内容，有助于大学生更好地经营自己的人际圈，收获充实美好的大学生活并为未来发展奠定基础。通过沟通、倾听，表达自我观点，理解他人想法。遇到情绪困扰时，拥有可以倾诉的朋友，能有效缓解焦虑、孤独等负面情绪，获得心理支持。在与他人良好互动中获得认可，提升自信，增强认同感，让心态更加积极乐观。通过参与社团活动、聚会等，促进合作，建立和维护良好的关系，有助于大学生更顺利地融入社会生活，适应未来复杂人际环境，提升社会适应能力，奠定良好的基础和应对技巧。

※学习园地※

●互动思考题

1.体验与同学握手说你好，并说出对方三个优点，感受语言的魅力。

2.写出20个自我，如开心的我、自由的我、悲伤的我……

3.将自己与人交往过程中的紧张和不适应分享给心理老师或者辅导员。

第五章　大学生的恋爱与性心理

学习目标

通过本章学习，从心理学视角深入理解大学生恋爱与性心理相关内容。掌握爱情本质、发展阶段和理论，了解大学生恋爱特点、常见问题及处理方式，明晰不同阶段性心理发展特点和大学生性心理特性；树立正确恋爱观和性观念，培养在恋爱与性相关情境中的心理调适能力、情绪管理能力和道德责任感，促进自身性心理健康发展，为未来情感生活和人际关系奠定良好心理基础。

第一节　爱情的本质与发展阶段

爱情是一个复杂且微妙的情感现象，关于其本质，不同的学者和理论有不同的观点。从进化心理学角度来看，爱情最初的目的是生命的延续。在原始社会，为了提高个体在自然界生存的可能性以及让人类的子嗣更好地存活，男性与女性开始结合并共同抚育新生命。

随着人类的进化和发展，爱情不再仅仅是为了繁衍，而与人类的精神诉求、情绪和情感紧密相连。在心理学上，有两个著名的爱情理论：

美国心理学家沙赫特提出了情绪三因素学说：该学说认为爱情是人的一种情绪情感，人之所以产生爱情，是因为受到环境因素、生理因素和认知因素三个方面的影响，其中认知因素起着至关重要的作用。这意味着爱情不仅仅取决于外部的条件和生理反应，个人的认知和主观判断也对爱情的产生起着关键作用。

斯滕伯格的爱情三角理论：他认为爱情的组成成分是激情、亲密和承诺。激情是一种性欲的体现，是人情绪上的着迷；亲密是一种情绪情感上的满足；承诺则是对这段关系的经营与注重。这三种成分构成了七种恋爱类型，即喜欢式爱情、迷恋式爱情、空洞式爱情、浪漫式爱情、伴侣式爱情、愚蠢式爱情和完美爱情。

一、爱情的发展阶段

爱情的发展阶段也可以有多种划分方式，以下是一种常见的划分：

（一）共存阶段（热恋期）

恋情刚开始，一切都显得美好，双方处于热恋之中，渴望每天都见面并腻在一起，彼此的需求主要是对方的陪伴，很少出现争吵，充满快乐时光。

（二）反依赖阶段

在该阶段，激情逐渐退去，情感趋于稳定，双方会更多地恢复到原本的生活中，其中一方可能会感觉被冷落，容易产生裂痕。

（三）独立和怀疑阶段

此阶段双方需要更多独立空间，可能会觉得对方不像以前那么爱自己、重视自己，从而产生怀疑和猜忌，是磨合中比较危险的阶段，分手率较高。

（四）共生阶段

爱情度过了怀疑阶段，走向基本稳定。双方更加了解和理解对方，建立了信任，能够相互扶持，荣辱与共，成熟的爱情在此阶段产生。

每个人的爱情经历都是独特的，这些阶段的划分并不是绝对的，不同的情侣可能会有不同的发展轨迹和经历。爱情也需要双方的共同努力经营、相互理解、包容和支持，才能不断发展和延续。

二、爱情三角理论

微课 5-1

爱情三角理论

美国耶鲁大学心理学教授罗伯特·J.斯滕伯格（Robert J. Sternberg）提出的爱情三角理论认为，所有的爱情体验都是由激情、亲密和承诺三大要素所构成的。其具体内容如下：

（一）激情

激情是一种“强烈地渴望跟对方结合的状态”。通俗地说，就是见了对方会有一种怦然心动的感觉，和对方相处会有一种兴奋的体验。性的需要是引起激情的主导形式，其他如自尊、照顾、归属、支配、服从等也是唤醒激情体验的源泉。

激情的发展大致会经历三个阶段：一是意识控制减弱，身体的变化和表情动作越来越失去控制，细微的动作由于高度紧张而发生紊乱，人的行为服从于所体验着的情感；二是失去意志的监督，可能会发生不可控制的动作和失去理智的行为，这些动作在事后回想起来可能会感到羞耻和后悔；三是激情爆发之后，此时会出现平静和某种疲劳的现象，严重时会出现精力衰竭，对一切事物都抱着不关心的态度，有时还会精神萎靡，即所谓激情休克。

小结：激情可以是积极的，能激励人们克服艰险、攻克难关；也可以是消极的，常常对正常活动具有抑制作用或引起冲动行为。具有正确思想认识、高尚道德品质和坚强意志的人能控制自己消极的激情。

（二）亲密

亲密是指两个人心理上互相喜欢的感觉，包括对爱人的赞赏、照顾爱人的愿望、自我的展露和内心的沟通等。亲密包含10个基本要素：

（1）渴望促进被爱者的幸福，即爱方主动照顾被爱方并尽力促进其幸福，可能会以自己的幸福为代价来促进对方的幸福，同时期望对方在必要时同样这么做。

（2）跟被爱方在一起时感到幸福，爱方喜欢跟自己的情侣在一起。

（3）当两人在一起做事情时，会感到十分愉快，并留下美好记忆，这些美好时光的记忆能成为艰难时刻的慰藉和力量，而且共同分享的美好时光会涌流到互爱关系中，使之更加美好。

（4）尊重对方，必须非常看重和尊重对方，尽管可能意识到对方的弱点，但不能因此而减少对对方的整体尊重，在艰难时刻能够依靠对方，在危急时刻爱方能够呼唤对方并指望对方与之同舟共济。

（5）跟被爱方互相理解，情侣应互相理解，了解各自的优缺点并对对方的感情和情绪心领神会，懂得以相应的方式互相做出反应。

（6）与被爱方分享自我和自己的占有物，爱方应乐意奉献自己、自己的时间以及自己的东西给被爱方，虽然不必所有的东西都成为共有财产，但双方在需要时应分享财物，最重要的是分享自我。

（7）从被爱方接受感情上的支持，爱方能从被爱方得到鼓舞和支持，感到精神焕发，特别是在身处逆境时尤其应该这样，当感到似乎一切都在跟自己作对，但意识到只有一件事不会出问题，即配偶始终跟自己站在一起，这时就说明关系具有这一要素。

（8）给被爱方以感情上的支持，在逆境下，爱方应与被爱方在精神上息息相通，并给予感情上的支持。

（9）跟被爱方亲切沟通，爱方能够跟被爱方进行深层次和坦诚的沟通，分享内心深处的感情，当为自己所做的某件事感到困窘为难时，仍能推心置腹地跟被爱方交谈，这时所经历的就是这种沟通。

（10）珍重被爱方，爱方要充分感到对方在共同生活中的重要性，当认识到配偶比所有物质财富都更为重要时，就表明对被爱方具有这种珍重和珍爱。

小结：亲密能够给人带来一种温暖的感觉体验。

（三）承诺

承诺由短期和长期两个方面组成。短期方面是要做出爱不爱一个人的决定；长期方面则是做出维护这一爱情关系的承诺，包括对爱情的忠诚、责任心等，即结婚誓词中所说的“我愿意”，是一种患难与共、至死不渝的承诺。两者不一定同时具备，如决定爱一个人，但不一定愿意承担责任或给出承诺；又或者决定一辈子只爱他/她，但不一定会说出口。

斯滕伯格用这三个成分来描述两个人之间的爱情关系，当三种成分的强弱不同时，就会产生不同类型的爱情，具体包括：

（1）喜欢式爱情（Liking Love）：只有亲密，在一起感觉舒服，但缺少激情，也不一定愿意厮守终生，如友谊。友谊并不是爱情，喜欢并不等于爱情，但友谊有可能发展成爱情。

（2）迷恋式爱情（Infatuated Love）：只有激情体验，认为对方有强烈吸引力，除此之外对对方了解不多，也没有想过将来，如初恋，是一种受到本能牵引和导向的青涩爱情。

（3）空洞式爱情（Empty Love）：只有承诺，缺乏亲密和激情，如纯粹为了结婚的爱情，这种“爱情”看上去丰满，但缺少必要的内容。

（4）浪漫式爱情（Romantic Love）：有亲密关系和激情体验，但没有承诺，这种“爱情”崇尚过程，不在乎结果。

（5）伴侣式爱情（Companionate Love）：有亲密关系和承诺，但缺乏激情，这种“爱情”类似于四平八稳的婚姻，只有权利、义务，而没有感觉。

（6）愚蠢式爱情（Fatuous Love）：只有激情和承诺，没有亲密关系。没有亲密的激情，顶多是生理上的冲动；而没有亲密的承诺，不过是空头支票。

（7）完美爱情（Consummate Love）：同时具备激情、亲密和承诺三个要素，才是真正的爱情，不过在现实生活中较难实现。人们需要耗尽毕生精力来培育、呵护一段稳定且持续的爱情。

需要注意的是，每个人对爱情的理解和体验可能会有所不同，这一理论只是一种概括和解释爱情的方式，不能完全涵盖所有爱情的复杂性和多样性，而且爱情中的各种要素也可能随着时间和关系的发展而发生变化。在现实生活中，人们的爱情关系可能会在不同类型之间转换，或者包含多种类型的特点。同时，文化、个人经历、价值观等因素也会影响人们对爱情的感受和表达方式。

【讨论互动5-1】

探讨爱情的本质和内涵（请同学们讨论）。

爱情是一种复杂而多元的情感体验和关系状态，其本质难以用简单的话语完全概括，但可以从不同角度进行探讨。

从情感层面来看，爱情包含着深深的喜欢、吸引、眷恋和关怀，是一种强烈的情感连接，能让人产生愉悦、温暖和安心的感觉。

从关系层面来看，爱情意味着相互的理解、支持、尊重和包容。两个人愿意彼此陪伴、共同成长，为对方付出并承担责任。

一些学者对爱情的本质也有不同的阐述：

美籍德国精神分析学家埃里希·弗洛姆认为，爱是热烈地肯定他人的本质，积极地建立与他人的关系，在双方各自保持独立和完整性的基础上相互结合。爱的本质是给予而非获取，目的是使其对象获得幸福、发展和自由。

中国学者张怀承提出，爱情是人类个体之间基于性生理基础而产生的一种相互倾慕、积极奉献的行为和心理，包括情爱、理想和性爱三个基本要素。

中国伦理学家罗国杰指出，爱情是指一定社会经济文化状态下，两性间以共同的生活理想为基础，以平等互爱和自愿承担义务为前提，以渴求结成终身伴侣为目的，而按一定道德标准自主结成的一种具有排他性和持久性的特殊社会关系。

爱情也受到社会、历史、文化等多种因素的影响。在不同的社会和历史时期，爱情的观念和表现形式可能会有所不同。例如，在古代中国，人们受儒家思想的影响，在感情抒发上比较含蓄内敛，爱情意识在一定程度上被同化在国家一体的社会结构中；而在古希腊，人们对于爱与性的态度相对包容、开放。

此外，爱情起源的理论也包括进化论、学习论和社会学论等。进化论认为爱情是一种进化过程中的机制，可维系夫妻合作以照顾新生儿；学习论强调爱情可由高频率的积极行为引发；社会学论则提出轮盘模型来解释爱情的发展。

在现实生活中，每个人对爱情的理解和体验可能各不相同，爱情中的各种要素也可能随着时间和关系的发展而发生变化。爱情需要双方不断地经营和维护，以保持其鲜活和持久。

爱情的本质可能因人而异，但其核心往往包含真挚的情感和深厚的关系纽带。它可以激发人的活力和创造力，让人变得更加勇敢和坚强。然而，经营爱情也需要双方具备一定的能力，如管理及表达自我情绪的能力、有效沟通的能力、觉察伴侣情绪的能力、表达爱的能力等，以实现彼此情感需求的相互满足，从而让爱情长久幸福。

三、爱情发展的心理、行为变化阶段

（一）初恋期

这是爱情的萌芽期，往往充满了新奇和期待。双方可能因为对方的某一个特质而心动，此时的感情还比较懵懂和羞涩。可能会有频繁的心动瞬间，一点点的接触和交流都能带来强烈的情绪波动。例如，在图书馆偶然的对视，或者课间简单的交谈，都能让人回味许久。

（二）热恋期

热恋期又称激情期，这是爱情中最为浓烈和炽热的阶段。双方渴望时刻相伴，对彼此充满了强烈的吸引力和渴望。情感表达直接而热烈，充满了浪漫和激情的举动，如频繁的约会、长时间的通话，甚至会忽略周围的一切。然而，这个阶段也可能因为过度投入而失去自我，或者因为期望过高而产生一些小的摩擦。

（三）矛盾期

随着相处时间的增加，双方开始逐渐展现出真实的自我，彼此的差异和缺点也逐渐显现。这时可能会因为生活习惯、价值观等方面的不同而产生矛盾和冲突。例如，对于未来规划的分歧，或者在消费观念上的差异，都可能引发争吵。但是，如果能够妥善处理这些矛盾，反而有助于加深彼此的了解和信任。

（四）稳定期

经过矛盾期的磨合，双方逐渐适应了彼此的存在，感情趋于稳定。这个阶段的情侣更加了解和包容对方，能够理智地看待彼此的优点和不足。虽然激情有所减退，但更多了一份默契和安心。他们开始共同规划未来，为实现共同的目标而努力，如一起为买房攒钱，或者为职业发展互相支持。

（五）平淡期

爱情逐渐融入日常生活，变得平淡而真实。双方的关系如同亲人一般，相处中更多的是柴米油盐的琐碎和相互的陪伴。这个阶段可能会让人感到缺乏新鲜感，但也是考验爱情是否能够长久的关键时期。

（六）升华期

如果情侣能够顺利度过前面的阶段，爱情可能会升华为一种更深层次的情感连接，超越了激情和浪漫，成为一种相互依存、相互成就的关系。他们共同经历了人生的喜怒哀乐，感情更加坚定和深厚。比如，在面对重大困难时，能够携手共渡难关，让爱情在风雨中得到升华。

需要注意的是，每个人的爱情经历都是独特的，这些阶段的划分并不是绝对的，而且不同阶段之间可能会有重叠和反复。关键在于双方能否在爱情的发展过程中不断沟通、理解和包容，共同经营和维护这段感情。

第二节 大学生恋爱的特点与常见问题

微课 5-2

大学生恋爱的特点

一、大学生恋爱的特点

（一）自主性强

大学生在恋爱选择上更注重个人的喜好和感受，较少受到家庭和社会传统观念的束缚。他们更愿意自主地追求自己心仪的对象。

大学生在恋爱选择上具有较高的自主性。他们不再完全依赖家庭或社会的安排，而是根据自己的内心感受和判断来选择伴侣。他们更注重个人的兴趣、性格、价值观等方面的契合度。在追求爱情的过程中，也更加主动积极，勇敢地表达自己的感情。例如，女生可能会主动向心仪的男生表白，而不再像过去那样等待男生先采取行动；而男生会根据自己对爱情的理解和追求，选择与自己志同道合的女生交往，而不受外界因素的过多干扰。

（二）浪漫色彩浓厚

大学生处于青春洋溢、充满幻想的年纪，他们对爱情充满了理想化的期待。恋爱中的浪漫表现多种多样，如在特殊的日子为对方准备惊喜，精心策划一场浪漫的约会，在星空下许下永恒的誓言。他们会通过写情书、送花、一起看日出日落等充满诗意和温情的方式来表达爱意。这种浪漫不仅体现在物质形式上，还体现在情感的细腻交流和对美好瞬间的追求。例如，一对情侣可能会在校园的湖边弹着吉他唱歌，享受只属于他们的静谧时光，或者在对方生日时，用蜡烛摆出心形图案，营造出温馨而浪漫的氛围。

（三）开放性增加

随着社会观念的日益开放和多元化，大学生的恋爱观念也更加开放。他们能够接受不同形式和类型的恋爱关系，对于异地恋、姐弟恋等不再持有过于保守的态度。在恋爱过程中，也更愿意与对方分享自己的内心世界和生活经历，包括个人的梦想、困惑和挫折。比如，大学生情侣可能会在社交媒体上公开秀恩爱，大方地展示自己的恋情，或者在与朋友交流时，坦诚地谈论自己的恋爱感受和经历。

（四）易变性

大学生的心理和生理尚未完全成熟，他们的恋爱关系往往具有较强的不稳定性和易变性。一方面，大学生的价值观和人生目标还在不断形成和调整中，这可能导致他们对恋爱对象的要求和期望发生变化；另一方面，大学生面临学业、就业等诸多压力和不确定性，这些外部因素也容易影响恋爱关系的发展。例如，原本相处融洽的情侣，可能因为一方要出国留学而选择分手，或者因为在实习期间工作压力过大，导致双方频繁争吵，最终感情破裂。

（五）盲目性

由于缺乏足够的社会经验和成熟的判断能力，大学生在恋爱中有时会表现出一定的盲目性。他们可能仅仅因为对方的外表、一时的好感或者从众心理而开始一段恋情，而没有深入思考双方是否真正合适。这种盲目性可能导致双方在恋爱过程中无法有效地解决和应对遇到的问题。比如，有的学生看到周围同学都在谈恋爱，自己也急于寻找伴侣，而没有认真考虑自己的需求和对方的品质。

（六）多元化

如今的大学校园里，恋爱形式和类型呈现多元化的特点。有的学生追求长期稳定的恋爱关系；有的学生则倾向于短暂的、体验式的恋爱；还有的学生选择柏拉图式的精神恋爱。这种多元化反映了大学生的个体差异和不同的情感需求。例如，有些学生在大学期间会经历多次不同类型的恋爱，以探索自己真正想要的感情模式；而有些学生则始终坚守一种特定的恋爱观念和方式。

二、大学生恋爱中的常见问题

（一）经济压力

约会、礼物等恋爱开销可能会给部分学生带来经济负担。例如，为了在节日给对方送贵重礼物，不得不节省生活费或者兼职赚钱。

（二）学业影响

过度投入恋爱可能导致忽视学业，影响学习成绩和个人发展。例如，有的学生因为频繁约会而逃课，或者在学习时无法集中精力。

（三）心理不成熟

在处理感情问题时，可能因为缺乏经验和成熟的心态，导致情绪波动较大，如过度依赖对方、嫉妒、争吵等。比如，因为一点小事就陷入冷战或者激烈争吵。

（四）缺乏未来规划

对于毕业后的发展方向没有清晰的规划，当面临现实选择时，容易导致恋爱关系破裂。

（五）性观念的冲突

在恋爱过程中，对性的态度和行为可能存在分歧，若处理不当，会引发矛盾和困扰。

（六）社交圈子缩小

将过多的时间和精力投入到恋爱中，可能会忽视与朋友和同学的交往，导致社交圈子变窄。

小结：大学生恋爱虽有美好的一面，但也面临着诸多挑战，需要大学生以成熟、理性的态度对待，平衡好恋爱与学业、个人发展等方面的关系。

【案例分享5-1】

1.真爱的表达

小李是一名大学二年级的学生，她在参加社团活动时结识了一位学长。小李被学长的才华和稳重所吸引，主动要了学长的联系方式，并在之后的交流中逐渐表达了自己的心意。学长一开始有些犹豫，觉得两人年龄和年级有差距，但小李用自己的真诚和坚持打动了学长，最终他们确定了恋爱关系。在这段感情中，小李主动追求自己喜欢的人，展现了很强的自主性。

2.发现优点

小王和小张是同班同学，在一次小组作业中，小王发现小张思维敏捷、做事认真，对小张产生了好感。小王没有等待小张来发现自己的心意，而是主动邀请小张一起参加各种活动，增加彼此的了解。在相处过程中，小王适时地表达了自己的喜欢，小张也被小王的热情和勇敢所感染，两人走到了一起。

3.深思熟虑

小赵在大学期间一直专注于学业，没有恋爱的想法。然而，在一次志愿者活动中，他遇到了一个让他心动的女孩。尽管之前没有恋爱经验，小赵还是决定听从自己内心的声音，主动与女孩交流，了解她的兴趣爱好和生活。经过一段时间的努力，女孩接受了小赵的追求，开启了一段美好的恋情。

4.日久生情

在大学校园里，小孙对一位经常在图书馆碰到的同学有了好感。她通过图书馆的借阅系统查到了对方的专业和班级，然后通过共同的朋友要到了对方的联系方式。小孙主动发起聊天，分享彼此的读书心得和学习经验，逐渐拉近了两人的距离。最终，他们从书友发展成为恋人。

5.兴趣相投

小刘是学校舞蹈队的成员，在一次排练中对另一位队员产生了感情。她没有因为担心被拒绝而退缩，而是在排练结束后邀请对方一起吃饭，坦诚地表达了自己的感受。对方被小刘的直率和勇敢打动，答应了小刘的追求，两人在舞蹈队里成为令人羡慕的情侣。

三、大学生恋爱中的失恋、多角恋问题

大学生失恋、多角恋问题出现的原因包括：

（1）恋爱动机不纯：部分大学生恋爱并非出于真心喜欢对方，而是为了满足虚荣心、排解寂寞、跟风从众等。例如，看到身边同学都在恋爱，自己也想找个伴，而不考虑是否真正喜欢对方。

（2）经济压力增大：恋爱中的消费支出可能超出大学生的承受能力，如频繁的约会、送礼等。比如，为了给对方制造惊喜，花费大量金钱购买昂贵的礼物，导致自己生活费用紧张。

（3）时间分配失衡：过于投入恋爱而忽视了学业、社交和个人兴趣的发展。比如，因为和恋人在一起而逃课，或者放弃参加社团活动和实习机会。

（4）信任危机：由于缺乏安全感或者沟通不畅，容易对对方产生怀疑和猜忌。比如，查看对方的手机、过度追问行踪等。

（5）毕业分手：面临毕业后的去向选择，如工作地点不同、发展方向不一致等，导致分手。例如，一方选择回老家发展，而另一方想留在大城市，最终无奈结束恋情。

（6）家庭反对：双方家庭的经济条件、地域差异、价值观等因素可能导致家庭对恋爱关系的反对。比如，家长认为对方家庭条件不好，不同意两人继续交往。

（7）性观念冲突：在恋爱过程中，对于性的态度、行为和责任的认知不同，容易引发矛盾。比如，一方想要在婚前发生性行为，而另一方坚决反对。

（8）心理依赖过重：在恋爱中过度依赖对方，失去自我，一旦感情出现问题，容易陷入极度痛苦和迷茫中。例如，生活中的大小事都依赖对方做决定，自己没有主见。

（9）攀比心理：将自己的恋爱与他人的进行比较，觉得自己的恋爱不够好，从而产生不满情绪。比如，看到别人的恋人送了贵重礼物，就要求自己的恋人也要这样做。

第三节　性心理的发展与特点

微课 5-3

性心理的发展阶段

一、性心理的发展阶段

1.儿童期（0～11岁）

（1）幼儿期（0～6岁）：此阶段儿童开始对自己和他人的身体产生好奇，可能会问一些关于性别的简单问题。例如，会好奇为什么男孩和女孩身体不一样。

（2）儿童后期（7～11岁）：对性别的认识更加清晰，模仿同性父母的行为（如女孩学妈妈化妆，男孩学爸爸做事），但此时对性的认识仍比较懵懂。

2.青春期（12～18岁）

（1）性意识觉醒：开始对异性产生兴趣和好感，出现性幻想和性冲动。比如，会特别关注自己喜欢的异性同学的一举一动。

（2）性好奇增强：对性知识有强烈的渴望，可能通过书籍、网络等途径获取相关信息，但获取的信息可能不准确或不全面。

（3）自我形象关注：对自己的身体发育和外貌十分在意，担心自己的形象不符合异性的期望。

3.青年期（19～35岁）

（1）性探索与实践：开始建立亲密关系，进行性体验。但在这个过程中，可能会面临性技巧、性沟通等方面的问题。

（2）性观念形成：基于个人经历和社会文化的影响，逐渐形成自己的性观念和价值观。

4.成年期（35岁以后）

（1）性需求变化：随着年龄增长，生理机能变化，性需求可能有所降低，但性心理更加成熟和稳定。

（2）性与情感融合：更加注重性与情感的统一，追求高质量的性生活和亲密关系。

二、性心理的特点

（1）隐蔽性：人们往往不会轻易公开表达自己的性心理和性需求。

（2）个体差异性：每个人的性心理发展速度、兴趣偏好和观念都有所不同。

（3）受社会文化影响大：不同的社会文化背景会塑造出不同的性观念和性行为规范。

需要注意的是，性心理的发展是一个渐进的过程，受到遗传、环境、教育等多种因素的综合影响。在这个过程中，正确的性教育和健康的性观念引导至关重要。

三、大学生性心理的发展过程

（1）性意识觉醒：进入大学后，随着生理的成熟，大学生对性的关注度显著提高，开始意识到性在生活中的存在和重要性。他们可能会对异性产生更强烈的好奇和兴趣，渴望与异性建立更深入的联系。

（2）性冲动增强：在身体发育和激素的作用下，性冲动的频率和强度增加。这种冲动可能会在与异性的接触、看到相关的影视文学作品等情境下被激发。

（3）性观念形成：通过自身的经历、与同学朋友的交流、社会文化的影响等，逐渐形成对性的看法和态度。一些大学生可能持有较为开放和包容的性观念，而另一些大学生可能相对保守。

（4）性焦虑出现：由于缺乏足够的性知识和正确的引导，可能会对性冲动、性梦、遗精、月经等生理现象感到困惑和焦虑，担心自己不正常。

（5）性角色认同深化：更加明确自己在两性关系中的角色和期望，思考如何在恋爱和性生活中展现自己的性别特质。

四、大学生性心理的特点

（1）矛盾性：一方面对性充满好奇和渴望，另一方面又受到传统道德观念和学校规章制度的约束，内心存在冲突。

（2）多样性：由于家庭背景、个人性格、成长经历等的不同，大学生的性观念和性行为表现出较大的差异。

（3）敏感性：在涉及性的话题时，往往表现得比较敏感和羞涩，不愿意在公开场合过多讨论。

（4）迷茫性：面对复杂的性信息和多元的性观念，很多大学生感到迷茫，不知道如何判断和选择。

（5）冲动性：在强烈的性冲动下，可能会做出一些冲动的行为，而忽视后果。例如，有些大学生可能会因为好奇而轻易尝试性行为，但事后又会因为担心怀孕、感染疾病或影响学业等而感到后悔和焦虑。

小结：促进大学生性心理的健康发展，学校和家庭应该提供科学的性教育，帮助大学生树立正确的性观念，掌握必要的性知识和技能，引导他们以健康、负责任的态度对待性。

五、性心理健康的重要意义

首先，性心理健康有助于个体的身心健康。良好的性心理健康能够帮助人们正确应对生理变化带来的性冲动和性需求，避免因压抑或过度放纵而导致心理问题，如焦虑、抑郁等。例如，大学生如果对自身的性冲动感到过度焦虑和自责，可能会影响其正常的学习和生活，甚至引发心理疾病。

其次，性心理健康有利于建立和谐的人际关系。在与异性交往中，拥有健康的性心理能够使人以恰当的方式表达情感，尊重他人的意愿和边界，避免因性观念的偏差而产生冲突和误解。比如，在恋爱关系中，如果一方对性的期待与另一方不一致，而双方又不能以健康的心态沟通协调，很容易导致感情破裂。

再次，性心理健康对个人的生活质量和幸福感至关重要。它能让人以积极、坦然的态度看待性，同时也能在面对性问题时保持理性和冷静。

此外，性心理健康对社会的稳定和发展也具有重要意义。性心理健康的个体能够遵循社会的道德规范和法律法规，减少因性犯罪、性传播疾病等带来的社会问题。比如，一些因性心理扭曲而导致的性骚扰、性侵犯等行为，不仅会对受害者造成极大的伤害，也会破坏社会的安定和谐。

最后，性心理健康有助于个体实现自我认同和自我价值，能够让人们接受自己的性特征和性取向，增强自信和自尊，从而更好地发挥个人的潜能，实现人生目标。比如，一个能够正视自己性取向的人，在一个包容和理解的环境中，能够更加专注于自身的发展，为社会做出更大的贡献。

小结：性心理健康是个人全面发展、社会和谐稳定的重要基石，应该得到足够的重视和关注。

第四节　大学生性心理健康维护

一、重视大学生性健康

（一）加强性教育

学校应开设系统的性教育课程，涵盖性生理、性心理、性道德等方面的知识。例如，可以通过讲座、课堂讨论等形式，让学生了解性发育的过程、性健康的标准等。

家庭也要承担起性教育的责任，父母可以以开放、坦诚的态度与孩子交流性话题，解答他们的疑惑。

（二）树立正确的性观念

培养尊重他人、平等对待异性的观念，摒弃性别歧视和性偏见。比如，在交往中不将对方仅仅视为性对象，而是注重彼此的情感和人格。

认识到性不仅是生理需求，还是一种情感和责任的表达。

（三）提高自我认知

大学生要了解自己的性需求、性偏好和性价值观。例如，通过自我反思和探索，明确自己在性方面的底线和原则。同时，接纳自己的性特征和性取向，不因为与他人不同而产生自卑或焦虑。

（四）学会情绪管理

面对性冲动和性欲望，学会用合理的方式调节情绪，如通过运动、阅读等方式转移注意力。比如，当出现强烈的性冲动时，可以选择跑步或打篮球来释放能量。处理好因性问题带来的负面情绪，如焦虑、自责等，必要时寻求心理咨询帮助。

（五）建立良好的人际关系

与异性保持健康、适度的交往，学会与异性进行有效的沟通和交流。例如，在交往中尊重对方的意愿和感受，不强迫或诱使对方做出违背意愿的行为。培养良好的友谊，从朋友那里获得支持和理解。

（六）培养积极的生活方式

保持规律的作息和健康的饮食，有助于维持身体和心理的平衡。参加丰富多彩的课外活动，如社团活动、志愿者服务等，充实自己的生活，减少对性的过度关注。

（七）营造健康的校园文化

学校要倡导文明、健康的性文化，抵制不良的性信息和性诱惑。开展有关性心理健康的宣传活动，如举办展览、播放教育影片等。

小结：维护大学生性心理健康需要个人、家庭、学校和社会的共同努力，为大学生创造一个有利于性心理健康发展的良好环境。

二、性健康知识与性道德规范

（一）性健康知识

性健康知识涵盖了多个方面，包括但不限于以下内容：

1.性生理知识

了解两性生殖器官的结构和功能，如男性的睾丸、阴茎，女性的卵巢、子宫、阴道等。知晓青春期身体的性发育特征，如男生的变声、长胡须、遗精，女生的乳房发育、月经初潮等。明白性生理反应的机制，如性兴奋、性高潮的生理过程。

2.性心理知识

认识到性心理发展的阶段和特点，如儿童期的性好奇、青春期的性冲动和性困惑。学会应对性心理问题，如性焦虑、性压抑的调节方法。理解性取向的多样性，尊重不同的性取向。

3.性行为知识

明确安全性行为的重要性，如使用安全套可以预防性传播疾病和避免意外怀孕。了解常见的性行为方式及其可能带来的影响。知道性健康与生殖健康的关系，如备孕、避孕的相关知识。

4.性疾病知识

熟悉常见的性传播疾病，如艾滋病、梅毒、淋病等的传播途径、症状和预防方法。认识到不良性行为可能导致的生殖系统疾病，如盆腔炎、前列腺炎等。

（二）性道德规范

性道德规范是社会为调节人们的性行为而制定的一系列准则和标准，旨在维护社会秩序、保障个人权益和促进人际关系的和谐。以下是一些常见的性道德规范：

1.自愿原则

任何性行为都应该建立在双方自愿的基础上，不得强迫或胁迫他人发生性行为。例如，在恋爱关系中，双方都应明确表达自己的意愿，不存在一方对另一方的逼迫。

2.尊重原则

尊重他人的性权利和性意愿，不侵犯他人的性隐私。例如，不偷看他人的私密物品，不传播他人的性相关隐私信息。

3.忠诚原则

在有承诺的性关系中，如婚姻，保持对伴侣的忠诚。

4.杜绝婚外情、出轨等行为

在大学生恋爱教育中，杜绝婚外情、出轨等行为是重要原则。大学生恋爱应建立在忠诚、尊重与责任之上。婚外情和出轨破坏信任，伤害伴侣情感，违背道德伦理。倡导健康恋爱观，让学生明白爱情需专一，为未来情感生活奠定良好基础。

三、责任原则

对自己的性行为负责，包括避免意外怀孕、预防性传播疾病等。采取有效的避孕措施，定期进行性健康检查。

（一）平等原则

男女在性方面享有平等的权利和地位，不存在性别歧视。不因性别而对性行为有双重标准。

（二）合法原则

遵守国家法律法规，不从事违法的性活动，如嫖娼、强奸等。

小结：了解性健康知识和遵循性道德规范对于个人的身心健康、社会的和谐稳定都具有重要意义。

（三）提供维护性心理健康的方法和途径

1.自我教育

阅读相关的权威书籍和科普文章，获取准确的性知识。比如，《性心理学》《性健康指南》等，或者观看正规的性教育视频，增加对性的科学认知。

2.良好的生活习惯

保持充足的睡眠，让身体和大脑得到充分休息，有助于稳定情绪和调节激素水平。适度运动，如慢跑、瑜伽等，不仅能释放压力，还能提升身体素质和自信心。均衡饮食，摄入富含营养的食物，为身体和心理提供能量。

3.培养兴趣爱好

投入到自己喜欢的活动中，如绘画、音乐、摄影等，转移对性的过度关注。参加社团或俱乐部，拓展社交圈子，丰富生活体验。

4.心理咨询

当遇到困扰或心理障碍时，及时寻求专业心理咨询师的帮助。参加学校或社区组织的心理健康讲座和工作坊。

5.情感沟通

与朋友、同学坦诚交流性方面的感受和困惑，获取不同的观点和建议。与恋人建立开放、诚实的沟通机制，共同探讨性需求和期望。

6.社会支持

参与学校或社区的性健康教育活动，提高自身的认知水平。利用网络平台，加入相关的健康交流群组，但要注意信息的真实性和可靠性。

7.树立正确的爱情观

将性与爱相结合，认识到真挚的感情是健康性关系的基础。不将性作为获取利益或满足虚荣心的手段。

8.自我约束

避免过度沉迷于色情内容，以免影响对性的正常认知。遵守社会道德和法律法规，约束自己的性行为。

9.放松技巧

学习深呼吸、冥想、渐进性肌肉松弛等放松方法，缓解性带来的紧张和焦虑。

小结：通过综合运用这些方法和途径，大学生可以更好地维护自己的性心理健康，以积极、健康的态度面对性相关的问题。

【心理行为拓展】

恋爱是大学生活中一段美好的经历，它有着独特的过程，从心动的萌动到亲密关系的建立与发展。正如知名情感专家苏芩所说：“每一段爱情都是从偶遇开始的，但如何才能把一次偶遇变成一生相伴，则是需要耐力和智慧的。”

一、测测你的依恋类型——“我是黏人精吗?”

（一）依恋类型测试

亲爱的同学们，以下是一份关于依恋类型的测试。这份测试旨在帮助你了解自己在人际关系中的一些倾向和特点。请根据你内心的真实感受和实际情况来回答问题，“1”表示完全不符合；“2”表示较不符合；“3”表示一般；“4”表示较符合；“5”表示非常符合。答案没有对错之分。认真作答，让我们一起探索你的内心世界吧！

1. 我发现与人亲近比较容易。(　　)

2. 我发现要我依赖别人很困难。(　　)

3. 我时常担心恋人（或亲密朋友）并不真心爱我。(　　)

4. 我发现别人并不愿像我希望的那样亲近我。(　　)

5. 能依赖别人让我感到很舒服。(　　)

6. 我不在乎别人太亲近我。(　　)

7. 我发现当我需要别人帮助时，没人会帮我。(　　)

8. 和别人亲近使我感到有些不舒服。(　　)

9. 我时常担心恋人（或亲密朋友）不想和我待在一起。(　　)

10. 当我对别人表达我的情感时，我害怕他们与我的感觉会不一样。(　　)

11. 我时常怀疑恋人（或亲密朋友）是否真正关心我。(　　)

12. 我对与别人建立亲密的关系感到很舒服。(　　)

13. 当有人在情感上太亲近我时，我感到不舒服。(　　)

14. 我知道当我需要别人帮助时，总有人会帮我。(　　)

15. 我想与人亲近，但担心自己会受到伤害。(　　)

16. 我发现我很难完全依赖别人。(　　)

17. 恋人（或亲密朋友）想要我在情感上更亲近一些，这常使我感到不舒服。(　　)

18. 我不能肯定，在我需要时，总能找到可以依赖的人。(　　)

（二）评估标准

1. 安全型依恋

如果在问卷中，对“我发现与人亲近比较容易”“能依赖别人让我感到很舒服”“我知道当我需要别人帮助时，总有人会帮我”“我对与别人建立亲密的关系感到很舒服”等体现积极、信任的题目回答倾向于“较符合”或“完全符合”，而对“我发现要我依赖别人很困难”“我时常担心恋人（或亲密朋友）并不真心爱我”等缺乏安全感的题目回答倾向于“较不符合”或“完全不符合”，那么可能属于安全型依恋。安全型依恋的大学生在人际关系中能够比较自如地与他人建立亲密关系，信任他人，也相信自己值得被爱和被关心，对亲密关系有比较积极的态度。

2. 回避型依恋

若对“我发现要我依赖别人很困难”“我不在乎别人太亲近我”“和别人亲近使我感到有些不舒服”等强调独立、避免亲密的题目回答为“较符合”或“完全符合”，而对“能依赖别人让我感到很舒服”“我想与人亲近，但担心自己会受到伤害”等渴望亲密的题目回答为“较不符合”或“完全不符合”，则可能是回避型依恋。这类大学生倾向于避免与他人过于亲近，更注重自我的独立性和自主性，对亲密关系可能存在一定的抵触或恐惧心理。

3. 焦虑型依恋

当对“我时常担心恋人（或亲密朋友）并不真心爱我”“我时常担心恋人（或亲密朋

友）不想和我待在一起”“我时常怀疑恋人（或亲密朋友）是否真正关心我”等体现焦虑、担忧的题目回答为“较符合”或“完全符合”，而对“我发现与人亲近比较容易”“我对与别人建立亲密的关系感到很舒服”等积极的题目回答较为矛盾或不确定时，可能属于焦虑型依恋。焦虑型依恋的大学生在亲密关系中常常缺乏安全感，对伴侣或亲密朋友的行为和态度过度敏感，容易产生焦虑和担忧的情绪。

4.混乱型依恋

如果在回答问卷时，答案呈现出较为混乱、矛盾的情况，既表现出对亲密关系的渴望，又有回避或焦虑的行为表现，那么可能属于混乱型依恋。这种依恋类型的大学生在面对亲密关系时，内心的感受和行为表现较为复杂和不稳定，可能缺乏清晰的应对方式和情感表达。

需要注意的是，以上评估标准只是一种大致的参考，每个人的情况都是独特的，问卷结果也不能完全准确地确定一个人的依恋类型，建议结合实际情况进行综合分析。

二、爱情亲密度测试

这次的主角是包装纸上印的两个娃娃：海绵先生和草莓小姐。照着箭头的指示前进，就可以知道自己会谈哪一种恋爱。

海绵先生决定鼓起勇气向心仪已久的草莓小姐告白。当时他所说的是：

和我交往吧！→A

我喜欢你→B

A.情投意合的两个人终于要约会了。你觉得他们会选择哪里作为第一次约会的场所？

儿童乐园→C

水族馆→D

B.约会当天草莓小姐迟到了二十分钟，你觉得海绵先生会对她说什么？

以开玩笑的语气说「你迟到了」→E

我好担心→D

C.你认为他们最先玩的是什么？

云霄飞车→F

摩天轮→G

D.他们来到了水族馆，你觉得他们会选择什么地方照相？

海豚前→G

企鹅前→H

E.他们两人又来到了动物园。你认为海绵先生会在贩卖纪念品的商店中买什么送给草莓小姐？

动物玩偶→H

动物图案的T恤→F

F.草莓小姐特别亲手做了些点心，你觉得是什么？

饭团和煎蛋→I

三明治和炸鸡→J

G.最后他们来到了餐厅吃饭，他们会点些什么？

咖喱饭→K

意大利面→J

H.在咖啡店中海绵先生点了汉堡，那草莓小姐点了什么？

汉堡→ I

水果圣代→L

I.海绵先生和草莓小姐的感情稳定发展，两人的感情越来越好。你觉得海绵先生会送草莓小姐什么作为定情之物？

手表→M

慢跑鞋→N

J.有一天海绵先生参加比赛输了，觉得很沮丧，你认为草莓小姐会说什么来安慰他？

「我知道你已经尽力了」→O

「没关系，下次还有机会」→P

K.约会两周后就是海绵先生的生日了，草莓小姐会送他什么？

帽子→N

演唱会门票→O

L.这次的约会地点在海绵先生的房间。你觉得他们会做些什么呢？

听听ＣＤ、看看录像带→P

一边吃水果派，一边聊天→M

M.有一天突然不得不搬到很远的地方，你觉得他们会采取什么方式来维系感情？

一星期打一次电话→3

每两天写一封信→4

N.两人感情虽好，但也会有吵架的时候，你觉得原因是什么？

海绵先生吃醋→3

海绵先生和别的女生走得近→1

O.两人的初吻终于发生了，你觉得会是在什么地方呢？

在海绵先生的房间→1

傍晚的公园→2

P.两人交往了一阵，无可避免地进入了倦怠期，你觉得接下来会怎么样？

两个人会好好沟通找出解决的方法→2

两个人暂时不要见面→4

查看结果：

1.一认识就能马上燃起爱火。一遇到自己喜欢的人，你似乎一下子就陷进去了，即一见钟情的机会特别高。只要一遇到令你心动的对象，你便毫不犹豫地说出来，因此两情相悦的可能性很大，但是要注意不要被冲昏了头，学业和朋友也都很重要。

2.来得快，去得也快，三分钟热度的恋情。只要觉得对方不错，你便会很快地投入，行动颇为积极大胆，常常处于主动的地位，只是你似乎缺乏耐心，只要恋爱一出现障碍，你便急于放弃，而去寻找下一段恋情，如此一来虽恋爱经验丰富，但很难遇到真爱。

3.“热情”两字注定与你无缘。你的恋情在他人的眼里可能会觉得有些无趣，即使和情人走在一起，也不会表现得太亲密。但是这只是表面，私底下的你也有令人意想不到的一面。会和你谈恋爱的可能是原本就认识的朋友，初恋情人可能就是结婚对象。

4.虽然不会马上热情如火，但可以永保甜蜜的恋情。你的恋爱都是很浪漫又令人觉得很温馨的，因为你总能温柔待人，让人感受到你的柔情蜜意，不过你总是处于较被动的地位，如果让对方主导，恋情就能进行得很顺利。你的恋爱也是属于细水长流型，恋情应该能持续很久。

三、学会爱的五种表达方式

同学们，在人际交往中，尤其是恋爱关系中，你是否常常感到困惑，不知道如何更好地表达和感受爱？美国心理学家盖瑞·查普曼提出了爱的五种基本语言，它们分别是：肯定的言辞、精心的时刻、接受礼物、服务的行动和身体的接触。让我们一起来深入了解一下，看看你在爱的表达中更倾向于哪种语言呢？你可以根据自己的实际情况，对以下互动环节的问题进行认真思考和填写，也可以和身边的同学一起讨论分享。你会发现，这不仅是一次对爱的探索，还是一次对自我和他人关系的深入理解之旅。

（一）肯定的言辞

用语言来表达对对方的肯定、赞美和鼓励。比如，当你的恋人在学习上取得进步时，你对他/她说："你真的好聪明，这么努力一定会取得更大的成就！"或者当朋友完成了一项困难的任务时，你称赞道："你太厉害了，我就知道你一定可以做到！"

1.回忆一下，最近一次你用肯定的言辞表达对他人的爱是在什么时候？当时你说了什么？

____

____

2.你希望从别人那里听到哪些肯定的言辞呢？

____

____

（二）精心的时刻

它意味着给予对方全身心的关注，一起专注地做某件事情或共度美好时光。例如，和恋人一起看一场浪漫的电影，在看电影的过程中，你们不被其他事情打扰，完全沉浸在彼此的陪伴中，或者和朋友一起进行一次深度的聊天，认真倾听对方的想法和感受。

1.分享一次你认为最难忘的精心时刻，那是和谁一起度过的，做了什么呢？

____

____

2.你期待和他人有哪些精心的时刻呢？

____

____

（三）接受礼物

礼物不在于其价值的高低，而在于它所代表的心意和情感。一份小小的礼物，可能会让对方感受到你对他/她的在乎。比如，在特殊的日子，为恋人送上一束他/她喜欢的花，或者当朋友心情不好时，送给他/她一个小挂件，希望能给他/她带来一些快乐。

1.你收到过的最让你感动的礼物是什么？为什么它会让你如此感动呢？

____

____

2.如果你要送礼物给重要的人，你会选择什么礼物。为什么会选择这个礼物呢？

______

______

（四）服务的行动

这是通过为对方做一些实际的事情来表达爱。比如，为生病的室友做饭、照顾他/她；或者帮助恋人完成一项他/她觉得困难的工作任务。

1.说说你最近为别人做过的一件服务的行动是什么。

______

______

2.你希望别人为你做哪些服务的行动呢？

______

______

（五）身体的接触

适当的身体接触，如拥抱、牵手、亲吻等，可以传递温暖和亲密感。一个简单的拥抱，可能在对方难过时给予他/她极大的安慰；牵手则可以在散步时让彼此的关系更加亲密。

1.回忆一下，最近一次你和他人有身体接触是什么时候，当时的感受如何呢？

______

______

2.对于身体接触，你觉得在什么情况下是最合适、最让你感到舒适的呢？

______

______

同学们，通过对爱的五种基本语言的了解和互动思考，你是不是对自己和他人在情感表达上有了更清晰的认识呢？希望大家在今后的人际交往中，能够更加敏锐地察觉他人的爱的语言，同时更好地运用这些语言来表达自己的爱，让我们的人际关系更加美好、和谐。

本章小结

本章围绕大学生恋爱与性心理展开。从爱情本质入手，阐述其多种理论，如情绪三因素学说和斯滕伯格的爱情三角理论，剖析了爱情各发展阶段的特点，探讨了大学生恋爱自主性强、浪漫色彩浓但也存在盲目性等特点，以及经济、学业、心理等常见问题。在性心理方面，讲解了其发展阶段和隐蔽性、个体差异性等特点，强调了性心理健康对个人身心、人际关系、生活质量和社会稳定发展的重要意义，阐述了维护大学生性心理健康的途径，明确性健康知识与性道德规范，助力大学生以健康心理面对恋爱与性相关问题。

※学习园地※

● 互动思考题

1.请写出你的恋爱规划。

2.你觉得什么样的邀请存在“性暗示”，你如何拒绝？

第六章　大学生的学习心理

学习目标

本章旨在普及大学生学习特点，掌握有关学习的心理规律，更加有效地提升学习效率。通过本章学习，可以了解大学生的学习特点有哪些，掌握大学生有哪些学习动机，这些动机类型的影响因素是什么；同时了解大学生常见的学习困扰都有哪些，以及应该采用何种应对策略和解决方法；掌握提升大学生学习力的应对策略和解决方法，学会使用学习方法与时间管理等方法。

第一节　大学生的学习特点与学习动机

一、大学生的学习特点

（一）自主性增强

大学的学习环境相对宽松，学生在课程选择、学习时间安排、学习方法运用等方面有较大的自主性。例如，学生可以根据自己的兴趣和职业规划选择选修课程，自主安排每天的学习时间和进度。

（二）专业性突出

大学教育是基于专业进行的，学生需要深入学习特定领域的知识和技能。比如，医学专业的学生要系统学习解剖学、病理学等专业课程。

（三）多元性丰富

学习内容不再局限于课本知识，还包括实践操作、学术研究、社团活动等多个方面。以工科为例，学生不仅要学习理论知识，还要参加实验课程和实习活动。

（四）探索性深入

需要对所学知识进行深入的思考和研究，提出自己的见解和观点。比如，在撰写学术论文时，要对某个课题进行广泛的文献查阅和深入的分析。

（五）学习方式多样

除了课堂教学，还有自主学习、小组讨论、项目实践等多种方式。比如，参加小组项目，需要团队成员共同协作完成任务。

二、大学生的学习动机

微课 6-1

大学生的学习动机

（一）求知兴趣

对所学专业领域的知识有强烈的好奇心和探索欲望，渴望获取更多的知识和信息。例如，对历史感兴趣的学生，会主动阅读大量的历史书籍和研究文献。

（二）职业发展

希望通过大学学习获得专业技能，为未来的职业发展打下良好的基础，提高就业竞争力。比如，计算机专业的学生努力学习编程技术，以获得更好的就业机会。

（三）个人成长

追求自我提升和完善，包括思维能力、沟通能力、解决问题能力等综合素质的提高。

（四）社交需求

通过在学校取得好成绩，获得老师和同学的认可和尊重，满足社交方面的需求。

（五）外在压力

如家庭的期望、社会的评价等外部因素促使学生努力学习。

（六）荣誉追求

渴望获得奖学金、荣誉称号等，以证明自己的优秀。

不同的学生可能具有不同的学习动机，而且这些动机可能会随着时间和个人经历的变化而发生改变。

三、耶克斯-多德森定律

可能很多人会认为，学习动机越强，学习的效果越好，然而事实并非如此。心理学家耶克斯（R.M.Yerkes）与多德森（J.D.Dodson）的研究表明，动机强度和工作效率之间的关系不是一种线性关系，而是倒U型曲线关系，这一理论被称为耶克斯-多德森定律。各种活动都存在一个最佳的动机水平。动机不足或过分强烈，都会使工作效率下降。中等强度的动机最有利于任务的完成，即当动机强度处于中等水平时，工作效率最高，一旦动机强度超过了这个水平，对行为反而会产生一定的阻碍作用。例如，学习的动机太强、急于求成，会产生焦虑和紧张，干扰了记忆和思维活动的顺利进行，使学习效率降低。考试中的“怯场”现象主要就是由动机过强造成的。研究还发现，动机的最佳水平随任务性质的不同而不同。在比较容易的任务中，工作效率随动机的提高而上升；随着任务难度的增加，动机的最佳水平有逐渐下降的趋势。也就是说，在难度较大的任务中，较低的动机水平有利于任务的完成。耶克斯-多德森定律示意图，如图6-1所示。

微课 6-2

大学生学习的特点

四、大学生学习的特点

（一）专业性

1.深度聚焦

学生深入钻研特定学科领域，课程设置围绕专业核心知识和技能展开。例如，物理学专业的学生将系统学习力学、热力学、电磁学等专业课程，这些课程的内容具有很高的深度和专业性，需要学生投入大量的时间和精力来理解和掌握。

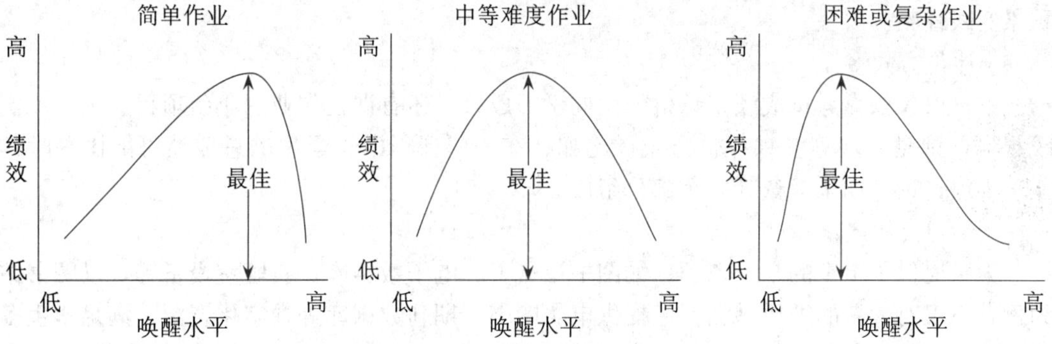

图6-1　耶克斯-多德森定律示意图

2.前沿探索

随着学科的发展，大学教学会引入最新的研究成果和前沿理论。以计算机科学为例，学生需要学习人工智能、大数据等新兴领域的知识，紧跟技术发展的潮流。

3.职业导向

专业学习直接与未来的职业选择和发展相关联。比如，会计学专业的学生通过学习财务会计、审计等课程，为将来从事会计、审计等职业做好准备。

4.体系完备

每个专业都有一套完整的知识体系，包括基础理论、专业方法和实践应用。就像医学专业，学生要从基础的解剖生理学到临床诊断治疗，逐步构建起全面的医学知识架构。

（二）自主性

1.自我规划

学生需要自己规划学习进程和目标。比如，决定每个学期选修哪些课程，制订每门课程的学习计划，以及规划自己的学术发展路径。

2.自主学习

在大学，课堂教学时间有限，更多的知识需要学生在课后自主学习。例如，通过阅读教材、参考书籍、学术论文来深入理解课程内容，自主完成作业和项目。

3.独立思考

鼓励学生对所学知识提出质疑和独立见解。在学术研究中，学生需要自主选题、设计研究方案、分析数据和得出结论，而不是单纯接受老师给定的答案。

4.自我管理

自我管理包括时间管理、情绪管理和学习资源管理等。例如，合理安排每天的学习时间，避免拖延；在面对学习困难时，调整心态，保持积极的学习态度；有效地利用图书馆、网络资源等学习工具。

（三）多元性

1.学科交叉

不同学科之间相互渗透和融合，学生有机会接触到跨学科的知识和方法。比如，环境科学专业可能会涉及化学、生物学、地质学等多个学科的知识，要求学生具备跨学科的思维能力。

2.学习途径多样

除了传统的课堂教学，还有在线课程、学术讲座、实验室实践、实习、社会实践等多种学习途径。例如，学生可以通过参加企业实习，将所学理论知识应用于实际工作场景，积累实践经验。

3.评价方式多元

不再仅仅依靠考试成绩来评价学生的学习成果，还有课程作业、小组项目、论文、实践报告、课堂表现等多种评价方式。比如，在一门课程中，学生的总成绩可能由平时作业、小组讨论、期末考试等多个部分组成。

4.学习资源丰富

大学提供了丰富的学习资源，如图书馆藏书、电子数据库、实验室设备等。以图书馆为例，不仅有大量的纸质书籍，还提供电子图书、期刊数据库等数字化资源，满足学生多样化的学习需求。

（四）探索性

1.主动探索

学生需要主动发现问题、提出问题，并尝试解决问题。例如，在科研项目中，针对某个研究领域的未解之谜，通过实验、调查等方法进行探索。

2.创新思维

鼓励学生突破传统思维模式，提出新的观点和方法。在学术论文写作中，要求学生能够在前人的研究基础上有所创新，提出独特的见解。

3.未知领域开拓

对于一些前沿学科和新兴领域，学生可能需要在没有现成答案的情况下进行探索。比如，在研究新能源开发时，需要不断尝试新的材料和技术方案。

4.学术交流

通过参加学术会议、研讨会等活动，与专业人士交流思想，拓展研究视野，激发创新灵感。

小结：大学生的学习特点反映了大学教育的复杂性和丰富性，也对学生的自我管理、思维能力和综合素质提出了更高的要求。

微课 6-3

大学生学习动机的类型

五、大学生学习动机的类型

（一）内部动机

1.兴趣爱好

对所学专业或学科领域有浓厚的兴趣，出于自身的好奇心和求知欲而学习。例如，喜欢文学的学生主动阅读大量经典作品，并深入研究文学理论。

2.自我实现

渴望通过学习提升自己的能力和素质，实现个人成长和发展。比如，希望成为优秀的工程师的大学生，不断努力学习专业知识和技能。

3.掌握知识

单纯为了获取知识，享受知识带来的满足感和成就感。

（二）外部动机

1.就业压力

为了在竞争激烈的就业市场中获得优势，找到理想的工作而努力学习。例如，一些学生为了满足热门职业对特定技能和证书的要求，积极参加相关培训和考试。

2.社会认可

希望得到老师、同学、家长和社会的认可和赞扬。比如，努力取得好成绩以获得奖学金、荣誉称号等。

3.家庭期望

受到父母或家庭的期望和要求，为了不让家人失望而努力学习。

4.物质奖励

物质奖励，如获得奖学金、助学金等经济奖励。

六、大学生学习动机的主要影响因素

（一）个人因素

性格特点：性格开朗、自信、自律的学生往往具有更强的学习动机。

自我效能感：对自己能否成功完成学习任务的信心，自我效能感高的学生更有动力学习。

价值观：认为学习对个人发展具有重要价值的学生，学习动机通常更强烈。

（二）家庭因素

家庭氛围：民主、和谐的家庭氛围有利于培养学生积极的学习动机。

父母的教育方式：鼓励、支持型的教育方式能激发学生的学习兴趣。

家庭经济状况：经济条件较好的家庭可能为学生提供更多的学习资源和机会，从而影响其学习动机。

（三）学校因素

教学质量：教师的教学水平、教学方法和教学态度对学生的学习动机有重要影响。

课程设置：合理、有趣且具有挑战性的课程能够激发学生的学习热情。

校园文化：积极向上、鼓励学习和创新的校园文化有助于增强学生的学习动机。

（四）社会因素

就业形势：就业市场的需求和竞争状况会影响学生的学习动机。

社会舆论：对知识和学历的重视程度，以及对不同专业的评价和看法，也会对学生的学习动机产生影响。

小结：大学生的学习动机类型多样，受到个人、家庭、学校和社会等多方面因素的综合影响。了解这些因素有助于采取有效的措施来激发和维持大学生的学习动机，提高学习效果和质量。

第二节　常见的学习困扰及其应对策略

一、常见的学习困扰

（一）学习目标不明确

不知道自己为什么学习，缺乏明确的方向和长远规划。比如，不清楚所学专业与未来职业的联系，对自己的未来感到迷茫。

（二）学习方法不当

沿用高中的学习方法，不适应大学的自主学习模式。例如，不会合理安排时间，不善于做笔记和总结，导致学习效率低下。

（三）课程压力大

大学课程数量多、难度大，作业和考试任务繁重。像理工科的一些课程，需要大量的时间和精力来理解和掌握。

（四）缺乏学习兴趣

对所学专业或某些课程不感兴趣，缺乏学习的动力。比如，因为调剂而进入不喜欢的专业，对课程内容感到枯燥乏味。

（五）注意力不集中

容易受到外界干扰，如手机、社交活动等，难以专心学习。

二、学习困扰的应对策略

（一）学习目标不明确

进行自我探索和职业规划，了解自己的兴趣、优势和职业目标，从而明确学习的方向。与学长学姐、老师或职业导师交流，获取他们的经验和建议。

（二）学习方法不当

向成绩优秀的同学请教，学习他们的学习方法和时间管理技巧。参加学习方法的培训课程或讲座，提升自己的学习能力。

（三）课程压力大

制订合理的学习计划，将任务分解为小目标，逐步完成。学会劳逸结合，适当进行体育锻炼和放松，提高学习效率。

（四）缺乏学习兴趣

尝试从不同角度理解课程内容，发现其中的乐趣和价值。参加相关的实践活动或竞赛，将理论知识应用于实际，增强学习的成就感。

（五）注意力不集中

创造一个安静、整洁的学习环境，减少干扰因素。采用番茄工作法等时间管理方法，提高专注力。

微课 6-4

学习困扰的应对策略：番茄工作法

番茄工作法是一种简单易行的时间管理方法，在时间管理方面相对于更加微观。使用番茄工作法，选择一个待完成的任务，设定一个番茄时间，在番茄时间内专注工作，中途不允许做任何与该任务无关的事，直到番茄钟响起，并在纸上画一个记号，记录下来；然后设定一个番茄休息时间，短暂休息一下。结束一天的工作后，根据记录对当日的工作学习情况进行复盘，同时可以对第二天的时间进行规划（如图6-2所示）。

图6-2 番茄工作法示意图

（六）时间管理困难

使用优先级矩阵（如艾森豪威尔矩阵）区分任务紧急度，搭配番茄工作法（25分钟专注+5分钟休息）增强执行力。

每日用5分钟规划（如“3-2-1法则”：3件核心任务+2件次要任务+1件灵活任务）确保目标清晰，避免无效忙碌。

（七）学习动力不足

设置微目标+即时奖励（如学完1章可看10分钟短视频），利用多巴胺驱动短期行动。

建立“学习伙伴”机制（线上/线下监督打卡），利用社会承诺效应提升坚持率。

（八）知识理解困难

费曼学习法（向他人复述概念，发现漏洞后简化解释）和思维导图（视觉化逻辑关系）结合，强化理解。

主动提问法（每学完一节自问“3个为什么”），通过深度思考替代机械记忆。

（九）考试焦虑

提前模拟考试环境（限时+干扰训练），用系统脱敏法降低紧张感；考前用4-7-8呼吸法（吸气4秒→屏息7秒→呼气8秒）快速平静。

写“焦虑日记”把担忧转化为具体对策（如“怕忘记公式→制作速查卡”），减少大脑的不可控感。

（十）缺乏实践机会

积极参与学校组织的活动，参与与专业相关的大赛，与自己专业相关的其他院校同学进行交流等，需要主动发现身边资源。

用“逆向学习法”（先模仿再解析，如拆解优秀案例）和虚拟仿真工具（如编程沙盒）低成本试错。

（十一）小组合作出现问题

明确角色分工+截止时间（用RACI矩阵定义责任），定期15分钟站立会议同步进度。

冲突时用“事实—影响—请求”沟通模板（如“上次任务延迟影响了进度，下次能否提前两天沟通？”）减少情绪对立。

（十二）学习资源利用不当

采用“SMART筛选法”设定具体目标（Specific）后，只保留3个核心资源（如1本教材+1门课+1个工具），避免信息过载，并每周用“20%时间探索+50%时间深耕”提高利用率。

建立“资源—输出”闭环，每学完一个资源强制输出（如笔记/实践/教会他人），用“学习留存率金字塔”（听讲5%→实践75%）反向优化资源选择。

（十三）不适应新的教学方式

上课之前提前预习，标注重难点和存在疑问的地方；课堂上主动参与讨论，认真记笔记（可使用康奈尔笔记法分关键词、问题、总结三区记录）；课后及时复盘知识，定期向老师请教未解决的问题。

（十四）学习竞争压力大

找到适合自己的学习方法，将大目标（如期末得到优秀）拆分成周计划（如每周学习掌握一章节知识）；关注自身在每一次测验或考试中的表现和进步，与自己比较；通过适度运动、冥想等方式合理释放压力；主动与同学交流学习感受如“我最近觉得竞争压力有点大，你平时怎么调节的？”通过分享降低孤独感。

小结：大学生要认识到学习困扰是普遍存在的，关键是要积极面对，采取有效的应对策略，不断调整和改进自己的学习方式，以提高学习效果和满意度。

第三节　学习方法与时间管理

一、提升大学生学习力的策略

（一）提升时间管理能力

制订详细的学习计划，将每天的时间划分成不同的时间段，为每个任务分配特定的时间。使用时间管理工具，如手机上的日历和提醒功能，帮助自己按时完成任务。学会区分任务的优先级，先处理重要且紧急的学习任务。

（二）增强学习动力

明确自己的学习目标，将其细化为短期和长期目标，并定期回顾和调整。寻找学习的内在乐趣，将所学知识与实际生活或个人兴趣联系起来。建立奖励机制，当完成一个学习阶段或达到一个目标时，给自己一个小奖励。

（三）改善知识理解

课前预习，了解课程的大致内容和重点难点，便于在课堂上有针对性地听讲。课后及时复习，总结归纳知识点，通过做练习题加深理解。遇到不懂的问题主动向老师、同学请教，或者查阅相关资料。

（四）缓解考试焦虑

做好充分的考前准备，包括系统复习、模拟考试等。采用放松技巧，如深呼吸、冥想、渐进性肌肉松弛等，在考前和考中缓解紧张情绪。调整心态，认识到考试只是检验学习成果的一种方式，不是衡量个人价值的唯一标准。

（五）增加实践机会

主动寻找课外实践项目，如参加实验室科研、企业实习、社会调研等。参加相关的社团或竞赛活动，锻炼自己的实践能力。

（六）优化小组合作

在小组作业开始前，明确每个成员的分工和职责。建立良好的沟通机制，定期召开小组会议，交流进展和问题。对于不积极的成员，及时进行沟通和督促。

（七）有效利用学习资源

参加图书馆举办的资源使用培训课程，学会如何查找和利用文献资料。探索在线学习平台，根据自己的需求选择合适的课程进行学习。

（八）适应教学方式

主动与老师交流，了解教学方法和要求，及时调整学习策略。培养自主学习和独立思考的能力，逐渐适应大学的教学节奏。

（九）克服语言障碍

多听、多读、多说、多写，提高语言的综合运用能力。参加语言培训课程或学习小组，加强语言学习。

（十）应对学习竞争压力

关注自己的进步和成长，而不仅仅是与他人比较。与同学建立良好的合作学习关系，互相帮助、共同进步。

小结：提升大学生的学习力需要学生自身的努力和学校、家庭等多方面的支持与引导。

二、学习方法和时间管理

（一）制订学习计划

（1）明确学习时间：每周、每月的学习目标和任务，合理分配时间到不同科目和知识点上。

（2）做好预习和复习：预习有助于在课堂上更好地理解，复习则有助于巩固知识。

（3）多种学习方式结合：通过阅读、听讲、实践、讨论等多种方式学习，加深对知识的理解和记忆。

（4）做笔记：记录重点、难点和自己的思考，便于复习和总结。

（5）建立知识体系：将零散的知识点关联起来，形成系统的知识框架。

（6）定期总结：回顾一段时间内的学习内容，找出薄弱环节，加强巩固。

（7）运用记忆技巧：如联想、口诀、图表等方法，提高记忆效率。

（8）学会提问：在学习过程中不断提出问题，促进思考和深入理解。

（二）时间管理

（1）使用时间管理工具：例如，利用手机上的时间管理App，设定任务提醒和时间限制。

（2）创建任务清单：将需要完成的学习任务列出来，按照重要性和紧急程度排序。

（3）设定专注时间段：采用番茄工作法，设定25分钟的专注时间，其间不做任何其他事情，然后休息5分钟。

（4）避免多任务并行：一次专注于一项任务，提高效率。

（5）利用碎片时间：如在排队、坐公交时，可以听音频资料、背单词等。

（6）设定合理的休息时间：保证充足的睡眠和适当的娱乐，避免过度疲劳影响学习效果。

（7）消除干扰因素：学习时关闭手机、电视等可能分散注意力的设备。

（8）定期评估和调整：分析自己的时间利用情况，找出浪费时间的行为并加以改进。

【案例分享6-1】

一位大学生计划在一周内复习完一门课程。他先将课程内容分为几个模块，每天安排特定的时间进行预习、复习和做练习题。在每天的学习中，他会使用番茄工作法，每25分钟休息5分钟，以保持注意力。同时，他利用坐地铁的碎片时间回顾知识点，周末对一周的学习进行总结。通过这样的学习方法和时间管理，他能够更高效地完成复习任务。

【心理行为拓展】

同学们，当我们踏入大学的知识殿堂，学习便成为了我们生活的主旋律。学习不仅仅是知识的积累，更是一场心理的较量。积极的心理状态能激发我们的学习动力，让我们在知识的海洋中勇往直前；而消极的心理则可能成为我们学习路上的绊脚石。

心理学方法就像是一把神奇的钥匙，它能开启我们高效学习的大门。通过运用心理学的原理和技巧，我们可以更好地管理时间、提高注意力、增强记忆力，让学习变得更加轻松有趣。在这一章，让我们一起探索学习与心理的奇妙关系，掌握心理学方法这一有力武器，在学习的征程中劈荆斩棘，收获满满！

一、评估学习风格——“我适合哪种学习方法?”

（一）Felder-Silverman（菲尔德-希尔费曼）学习风格量表

在学习过程中，我们每个人都通过自己偏好的方式来获取、处理和理解知识。这个量表将从多个维度评估你的学习风格，包括信息处理方式、感知方式、输入方式和理解方式等。

Felder-Silverman学习风格量表旨在帮助你更好地了解自己独特的学习方式，从而提升学习效果。请你在回答问题时，根据自己的实际情况和日常学习中的真实感受进行选择，不要过多思考。你的回答将为你揭示如何更有效地学习，更好地适应大学的学习生活。答案没有对错之分，请放心填写。

1.为了较好地理解某些事物，我首先（　　）。

A.试试看　　　　B.深思熟虑

2.我做事情更喜欢（　　）。

A.讲究实际　　　　B.追求创新

3.我更加喜欢老师（　　）。

A.通过图画、视频进行演示　　　　B.通过板书、口述进行讲解

4.我往往会（　　）。

A.优先明了事物的细节，其次明了其总体结构

B.优先明了事物的总体结构，其次明了其细节

5.在学习新知识时，我不禁会（　　）。

A.与他人讨论、分享　　　　B.独自思考、琢磨

6.我发现比较容易学习的是（　　）。

A.事实性内容　　　　B.概念性内容

7.我比较偏爱的获取信息的媒体是（　　）。

A.图画、图解、图形及图像　　　　B.书面指导和言语信息

8.一旦我了解了（　　）。

A.事物的所有部分，我就能把握其整体

B.事物的整体，我就知道其构成部分

9.在学习小组中发生争论时，我通常会（　　）。

A.挺身而出，畅所欲言　　　　B.倾听意见，深入思考

10.在阅读时，我偏爱（　　）。

A.那些能告诉我新事实和教我怎么做的东西

B.那些能启发我思考的东西

11.在阅读一本带有插图的书时，我一般会（　　）。

A.仔细观察插图　　B.集中注意文字

12.我特别喜欢教师（　　）。

A.向我条理分明地呈示材料

B.先给我一个概貌，再将材料与其他论题相联系

13.在我修课的班级中，（　　）。

A.我通常结识许多同学，与大家都能打成一片

B.我不会跟大家都混熟，但有自己的几个朋友

14.我更喜欢的课程内容偏向于（　　）。

A.具体材料：事实、数据、图表　　B.抽象材料：概念、理论

15.我喜欢的教师是（　　）。

A.在黑板上画许多图解的人　　B.花许多时间讲解的人

16.我学习时（　　）。

A.总是按部就班，我相信只要努力，终有所得

B.我有时完全糊涂，然后恍然大悟

17.我喜欢（　　）。

A.在小组中或者在讨论中学习　　B.安静地、独立地学习

18.我更喜欢被认为是（　　）。

A.注重学习和生活的细节　　B.对学习和生活有创造力

19.我比较喜欢（　　）。

A.确定性的想法　　B.推论性的想法

20.当我思考一大段信息资料时，我通常（　　）。

A.注意细节而忽视概貌　　B.先了解概貌而后深入细节

21.周围人觉得我更接近于（　　）。

A.积极外向的　　B.独立静思的

22.当我阅读趣闻时，我喜欢作者（　　）。

A.以开门见山的方式叙述　　B.以新颖有趣的方式叙述

23.当我在上课时看到一幅图，我通常会清晰地记着（　　）。

A.那幅图　　B.教师对那幅图的解说

24.当我写文章时，我通常（　　）。

A.先思考和着手写文章的开头，然后循序渐进

B.先思考和写作文章的不同部分，然后加以整理

（二）记分标准

1.对于量表中的每个问题，选项 A 和选项 B 分别代表不同的学习风格倾向。

2.分别统计选择 A 和 B 的数量。

3.根据四个维度进行分类统计。

Felder-Silverman 学习风格量表，见表 6-1。

表6-1 Felder-Silverman学习风格量表

信息加工维度			感知维度			信息输入维度			内容理解维度		
	活跃型	沉思型		感悟型	直觉型		视觉型	语言型		序列型	整体型
题号	A	B	题号	A	B	题号	A	B	题号	A	B
1			2			3			4		
5			6			7			8		
9			10			11			12		
13			14			15			16		
17			18			19			20		
21			22			23			24		
总计			总计			总计			总计		

结果分析：

1.信息加工维度

如果选择A（活跃）较多，表明你倾向于主动学习风格。主动学习者喜欢通过实践、做实验、与他人讨论等方式来学习，他们在学习过程中积极主动地探索知识。

如果选择B（沉思）较多，说明你更倾向于反思学习风格。反思学习者喜欢先思考、观察，然后再行动，他们在学习过程中更注重对知识的深入理解和反思。

2.信息输入维度

选择A（视觉）较多，意味着你是视觉型学习者。视觉型学习者对图像、图表、颜色等视觉信息更敏感，他们通过观看图片、视频、图表等方式学习效果更好。

选择B（语言）较多，表明你是言语型学习者。言语型学习者对文字、语言、声音等信息更敏感，他们通过阅读书籍、听讲座、讨论等方式学习效果更好。

3.内容理解维度

选择A（序列）较多，说明你是序列型学习者。序列型学习者喜欢按部就班地学习，先学习基础知识，再逐步深入学习，他们在学习过程中注重知识的逻辑性和顺序性。

选择B（整体）较多，表明你是整体型学习者。整体型学习者喜欢先了解知识的整体框架，然后再深入学习细节，他们在学习过程中注重知识的整体性和关联性。

4.感知维度

选择A（感悟）较多，意味着你更倾向于脚踏实地，注重细节和现实，习惯按部就班地处理问题，依赖已知的经验和事实。

选择B（直觉）较多，表明你更喜欢探索未知，关注事物的可能性和关联性，思维更跳跃，常常会忽略细节，在意整体的趋势和意义。

通过对Felder-Silverman学习风格量表的分析，你可以更好地了解自己的学习风格，从而选择适合自己的学习方法和策略，提高学习效率。同时，你也可以了解他人的学习风格，更好地与他人合作学习，共同进步。

二、SWOT分析法——了解你的学习资源

同学们，今天来了解一下SWOT分析法。它由美国管理学教授韦里克提出。SWOT即优势（Strengths）劣势（Weaknesses）机会（Opportunities）和威胁（Threats）。这一方法对大学生来说很实用，可以分析自己在学业、社交等方面优劣势。比如，你的学习能力强是优势，不擅长沟通是劣势，而学校提供的实习机会是机会，就业竞争激烈是威胁。用它能更好地认识自己，规划大学生活，为未来发展做好准备。以下是为大学生做的SWOT分析示例：

（一）优势

1.学习能力强：经过多年的教育培养，大学生有较强的吸收新知识的能力，能够快速掌握专业知识和技能。

2.年轻有活力：拥有充沛的精力和创造力，敢于尝试新事物，对未来充满憧憬和冲劲。

3.文化素养高：接受了系统的教育，具备较高的文化水平和综合素质。

（二）劣势

1.缺乏实践经验：大部分时间在校园中度过，实际工作经验相对较少。

2.经济不独立：主要依靠家庭支持，在经济方面可能会受到一定限制。

3.心理承受能力较弱：面对挫折和压力时，可能容易产生焦虑、沮丧等负面情绪。

（三）机会

1.丰富的课外活动：大学中有各种社团、竞赛等活动，可以锻炼自己的综合能力，拓展人脉。

2.实习机会：可以通过实习接触实际工作环境，积累经验，为未来就业做准备。

3.继续教育资源：有机会参加各种培训、考证等，提升自己的竞争力。

（四）威胁

1.就业竞争激烈：大学生数量众多，就业市场竞争压力大。

2.社会变化快：行业发展迅速，所学知识可能很快过时，需要不断学习更新。

3.经济形势不稳定：可能会影响就业机会和职业发展前景。

三、缓解考前焦虑——“跟考前焦虑Say Goodbye”

亲爱的同学们，考试是大学生活中不可避免的一部分，而考前焦虑常常会影响我们的发挥和身心健康。本节内容将为你介绍一些有效的方法来帮助你缓解考前焦虑，特别是通过系统脱敏法，让你逐渐克服对考试中最恐怖情景的紧张焦虑状态。

（一）焦虑识别

1.思考一下你在考试前最感到恐怖的情景是什么？是担心时间不够用，题目太难不会做，还是害怕考不好的后果等。把它写下来。

____

____

2.分析一下这种焦虑情绪对你的影响，比如是否会影响你的睡眠、学习效率、自信心等。

____

____

（二）脱敏练习

现在，我们来进行系统脱敏练习。将你最恐怖的考试情景按照焦虑程度从低到高进行排序，例如：

情景一：看到考试通知。

情景二：走进考场，找到座位坐下。

情景三：考试开始，拿到试卷，看到第一题感觉有点难。

情景四：考试时间过去一半，还有很多题没做。

情景五：考试即将结束，还有一些题没做完，心里很慌张。

从焦虑程度最低的情景一开始，闭上眼睛，想象这个情景，同时放松自己的身体。你可以深呼吸，慢慢地吸气，感受腹部的膨胀，然后慢慢地呼气，感受身体的放松。想象自己在这个情景中很平静，能够从容应对。保持这种想象和放松的状态几分钟。

当你对情景一感觉不再那么焦虑时，进入情景二，重复上述步骤。依次对每个情景进行练习，逐渐提高自己对焦虑情景的适应能力。

（三）冥想放松

在完成系统脱敏练习后，我们来进行冥想放松，进一步缓解焦虑情绪。

1.找一个安静舒适的地方坐下或躺下。

2.闭上眼睛，专注于自己的呼吸。慢慢地吸气，感受空气充满整个肺部，然后慢慢地呼气，感受身体的放松和压力的释放。

3.在呼吸的同时，你可以想象自己置身于一个美丽、宁静的地方，如海边、森林等，感受阳光的温暖、微风的吹拂、海浪的声音或鸟儿的鸣叫。让自己沉浸在这个美好的场景中，放松身心，忘却考试的压力和焦虑。

4.保持这种冥想状态10～15分钟，然后慢慢地睁开眼睛，感受自己的平静和放松。

5.请写下放松后你的感受：

____

____

同学们，通过不断地练习焦虑识别、脱敏训练和冥想放松，你会发现自己对考试的焦虑情绪逐渐减轻。相信自己，你有能力应对考试的挑战，以更加轻松和自信的状态迎接考试。希望这次训练能对你有所帮助，祝你在考试中取得好成绩！

四、专注力提升训练——“专注力训练营，集合！”

（一）“课本寻宝”

1.游戏准备

教师提前在课本的某一页上选择一个特定的词语、符号或图片作为“宝藏”。例如，可以选择一个生僻的单词、一个特殊的标点符号（如波浪线“～”）或者课本中的一幅小插图。告诉学生们游戏的目标是在规定时间内找到这个“宝藏”。

2.游戏过程

教师宣布游戏开始，学生们迅速翻开课本开始寻找。学生们需要集中注意力仔细阅读课本页面上的文字和内容，逐行逐句地查找目标。当有学生找到“宝藏”时，举手示意。教师确认后，记录该学生所用的时间。

3.游戏升级

可以增加难度，如连续进行几轮，每轮更换“宝藏”的位置和类型，让学生不断适应新的挑战，提高专注力的持久性。或者规定学生在找到“宝藏”后，要说出该词语所在句子的大致意思，进一步强化学生对课本内容的关注和理解。

（二）“课本拼图”

1.游戏准备

教师将课本中的某一页内容（可以是一段文字、一幅图表或者两者结合）剪成若干小块，比如剪成4～6块。可以将这些小块打乱顺序分发给学生，每个学生得到1～2块。

2.游戏过程

学生们需要在不交流（保持安静以集中注意力）的情况下，观察自己手中的课本碎片内容，然后在课桌上尝试将其与其他同学的碎片拼合成完整的一页。学生们要专注于碎片上的文字、图案特征以及逻辑关系，通过思考和尝试来完成拼图。最先完成拼图的小组或个人获胜。教师可以让他们展示拼图成果，并讲解是如何通过观察和思考完成的，锻炼学生的表达能力和逻辑思维，同时也让其他同学学习提高专注力的方法。

3.游戏拓展

教师可以在拼图完成后，针对该页课本内容提出一些问题，让学生们在刚刚专注拼图的基础上，进一步深入理解课本知识，增强记忆效果。

（三）“课本知识接龙”

1.游戏准备

教师确定一个课本章节或主题范围作为游戏的内容基础。将学生分成若干小组，每组人数适中（一般4～6人为宜）。

2.游戏过程

教师从课本内容中选择一个知识点作为开头，比如一个历史事件、一个数学公式、一个科学概念等，向第一组的第一个学生提问。该学生需要在规定时间内（如10～15秒）回答出与该知识点相关的另一个知识点，并且要简要说明两者之间的联系。然后，由该组的下一个学生继续回答，依此类推。如果某组学生在规定时间内回答不出或者回答错误，则游戏暂停，该组扣除一定分数（如1分）。然后，教师重新提问另一组，开始新的一轮。游戏持续进行，哪组在规定时间内（如10～15分钟）累计得分最高则获胜。

3.游戏示例

以大学生心理健康教育为例，教师提问“心理健康是什么”，第一个学生回答心理健康的概念，下一个学生接着回答心理健康的标准，以此类推。

通过这个游戏，学生们需要高度专注于课本知识，快速思考知识点之间的关联，不仅提升了专注力，还加深了对知识的理解和记忆。

（四）“课本默读挑战”

1.游戏准备

教师选择课本中的一段适中长度的文字内容（一般300～500字），可以是一篇文章的段落、一套技术操作流程或者一个学术理论的解释等。准备一个简单的计时器（可以使用手机上的计时功能）。

2.游戏过程

教师让学生们安静下来，准备进行默读挑战。宣布开始后，学生们集中注意力默读课本上的选定内容，在默读过程中不能出声、不能指读，完全依靠视觉和思维来理解文字。当学生们认为自己读完并理解了内容后，举手示意。教师记录下每个学生的用时。然后，教师针对这段内容提出几个简单的问题，如主要内容概括、关键信息提取等，让学生们在纸上简要回答。根据学生的回答情况和用时综合评估，对表现优秀的学生给予表扬和奖励(可以是小贴纸、积分等)。

3.游戏变化

为了增加难度和趣味性，可以逐渐缩短阅读时间限制，或者选择更具挑战性的内容，让学生们不断挑战自己的专注力和阅读速度。也可以让学生们在默读后，互相交流自己的理解和阅读方法，促进学习和提高专注力的技巧分享。

本章小结

大学阶段的学习与中学阶段相比，无论是学习的方法和内容，还是学习的目的和任务都有了很大不同，因此大学生要了解自身学习具备的特点，掌握大学生的学习动机并正确利用，从而提高自身的学习兴趣和效率。科学的学习方法，不仅能够大大提高学习效率，而且能够起到推动与促进学习质量提高的作用，除了自身不断的勤奋努力，掌握提升学习力的对策和方法也十分关键，从学习方法、时间管理等方面进行提高，可以有效地提升大学生的学习能力。

※学习园地※

●互动思考题

1.你认为学习是为了什么?

2.你怎样理解“一技傍身，走遍天下都不怕”这句话，发现自己的兴趣爱好。

3.当你迷茫时，能否走近心理老师或者辅导员的身边?

第七章　大学生的压力与挫折应对

学习目标

通过本章学习，帮助大学生了解常见压力与挫折的来源，理解压力和挫折对心理和行为的影响机制，掌握至少三种应对压力与挫折的理论模型；能够运用所学理论知识，分析大学生在学习、生活和人际关系等场景中的压力与挫折问题，并制定出至少两种可行的应对策略；培养积极面对压力与挫折的态度，增强心理调适能力和抗压能力，理解压力与挫折在个人成长中的意义。

微课 7-1

什么是压力

第一节　什么是压力

一、压力的含义

压力是指个体在面对各种内外环境因素时，所感受到的心理上和生理上的紧张、不安或负担的状态。

从心理学角度来看，压力是个体对环境中超出自身应对能力或打破自身平衡状态的刺激事件的主观感受和反应。这些刺激可以是来自工作、学习、人际关系、家庭、经济等方面的需求、期望、挑战或威胁。

压力并非完全是负面的，一定程度的压力可以激发个体的动力和潜能，促使其更好地应对挑战，实现目标。例如，在准备重要考试时，适度的压力可以促使学生更努力地学习。

然而，当压力过大或持续时间过长，超出了个体的承受和调节能力时，就可能对身心健康产生不良影响。比如，长期处于高强度的工作压力下，可能会导致焦虑、抑郁、失眠、心血管疾病等问题。

小结：压力是一种个体与环境相互作用产生的心理和生理状态，其影响取决于压力的程度、个体的应对能力和应对方式等多种因素。那么如何判断自身压力过大呢？

二、判断自身压力是否过大的方法和指标

情绪状态：频繁感到焦虑、抑郁、易怒、情绪波动大，且这种情绪持续时间较长。对原本喜欢的活动失去兴趣，缺乏快乐和满足感。

身体症状：出现头痛、头晕、肌肉紧张、肩颈疼痛、肠胃不适、失眠等生理症状，且

这些症状无法用生理疾病完全解释。容易疲劳，即使休息也难以恢复精力。

行为变化：饮食习惯改变，如暴饮暴食或食欲不振。社交活动减少，回避与他人接触和交流。出现过度吸烟、酗酒、依赖药物或过度沉迷电子设备等不良行为。

工作或学习表现：工作效率下降，频繁出错，难以集中注意力完成任务。学习成绩下滑，对学习失去动力和积极性。

思维模式：思维变得消极，总是过度担忧未来，对自己和周围的事物持有负面看法。难以做出决策，或者做出冲动、不合理的决策。

日常生活：无法平衡工作、学习和生活，感觉生活失控。日常的家务、个人卫生等事务也无法正常处理。

三、应对方式

发现自己应对压力的方式变得不健康，如过度逃避、过度自责等。

小结：如果您发现自己连续几周都心情低落，每天都睡不好觉，工作时频繁犯错，对朋友的聚会邀请总是拒绝，而且总是通过吃很多甜食来缓解情绪，那么这可能表明您正承受着过大的压力。

需要注意：每个人对压力的感受和反应都有所不同，如果您觉得自己的压力已经影响到了正常的生活和工作，建议及时寻求专业帮助，如心理咨询师或医生的建议。

第二节　大学生压力与挫折的来源及影响

一、大学生压力与挫折的来源

（一）学业压力

课程难度较大，作业负担重，需要投入大量的时间和精力来理解和完成。面临各种考试，包括期中、期末、资格考试等，因对成绩的担忧而带来压力。为了争取高绩点、奖学金或保研资格，竞争激烈。

（二）社交压力

渴望融入集体，建立良好的人际关系，但可能会遇到沟通障碍或人际冲突。面对不同背景和性格的同学，难以适应和协调。

（三）经济压力

家庭经济条件有限，难以支付学费、生活费和其他学习相关费用。看到同学的高消费，可能产生心理落差。

（四）职业规划压力

对未来职业方向迷茫，不知道自己适合什么工作。就业市场竞争激烈，担心找不到满意的工作。

（五）家庭期望压力

父母对自己的学业成绩和未来发展有较高期望，害怕让家人失望。例如，一位来自农村的大学生家庭经济条件不好，父母期望他能在城市里找到好工作改变家庭状况。但他在大学中学习成绩一般，也不清楚未来职业方向，这使得他压力巨大，经常失眠，上课无法集中注意力，成绩进一步下滑，形成了恶性循环。

二、压力和挫折对大学生身心健康的影响

上述压力与挫折可能会带来以下影响：

（一）心理方面

产生焦虑、抑郁等负面情绪，严重时可能导致心理障碍。降低自信心和自我价值感，出现自卑心理。

（二）生理方面

引发身体的各种不适，如头痛、失眠、消化不良等。长期压力可能导致免疫系统功能下降，容易生病。

（三）行为方面

出现逃避学习、社交等行为，如逃课、宅在宿舍等。可能会沉迷于网络游戏、吸烟酗酒等不良习惯，以此来缓解压力。

（四）学业方面

学习效率降低，成绩下滑，失去学习的动力和兴趣。

三、应对压力与挫折的心理防御机制

心理防御机制是指个体面临挫折或冲突的紧张情境时，在其内部心理活动中具有的自觉或不自觉地摆脱烦恼，减轻内心不安，以恢复心理平衡与稳定的一种适应性倾向。

（一）具体的心理防御机制

1.压抑

概念：把意识所不能接受的观念、情感或冲动抑制到无意识中去。这是一种最基本的心理防御机制。例如，一个人经历了非常痛苦的事情后，可能会不自觉地将这段记忆压抑在潜意识中，暂时忘记它的存在，以避免再次体验到那种痛苦。

2.升华

概念：把被压抑的无意识冲动，通过某种途径或方式转变为人们可接受的或为社会所赞许的活动。例如，将攻击性的冲动转化为竞技体育活动，把对权力的渴望转化为积极追求领导职位并努力为团队做出贡献。

3.补偿

概念：个体因身心某个方面有缺陷不能达到某种目标时，有意识地采取其他能够获取成功的活动来代偿某种能力缺陷而弥补因失败造成的自卑感。例如，一个人在学习成绩方面不理想，但在音乐、绘画等艺术领域有出色表现，通过在艺术方面的成就来弥补学习上的不足，获得心理上的满足。

4.退行

概念：当个体遇到挫折时，放弃已经习惯的成人方式，而恢复使用早期幼稚的方法来应对困难和满足自己的欲望。例如，一个成年人在遇到重大压力时，可能会表现出像孩子一样哭泣、撒娇等行为。

5.否认

概念：对引起焦虑痛苦的事件加以否认，似乎它根本没有发生，来获取心理上暂时的安慰。例如，亲人去世后，有的人一时无法接受，会否认这个事实，觉得亲人还活着。

6.投射

概念：把自己的不良动机或恶意归结到他人身上，以减轻自己的内心不安。例如，自己有嫉妒别人的心理，却认为是别人嫉妒自己。

7.反向形成

概念：对内心的一种难以接受的情感以相反的态度和行为表现出来。例如，一个人内心非常讨厌另一个人，但在表面上仍对其过分热情友好。

（二）不同心理防御机制的作用和利处

心理防御机制是个体在面对心理压力和冲突时自动产生的一种心理保护机制，不同的心理防御机制具有不同的作用和利处。

1.压抑

作用：维持心理秩序，将不被意识所接受的冲动、欲望或痛苦的记忆压抑到潜意识中，避免其立即对个体的心理状态产生强烈冲击，有助于维持心理的相对稳定和秩序。

利处：①短期稳定情绪：在面临重大创伤或难以接受的事件时，压抑可以防止个体被强烈的负面情绪淹没，为个体提供一个缓冲的时间，以便逐步适应和处理。②保护自我形象：有助于个体避免因表达不适当的冲动或情感而损害自己在他人眼中的形象，维护社交关系和自我认同。

2.升华

作用：转化负面能量，将本能的冲动和欲望转化为社会所认可的、具有建设性的行为和活动，实现心理能量的积极转化。

利处：①促进个人成长：通过升华，个体可以将内心的冲突和压力转化为创造力和成就，提升自我价值感和自尊心，促进个人的心理成长和发展。②贡献社会价值：升华后的行为往往具有社会价值，能够为社会做出积极贡献，同时也获得社会的认可和尊重。

3.补偿

作用：弥补心理缺陷，当个体在某一方面存在不足或缺陷时，通过在其他方面的努力和发展来弥补这种不足，以维持心理的平衡和稳定。

利处：①激发潜能：补偿机制可以促使个体积极发掘自身的潜力，在其他领域努力奋斗，从而实现自我超越和成长。②增强适应能力：帮助个体更好地适应生活中的挑战和困难，提高心理韧性和应对能力。

4.退行

作用：提供心理避难所，在面临巨大压力或无法应对的困境时，退行到心理发展的早期阶段，以获得安全感和舒适感，暂时逃避现实的压力。

利处：①缓解压力：在特定情况下，退行可以让个体从紧张的状态中暂时解脱出来，缓解心理压力，为重新面对挑战积蓄力量。②唤起关爱：退行行为可能会引起他人的关注和照顾，获得情感上的支持。

5.否认

作用：心理缓冲，拒绝承认现实中痛苦或威胁性的事件，以减轻心理负担，避免直接面对难以承受的心理冲击。

利处：①短期保护：在危机初期，否认可以为个体提供一个心理上的保护屏障，让个体有时间逐渐适应和接受现实。②维持希望：在某些情况下，否认可以让个体保持一定的希望和乐观情绪，有助于应对困难。

6.投射

作用：转移内心冲突，将自己的不良情绪、欲望或特质归咎于他人，从而减轻自己的心理负担，将内心的冲突转移到外部。

利处：①减轻自我压力：通过投射，个体可以暂时摆脱自己内心的困扰和不安，将注意力从自身转移到外部，减轻自我压力。②促进自我认识：在一定程度上，投射也可以促使个体反思自己的行为和态度，从而促进自我认识和成长。

7.反向形成

作用：掩盖真实情感：对内心难以接受的情感或欲望采取相反的态度和行为表现，以掩盖真实的内心冲突。

利处：①维持社交和谐：反向形成可以帮助个体在社交场合中表现出符合社会期望的行为，维持良好的人际关系和社会形象。②探索内心世界：反向形成的行为可能会引起个体对自己内心真实情感的关注和探索，促进自我了解。

第三节　积极应对压力与挫折的方法

微课 7-2

积极应对压力与挫折的方法

一、认知调整

改变思维方式，采用积极的自我对话：用鼓励和肯定的语言代替自我否定。例如，当面临挫折时，告诉自己“这是一个挑战，我可以从中学习和成长”，而不是“我不行，我做不到”。

学会从不同角度看待问题，尝试寻找积极的方面。比如，一次考试失利可以看作是发现自己知识漏洞的机会，以便更好地进行针对性学习。

避免灾难化思维，不要把问题想得过于严重。比如，工作中出现一个小失误，不要马上觉得自己会被解雇，而是冷静分析并采取补救措施。

二、设定合理目标

根据自己的实际情况和能力水平设定目标，避免目标过高导致压力过大。将大目标分解为小目标，逐步实现，增强成就感和自信心。

定期评估目标的合理性和可行性，根据实际情况进行调整。如果发现某个目标过于困难，可以适当降低难度或调整方向。

三、情绪管理

1.识别和接纳情绪

意识到自己的情绪变化，当感到压力和挫折时，能够准确识别出是焦虑、沮丧还是愤怒等情绪。

接纳自己的情绪，不要压抑或否认它们。告诉自己有这些情绪是正常的反应，允许自己感受和表达情绪。可以通过写日记、与朋友倾诉等方式抒发情绪，避免情绪积累。

2.放松技巧

（1）深呼吸：慢慢地吸气，使腹部膨胀，然后慢慢地呼气，重复几次。这可以帮助放松身体，减轻紧张感。

（2）冥想：找一个安静的地方坐下或躺下，专注于自己的呼吸或一个特定的意象，排除杂念，放松身心。

（3）渐进性肌肉松弛：先收紧身体的某一部位肌肉，然后再放松，依次进行全身各个部位的收紧和放松，感受身体的放松状态。

四、行为策略

1.问题解决

冷静分析面临的压力和挫折，确定问题的根源。制订解决问题的计划，列出具体的步骤和方法。可以寻求他人的建议和帮助，共同探讨解决方案。积极采取行动，按照计划逐步解决问题。在过程中及时调整策略，确保问题得到有效解决。

2.时间管理

合理安排时间，制定详细的日程表，明确各项任务的优先级和时间分配。避免拖延，将任务分解为小步骤，逐步完成。可以设置时间限制和奖励机制，激励自己按时完成任务。

学会适当休息和放松，避免过度劳累。合理安排工作和休息时间，保证充足的睡眠和娱乐活动。

五、寻求支持

与家人、朋友、同事交流，分享自己的感受和经历。他们可以提供情感上的支持、建议和实际帮助。

加入支持小组或社团，与有相似经历的人交流，互相鼓励和支持。

如果压力和挫折较为严重，可以寻求专业心理咨询师的帮助，他们可以提供更专业的指导和支持。

六、生活方式调整

1.健康饮食

保证均衡的饮食，摄入足够的营养物质，如蛋白质、碳水化合物、脂肪、维生素和矿物质。减少咖啡因和糖分的摄入，避免过度刺激神经系统。多吃水果、蔬菜、全谷类食物等富含膳食纤维的食物，促进消化系统健康。

2.适度运动

定期进行体育锻炼，如跑步、游泳、瑜伽等。运动可以释放身体内的压力荷尔蒙，促进大脑分泌内啡肽等神经递质，带来愉悦感和放松感。根据自己的身体状况和兴趣选择适合的运动方式和强度，避免过度运动造成身体损伤。

3.培养兴趣爱好

投入到自己喜欢的活动中，如绘画、音乐、阅读、旅行等。兴趣爱好可以帮助转移注意力，缓解压力，丰富生活。

参加社交活动，拓展人际关系，增加生活乐趣。与他人互动可以带来积极的情绪体验，增强心理韧性。

七、培养大学生的抗压能力和挫折承受力

（一）学校教育层面

1.开设相关课程和讲座

心理健康教育课程：系统地教授应对压力和挫折的方法，如情绪管理、认知重构、问题解决技巧等。通过案例分析、小组讨论和角色扮演等方式，让学生在实践中掌握这些技能。

邀请专家举办讲座：邀请心理学家、成功人士或校友来校分享他们面对压力和挫折的经验和故事，激发学生的积极心态和应对能力。

2.提供心理咨询服务

建立专业的心理健康中心：配备合格的心理咨询师，为学生提供个体咨询、团体辅导和心理热线等服务。学生可以在遇到困难时及时寻求帮助，获得专业的支持和指导。

开展心理筛查和干预：定期对学生进行心理筛查，及时发现有心理问题的学生，并进行早期干预和治疗。同时，对经历重大挫折或压力事件的学生进行重点关注和支持。

3.丰富校园文化活动

组织社会实践活动：如志愿者服务、社区调研、实习等，让学生接触社会现实，锻炼他们的适应能力和解决问题的能力。在实践中，学生可以学会面对各种挑战和困难，提高抗压能力和抗挫承受力。

举办文体活动和竞赛：如运动会、文艺比赛、科技创新大赛等，培养学生的团队合作精神、竞争意识和成就感。通过参与这些活动，学生可以释放压力，增强自信心和心理韧性。

成立学生社团：鼓励学生根据自己的兴趣爱好成立各种社团，如书法社、摄影社、音乐社等。社团活动可以丰富学生的课余生活，提供一个展示自我和交流互动的平台，增强学生的归属感和自我价值感。

（二）家庭教育层面

1.培养正确的价值观和人生观

家长要注重培养孩子的正确价值观和人生观，引导他们树立积极向上的人生目标和追求。让孩子明白人生中会遇到各种困难和挫折，这是成长的必经之路，要勇敢面对，不断努力。

培养孩子的责任感和使命感，让他们明白自己的行为对家庭、社会和国家的影响，激发他们的内在动力和积极性。

2.给予关爱和支持

家长要给予孩子充分的关爱和支持，让他们感受到家庭的温暖和安全感。在孩子遇到困难和挫折时，要及时给予鼓励和帮助，引导他们正确看待问题，寻找解决办法。

尊重孩子的个性和选择，不要过分干涉和批评。让孩子在自由和民主的家庭氛围中成长，培养他们的独立思考能力和自主决策能力。

3.培养良好的心理素质

家长要注重培养孩子的良好心理素质，如乐观开朗的性格、坚强的意志品质、稳定的情绪等。可以通过言传身教、故事讲述、榜样示范等方式，让孩子在潜移默化中受到影响。

培养孩子的应对能力和适应能力，让他们学会在不同的环境中调整自己的心态和行为，适应变化和挑战。可以通过让孩子参加各种活动、旅行、社交等方式，锻炼他们的适应能力和应对能力。

（三）个人成长层面

1.认识自己，了解自己的优势和不足

大学生要通过自我反思、他人评价、心理测试等方式，认识自己的性格特点、兴趣爱好、价值观和能力水平。了解自己的优势和不足，可以帮助他们更好地发挥自己的优势，弥补自己的不足，提高自我认知和自我管理能力。

树立正确的自我观念，不要过分自负或自卑。要客观地看待自己的成就和失败，学会接受自己的不完美，不断努力提升自己。

2.培养积极的心态和情绪管理能力

大学生要学会培养积极的心态，看到问题的积极面和解决问题的可能性。可以通过阅读积极心理学书籍、参加心理培训、与积极向上的人交往等方式，培养自己的积极心态。

学会管理自己的情绪，掌握情绪调节的方法。如深呼吸、放松训练、运动、倾诉等，当遇到压力和挫折时，能够及时调整自己的情绪，保持冷静和理智。

3.制定合理的目标和计划

大学生要根据自己的兴趣爱好、能力水平和人生规划，制定合理的目标和计划。目标要具体、可行、有挑战性，计划要详细、合理、有时间限制。通过实现一个个小目标，逐步提高自己的抗压能力和抗挫承受力。

学会调整自己的目标和计划，当遇到困难和挫折时，要及时分析原因，调整策略，重新制定目标和计划。不要轻易放弃，要坚持不懈地努力。

4.不断学习和成长

大学生要树立终身学习的观念，不断学习新知识、新技能，提高自己的综合素质和竞争力。可以通过阅读书籍、参加培训、实习实践等方式，不断充实自己，拓宽自己的视野和思维方式。

5.学会从失败中吸取教训，总结经验，不断成长

每一次失败都是一次宝贵的学习机会，要认真分析失败的原因，找出自己的不足之处，加以改进和提高。

【心理行为拓展】

嘿，同学们！大学生活就像一场充满挑战的冒险之旅，而压力与挫折便是途中时常出现的“小怪兽”。我们在追求学业进步、发展人际关系、探索自我成长的道路上，难免会遭遇各种压力和挫折。它们可能会让我们感到焦虑、沮丧，甚至想要放弃。

但别担心！学习完这一章，你将会拥有战胜这些“小怪兽”的有力武器。我们将一起深入了解遇到压力时的以下实用应对策略和技巧。让我们在困境中锤炼出坚韧的心理品质，把压力转化为动力，将挫折变为成长的阶梯，勇敢地迈向更加美好的未来。

一、逆境之中提升复原力——“逆风飞扬，触底反弹”

同学们，在大学生活中，我们难免会遇到各种逆境，比如学习压力、人际关系问题、未来的迷茫等。但别担心，今天我就来和大家分享一些在逆境中提升复原力的方法，帮助同学们更好地应对挑战，重新振作起来。

（一）改变认知，积极看待逆境

从心理学角度来看，我们对逆境的看法会极大地影响我们的应对方式和感受。首先，要学会把逆境看作是成长的机会。每一次挫折都是一次学习的经验，它能让我们更加了解自己的优势和不足。比如，当你在一次考试中失利，不要只看到失败的结果，而是要思考自己在学习方法、时间管理等方面可以改进的地方。告诉自己：“这次挫折是为了让我下次做得更好，我可以从中学到很多。”

请回忆一次令你印象深刻的逆境，并写下当时你的感受以及你的应对方式。之后，请思考，现在的你如果再次遇到这样的情况，你会有什么感受以及将会如何处理？

____

____

（二）建立良好的人际关系支持网络

人是社会性动物，他人的支持在我们应对逆境时至关重要。和家人、朋友保持密切的联系，当你遇到困难时，不要独自承受，向他们倾诉。他们可能会从不同的角度给你建议和鼓励，让你感受到温暖和支持。同时，积极参与社团活动或兴趣小组，结识志同道合的人，扩大自己的社交圈子，这也能为你提供更多的情感支持和资源。

你能想到自己拥有哪些人际关系支持？你还可以拓展哪些人际关系支持？

____

____

（三）培养自我调节能力

情绪调节是提升复原力的关键。当处于逆境中时，我们可能会产生各种负面情绪，如焦虑、沮丧等。这时要学会识别和接纳这些情绪，不要压抑它们。可以通过深呼吸、冥想、运动等方式来缓解情绪压力。比如，每天花15分钟进行冥想，专注于自己的呼吸，排除杂念，让身心得到放松。运动也是一个很好的方式，跑步、打球等有氧运动能促使身体分泌内啡肽，让你感觉愉悦和轻松。

请细细体会冥想带给你的改变。

____

____

（四）设定目标，逐步行动

在逆境中，容易感到迷茫和无助，设定明确的目标可以给我们方向和动力。将大目标分解成一个个小目标，每完成一个小目标就给自己一个小奖励，增强自信心。例如，如果你在为提高学习成绩而努力，可以先设定每周要完成的学习任务，当你顺利完成后，奖励自己看一场电影或者吃一顿喜欢的美食。这样逐步积累，你会发现自己在不断进步，复原力也在不知不觉中提升了。

请以某一项活动为基准，为其设定目标并做出计划！

同学们，逆境并不可怕，只要我们掌握了正确的方法，就能够在其中不断成长，变得更加坚强和有韧性。让我们一起努力，提升自己的复原力，勇敢地面对生活中的各种挑战，相信你们一定可以的！

二、挫折之后的心理成长——“成为更好的我”

亲爱的同学们，在我们的大学生活中，挫折就像不期而至的风雨，时而会给我们带来一些阴霾。但请相信，每一次挫折都蕴含着成长的种子，只要我们用心培育，就能在风雨之后迎来绚丽的彩虹。今天，让我们一起来探讨一下挫折之后如何实现心理成长。

(一) 发现意义感

当我们遭遇挫折时，往往会陷入迷茫和困惑，觉得自己所经历的一切都是毫无意义的。然而，正是在这些艰难的时刻，我们更需要发现挫折背后的意义。

同学们，想一想，你所经历的每一次挫折，是否都让你对自己有了新的认识？也许你在一次比赛中失利了，但通过这次经历，你发现了自己在某个方面的不足，这是不是为你未来的提升指明了方向呢？又或者，你在人际关系中遇到了问题，这是否让你更加懂得如何与人相处，珍惜真正的友谊呢？

就像罗曼·罗兰说的：“世上只有一种英雄主义，就是在认清生活真相之后依然热爱生活。”我们要学会从挫折中寻找积极的意义，把它看作是人生旅程中的一次宝贵历练。每一次挫折都是一个成长的契机，它能让我们变得更加坚强、智慧和成熟。

(二) 确认亲情

在人生的浩瀚海洋中，挫折犹如汹涌的风浪，不断地拍打着我们前行的船只。而在这充满挑战与未知的旅途中，亲情无疑是我们最为温暖、最为可靠的港湾。亲爱的同学们，当你们在生活的浪潮中遭遇挫折时，是否有在第一时间就想到向家人倾诉呢？要知道，家人永远都是我们最坚实的后盾，他们给予我们的爱和支持是毫无条件的。无论你在外面的世界中遇到多么巨大的困难与挑战，只要回到那个充满温馨的家，你总能深深地感受到那份无与伦比的温暖和令人安心的力量。

不妨花些宝贵的时间，静下心来和家人好好聊聊天吧。向他们尽情地讲述你在学校里的种种经历，无论是欢乐的时光还是充满挑战的时刻。同时，也用心地听听他们的故事和建议。你会惊讶地发现，原来他们也曾经历过许多与你类似的挫折与困境。他们在岁月中积累的丰富经验和充满智慧的见解，会如同明亮的灯塔一般，为你带来许多宝贵的启示。而且，在与家人亲密无间的交流过程中，你能够无比深刻地感受到亲情那强大的力量。这种力量就像一股源源不断的暖流，会缓缓地流入你的心田，让你重新充满勇气和信心，勇敢地面对生活中的各种困难与挑战。无论未来的路有多么崎岖，只要有亲情相伴，我们就永远不会孤单，永远都有前行的动力。比如，你可以在周末给父母打个电话，或者放假回家时和他们一起做一顿饭，在这些平凡的时刻中，确认亲情的存在，让它成为你心理成长的强大支撑。

你的体会和困惑：____

（三）积极沟通

挫折常常会让我们陷入自我封闭的状态，但积极的沟通是打破这种状态的关键。不要害怕和别人分享你的挫折和感受，和朋友聊一聊，他们可能会从不同的角度给你提供帮助和支持。也许你的朋友曾经也有过类似的经历，他们的经验和鼓励会让你觉得自己并不孤单。

在学校里，也可以多和老师沟通。老师不仅有着丰富的知识和经验，他们还关心着每一位学生的成长。向老师请教，他们可能会给你一些专业的建议和指导，帮助你更好地应对挫折。

此外，参加一些社团活动或者小组讨论也是很好的沟通方式。在与他人的互动中，你可以拓展自己的视野，学习到不同的思维方式和应对方法，同时也能提升自己的人际交往能力，为心理成长创造更有利的环境。

你有没有想要/已经加入的社团或团体？你在其中都有什么感受和体验？

____

____

同学们，试着主动和身边的人交流吧，你会发现，每一次沟通都是一次心灵的碰撞，会带给你意想不到的收获。

（四）感受幸福

即使在挫折的阴影下，我们依然可以发现生活中的小幸福，这些幸福的瞬间就像点点星光，照亮我们的内心。留意一下身边的美好事物吧！也许是校园里一朵盛开的花，也许是图书馆里一本让你心动的书，也许是室友为你准备的一杯热茶，这些看似微不足道的小事，都蕴含着幸福的元素。

你感受到了什么？

____

____

学会感恩也是感受幸福的重要方式。感谢生活中给予你帮助的人，感谢自己所拥有的一切。每天花一点时间想想自己值得感恩的事情，你会发现生活其实充满了美好和温暖。

比如，你可以在晚上睡觉前，回顾一下这一天中让你感到开心或幸福的瞬间，把它们记录下来。久而久之，你会发现自己的心态变得更加积极向上，对生活也充满了更多的期待和热情。

请将今天你感受到的幸福瞬间记录下来：

____

____

同学们，挫折是我们成长路上的必修课，但它并不可怕。通过发现意义感、确认亲情、积极沟通和感受幸福，我们能够在挫折之后实现心理的成长，变得更加坚强和自信。让我们一起勇敢地面对挫折，迎接更加美好的未来！

本章小结

本章主要探讨了大学生面临压力与挫折的相关内容。首先剖析了压力与挫折的来源，包括学业繁重、科研竞争、人际关系复杂等多种因素。这些因素可能导致焦虑、抑郁、逃避等心理和行为反应。本章阐述了如心理防御机制等多种应对理论，帮助学生理解应对的内在原理。通过学习，大学生应学会识别自身及周围同学可能遭遇的压力与挫折情境，运用所学策略，如积极的自我暗示、合理的情绪宣泄、有效的时间管理等，将压力和挫折转化为成长的动力，保持良好的心理状态，更好地适应大学生活与未来职业发展需求。

※学习园地※

●互动思考题

1.请你描述自己压力的颜色、形状、质感、温度和重量，并尝试对自己说：“我愿意和我的情绪合作，慢慢成长自己”。你会发现压力会神奇地消失。

2.你学会了哪几种缓解压力的方式？

3.当你感觉“压力山大”、自己无法排解时，请寻求心理老师的帮助。

第八章　大学生常见的心理障碍

学习目标

通过对大学生常见心理障碍内容的学习，学生能够达成以下目标：从心理学专业视角识别大学生中常见的心理障碍类型，如焦虑障碍、抑郁障碍、强迫障碍、社交焦虑等；理解这些心理障碍产生的复杂原因，包括遗传、心理创伤、环境压力、人格特质等因素的交互作用；掌握评估心理障碍严重程度的基本方法和指标，学会观察异常心理和行为表现；能够运用所学知识提高对自身和周围同学心理状态的觉察能力，增强心理危机干预意识；掌握一些针对大学生心理障碍的预防策略和初步的应对技巧，如积极的自我暗示、情绪调节方法、寻求专业帮助的途径等，为维护大学生群体心理健康发挥积极作用。

微课 8-1

焦虑症

第一节　焦虑症

焦虑症是一种常见的心理障碍，在大学生群体中也并不鲜见。它不仅会给个体带来身心上的痛苦，还可能对其学习、生活和人际关系产生负面影响。了解焦虑症的症状、类型和诊断标准，对早期识别、及时干预和有效治疗具有至关重要的意义。

一、焦虑症的症状

（一）心理症状

1.过度担忧

这是焦虑症最常见的心理症状之一。患者会对未来可能发生的事情过度担心，即使这些事情发生的可能性很小或者实际上并不重要。例如，大学生可能会过度担心考试成绩、社交活动中的表现、未来的职业发展等。这种担忧往往难以控制，持续时间较长，并且会影响到日常的学习和生活。

2.恐惧和不安

患者常常会体验到强烈的恐惧和不安。这种恐惧可能没有明确的对象，或者是对特定的情境、事物或活动产生恐惧。例如，有些人可能会对公共场合、密闭空间、高处等产生恐惧，而在这些情境中会感到极度的不安和焦虑。

3.注意力难以集中

焦虑会干扰大脑的正常功能，使患者难以集中注意力。在学习或工作时，他们可能会发现自己容易分心，思绪飘忽不定，难以专注于任务。这不仅会影响学习和工作效率，还可能导致错误的发生。

4.思维反刍

患者会反复思考一些负面的想法或经历，无法自拔。例如，不断回忆过去的失败、尴尬或痛苦的经历，或者对未来可能出现的问题进行过度的思考和担忧。这种思维反刍会进一步加重焦虑情绪，形成恶性循环。

（二）生理症状

1.心血管系统症状

焦虑症可能会导致心血管系统的异常反应。常见的症状包括心跳加快、心悸、心律不齐等。患者可能会感觉到心脏在胸膛中猛烈跳动，甚至会出现胸痛或胸闷的感觉。这种心血管系统的症状可能会让人误以为是心脏疾病，但经过医学检查后，往往发现心脏本身并没有器质性病变。

2.呼吸系统症状

焦虑也会影响呼吸系统的正常功能。患者可能会出现呼吸急促、气短、呼吸困难等症状。有些人还会感到喉咙堵塞，仿佛无法正常呼吸。在严重的情况下，可能会出现过度换气，导致头晕、手指麻木或刺痛等症状。

3.消化系统症状

焦虑症还可能引发消化系统的问题。常见的症状包括胃部不适、胃痛、恶心、呕吐、腹泻或便秘等。这些症状可能会影响患者的食欲，导致体重的变化。

4.肌肉紧张

焦虑会导致肌肉处于紧张状态。患者可能会感到颈部、肩部、背部等部位的肌肉僵硬、酸痛。有些人还会出现手抖、腿抖或全身颤抖的症状。长期的肌肉紧张还可能引发头痛。

5.睡眠障碍

睡眠问题在焦虑症患者中非常普遍。他们可能会难以入睡，或者睡眠浅、易惊醒。有些人还会出现多梦、噩梦等情况。睡眠不足会进一步加重焦虑症状，形成恶性循环。

二、焦虑症的类型

（一）广泛性焦虑症

1.定义和特点

广泛性焦虑症是一种慢性的焦虑障碍，患者会长期处于过度担忧和焦虑的状态中。这种担忧通常是泛化的，涉及生活的多个方面，如工作、学习、家庭、健康等，而且往往没有明确的特定对象或原因。患者会持续感到不安和紧张，难以放松。

2.症状表现

除了上述提到的焦虑症的一般症状外，广泛性焦虑症患者还可能表现出以下特点：

（1）对日常琐事过度担忧：如担心天气变化、交通状况、日常用品的摆放等。

（2）难以忍受不确定性：对未来的不确定性感到极度不安，即使是很小的变化或未知因素也会引发强烈的焦虑。

（3）身体症状较为明显：可能会出现频繁的头痛、肌肉紧张、疲劳等症状，这些症状会进一步加重患者的焦虑情绪。

（二）惊恐障碍

1.定义和特点

惊恐障碍是一种以急性焦虑发作为典型表现的心理障碍。患者会突然经历强烈的惊恐发作，这种发作通常没有明显的诱因，且在短时间内达到高峰。惊恐发作时，患者会体验到极度的恐惧和不适，仿佛面临巨大的威胁或危险。

2.症状表现

（1）惊恐发作的症状：在惊恐发作期间，患者会出现一系列生理和心理症状。生理症状包括心跳急剧加速、呼吸困难、出汗、颤抖、头晕、恶心等；心理症状则包括强烈的恐惧、濒死感、失去控制感等。

（2）发作的频率和持续时间：惊恐发作通常突然发生，持续时间较短，一般在几分钟到十几分钟之间。但患者可能会反复出现惊恐发作，发作的频率因人而异，有些人可能数周或数月发作一次，而有些人则可能更频繁。

（3）对发作的预期焦虑：由于惊恐发作的不可预测性和强烈的不适感，患者往往会对再次发作产生恐惧和担忧，这种预期焦虑会进一步加重患者的心理负担，影响其日常生活和社交活动。

（三）社交焦虑症

1.定义和特点

社交焦虑症又称社交恐惧症，是一种对社交场合或与他人交往产生过度恐惧和焦虑的心理障碍。患者害怕在他人面前出丑、被评价、被批评或被拒绝，因此会尽量避免社交活动或在社交场合中感到极度紧张和不安。

2.症状表现

（1）在社交场合中的表现：在社交场合中，患者会表现出明显的焦虑症状。例如，在与人交谈时脸红、出汗、心跳加快、声音颤抖；不敢与他人对视；害怕成为众人关注的焦点；担心自己的言行举止不当等。

（2）对特定社交情境的恐惧：患者可能对某些特定的社交情境特别恐惧，如公开演讲、聚会、面试、约会等。在这些情境中，他们的焦虑程度会显著增加，甚至可能完全回避这些情境。

（3）对社交评价的过度敏感：患者非常在意他人对自己的评价和看法，往往会过度解读他人的表情、言语和行为，认为别人在对自己进行负面评价或批评。这种过度敏感会进一步加重他们的社交焦虑。

（四）特定恐惧症

1.定义和特点

特定恐惧症是指对特定的物体、情境或活动产生强烈的、不合理的恐惧。这种恐惧通常是局限于特定的对象或情境，与实际的危险程度不成比例。患者会尽量避免接触这些恐惧对象或情境，以减轻焦虑。

2.症状表现

（1）常见的恐惧对象和情境：特定恐惧症的恐惧对象多种多样，常见的包括动物（如蜘蛛、蛇、狗等）、自然环境（如高处、黑暗、雷电等）、血液、接受注射、受伤等。患者对这些特定的对象或情境会产生强烈的恐惧反应。

（2）恐惧反应的表现：当面对恐惧对象或情境时，患者会出现强烈的生理和心理反应。生理反应包括心跳加速、呼吸急促、出汗、颤抖、头晕等；心理反应则包括极度的恐惧、惊慌、想要逃离等。

三、焦虑症的诊断标准

《精神障碍诊断与统计手册》（第五版）（DSM-5）中的诊断标准包括：

（一）广泛性焦虑症诊断标准

（1）在至少6个月的多数日子里，对于诸多事件或活动（如工作或学校表现），表现出过分的焦虑和担心（忧虑性期待）。

（2）个体难以控制这种担心。

（3）这种焦虑和担心与下列六种症状中至少三种有关（在过去6个月中，至少一些症状在多数日子里存在）：①坐立不安或感到激动或紧张；②容易疲倦；③注意力难以集中或头脑一片空白；④易怒；⑤肌肉紧张；⑥睡眠障碍（难以入睡或保持睡眠，或休息不充分、质量不满意的睡眠）。

（4）这种焦虑、担心或躯体症状引起有临床意义的痛苦，或导致社交、职业或其他重要功能方面的损害。

（5）这种障碍不能归因于某种物质（如滥用毒品、滥用药物）的生理效应，或其他躯体疾病（如甲状腺功能亢进）。

（6）这种障碍不能用其他精神障碍来更好地解释（例如，像惊恐障碍中的惊恐发作或强迫症中的强迫观念、像躯体变形障碍中的外貌先占观念、像分离焦虑障碍中的与依恋对象的分离、像创伤后应激障碍中的创伤性事件的提示物、像神经性厌食症中的体重增加、像躯体症状障碍中的躯体不适、像精神分裂症或妄想障碍中的妄想信念的内容等）。

（二）惊恐障碍诊断标准

（1）反复出现不可预期的惊恐发作。一次惊恐发作是突然发生的强烈的害怕或不适感，并在几分钟内达到高峰，发作期间出现下列症状中的四项及以上：①心悸、心慌或心率加速；②出汗；③震颤或发抖；④气短或窒息感；⑤哽噎感；⑥胸痛或胸部不适；⑦恶心或腹部不适；⑧感到头昏、脚步不稳、头重脚轻或昏厥；⑨发冷或发热感；⑩感觉异常（麻木或针刺感）；⑪现实解体（感觉不真实）或人格解体（感觉脱离了自己）；⑫害怕失去控制或“发疯”；⑬濒死感。

（2）至少在一次惊恐发作之后，出现下列症状中的1～2种，且持续1个月（或更长）时间：①持续地担忧或担心再次惊恐发作或其结果（如失去控制、心脏病发作、“发疯”）。②在与惊恐发作相关的行为方面出现显著的不良变化（设计某些行为以回避惊恐发作，如回避锻炼或回避不熟悉的情境）。

（3）这种障碍不能归因于某种物质（如滥用毒品、滥用药物）的生理效应，或其他躯体疾病（如甲状腺功能亢进、心肺疾病）。

（4）这种障碍不能用其他精神障碍来更好地解释（例如，像社交焦虑障碍中在暴露于害怕的社交情境时出现的惊恐样症状、像特定恐惧症中在暴露于特定的恐惧对象或情境时出现的惊恐样症状、像强迫症中对污染或其他强迫思维的反应出现的惊恐样症状、像创伤后应激障碍中对创伤性事件的提示物出现的惊恐样症状、或像分离焦虑障碍中与依恋对象分离时出现的惊恐样症状等）。

（三）社交焦虑症诊断标准

（1）个体面对可能被他人审视的一种或多种社交情况时产生显著的害怕或焦虑。例如，社交互动（对话、会见陌生人）、被观看（吃、喝的时候），以及在他人面前表演（演讲时）等。

（2）个体害怕自己的言行或呈现的焦虑症状会导致负性的评价（即被羞辱或尴尬；导致被拒绝或冒犯他人）。

（3）社交情况几乎总是能够促发害怕或焦虑。

（4）主动回避社交情况，或带着强烈的害怕或焦虑去忍受。

（5）这种害怕或焦虑与社交情况和社会文化环境所造成的实际威胁不相称。

（6）这种害怕、焦虑或回避通常持续至少6个月。

（7）这种害怕、焦虑或回避引起有临床意义的痛苦，或导致社交、职业或其他重要功能方面的损害。

（8）这种害怕、焦虑或回避不能归因于某种物质（如滥用毒品、滥用药物）的生理效应，或其他躯体疾病。

（9）这种害怕、焦虑或回避不能用其他精神障碍的症状来更好地解释，如惊恐障碍、躯体变形障碍或孤独症（自闭症）谱系障碍。

（10）如果其他躯体疾病（如帕金森氏病、肥胖症、烧伤或外伤造成的畸形）存在，则这种害怕、焦虑或回避是明确与其不相关或过度的。

（四）特定恐惧症诊断标准

（1）对于特定的事物或情况（如飞行、高处、动物、接受注射、血液）产生显著的害怕或焦虑。

（2）恐惧的事物或情况几乎总是能够促发立即的害怕或焦虑。

（3）对恐惧的事物或情况主动地回避，或带着强烈的害怕或焦虑去忍受。

（4）这种害怕或焦虑与特定事物或情况所引起的实际危险以及所处的社会文化环境不相称。

（5）这种害怕、焦虑或回避通常持续至少6个月。

（6）这种害怕、焦虑或回避引起有临床意义的痛苦，或导致社交、职业或其他重要功能方面的损害。

（7）这种障碍不能用其他精神障碍的症状来更好地解释，如强迫症（如对污染的担心）、创伤后应激障碍（如对与严重应激源相关的刺激的回避）、分离焦虑障碍（如回避离家或离开依恋对象）、社交焦虑障碍（如因害怕难堪或尴尬而回避社交情况）等。

（五）诊断过程中的注意事项

1.全面的病史采集

医生需要详细了解患者的个人史、家族史、既往病史、心理创伤史等。个人史包括成长经历、教育背景、职业情况、人际关系等方面的信息；家族史则要关注家族中是否有精神障碍或心理疾病的患者；既往病史包括是否曾患过其他躯体疾病或心理疾病，以及治疗情况等；心理创伤史如是否经历过重大的生活事件、情感挫折等。

2.综合的症状评估

除了依据上述诊断标准中的症状表现外，还需要对症状的严重程度、持续时间、发作频率、对生活的影响等进行全面评估。例如，通过问卷、访谈等方式了解患者的焦虑程度，评估焦虑症状是否已经干扰到了患者的正常学习、工作和生活。

3.排除其他可能的原因

在诊断焦虑症时，需要排除其他可能导致类似症状的原因，如躯体疾病、药物副作用、物质滥用等。例如，甲状腺功能亢进可能会引起心悸、出汗等类似焦虑症的症状，需要通过医学检查进行鉴别诊断；某些药物（如皮质类固醇、降压药等）可能会产生焦虑等副作用，需要了解患者的用药史；物质滥用（如酒精、毒品等）也可能导致焦虑症状，需要进行相关的检查和评估。

4.多学科的协作诊断

焦虑症的诊断往往需要精神科医生、心理治疗师、心理咨询师等多学科专业人员的协作。精神科医生主要负责疾病的诊断和药物治疗；心理治疗师和心理咨询师则可以通过心理评估、心理测试等手段，为诊断提供更全面的信息，同时在心理治疗方面发挥重要作用。

焦虑症是一种复杂的心理障碍，其症状表现多样，类型也各不相同。准确的诊断需要依据严格的诊断标准，并综合考虑患者的症状、病史、心理状态等多方面因素。了解焦虑症的症状、类型和诊断标准，不仅有助于专业人员进行准确的诊断和有效的治疗，还能帮助患者及其家人更好地认识和应对焦虑症。早期识别、及时干预和综合治疗是应对焦虑症的关键，通过药物治疗、心理治疗、生活方式调整等多种手段的综合运用，可以帮助患者缓解症状，恢复正常的生活和学习。同时，社会也应该加强对焦虑症的认识和理解，减少对患者的歧视和误解，为他们提供支持和帮助。

在大学校园里，焦虑症正日益成为影响大学生心理健康的重要问题。了解其成因和有效的治疗方法对帮助大学生应对焦虑至关重要。

四、大学生焦虑症的成因

（一）学业压力

大学的学习方式与中学有很大不同，课程难度增加，专业性更强。大学生面临各种考试、论文、实验等学业任务，尤其是对一些想要争取奖学金、保研或者追求优异成绩的学生来说，学业压力更为沉重。例如，在期末考试周，很多学生可能会因为担心考试挂科、成绩不理想而陷入焦虑之中。

（二）社交压力

进入大学后，大学生需要建立新的人际关系。对于一些性格内向、不善交际的学生，融入集体、结交朋友可能会成为一种挑战。在社交场合中，他们可能会担心自己的表现不佳，害怕被他人拒绝或批评。比如，在社团活动中，一些学生因为不知道如何与他人沟通交流而感到焦虑。此外，宿舍关系也是大学生社交的重要方面，如果宿舍成员之间存在矛盾和冲突，也会给学生带来心理压力。

（三）未来发展的不确定性

大学生即将步入社会，需要考虑未来的职业规划和发展方向。然而，就业形势的严峻、职业选择的迷茫等问题都可能引发焦虑。很多大学生不清楚自己未来要从事什么工作，担心毕业后找不到合适的工作，或者担心自己的职业选择是否正确。这种对未来的不确定性会让他们陷入深深的焦虑之中。

（四）家庭因素

家庭环境对大学生的心理状态也有着重要的影响。一些家庭关系不和谐、父母期望过高或者家庭经济困难的学生，更容易产生焦虑情绪。例如，父母对孩子的学业成绩过度关注和施压，或者家庭经济困难导致学生在生活费用和学费方面存在压力，这些都可能成为焦虑的诱因。

五、焦虑症的心理治疗方式

（一）认知行为疗法（CBT）

这是一种常用的治疗焦虑症的方法。它帮助大学生识别和改变负面的思维模式和行为习惯。例如，当学生因为考试而焦虑时，CBT可以帮助他们认识到自己的过度担忧是不合理的，通过调整思维方式，如将“我肯定会挂科”转变为“我已经做好了充分的准备，尽力就好”，从而减轻焦虑情绪。同时，CBT还包括行为训练，如通过放松训练、呼吸训练等方法来缓解身体的紧张状态。

（二）团体心理辅导

将有相似焦虑问题的大学生组织在一起进行团体辅导。在团体中，学生们可以分享自己的经历和感受，互相支持和理解。通过团体活动和讨论，学生们可以学习到应对焦虑的方法和技巧，同时也能感受到自己不是孤单的，增强应对焦虑的信心。

（三）自我调节

1.运动锻炼

适度的运动可以促进身体分泌内啡肽等神经递质，这些物质能够改善情绪，减轻焦虑。大学生可以选择自己喜欢的运动方式，如跑步、游泳、瑜伽等，定期进行锻炼。例如，每周安排几次跑步活动，不仅可以增强身体素质，还能缓解心理压力。

2.放松训练

深呼吸、冥想、渐进性肌肉松弛等放松训练方法可以帮助大学生减轻身体的紧张感，缓解焦虑情绪。比如，在睡前进行几分钟的深呼吸练习，或者在感到焦虑时找一个安静的地方进行冥想，都有助于放松身心。

3.时间管理

合理安排时间可以减轻因学业和生活压力带来的焦虑。大学生可以制订详细的学习和生活计划，明确每天的任务和目标，避免拖延和临时抱佛脚。例如，将一天的时间划分成不同的时间段，分别用于学习、休息、社交等活动，提高学习和生活的效率。

4.学校支持

（1）心理咨询服务。学校应配备专业的心理咨询师，为学生提供心理咨询服务。大学生可以主动寻求心理咨询师的帮助，倾诉自己的烦恼和焦虑，获取专业的建议和指导。心理咨询师可以根据学生的具体情况制订个性化的治疗方案。

（2）心理健康教育。学校可以通过开展心理健康教育课程、讲座、宣传活动等方式，普及心理健康知识，提高大学生对焦虑症的认识和应对能力。例如，举办关于焦虑症的专题讲座，介绍焦虑症的症状、成因和治疗方法，让学生能够更好地了解和应对自己的心理问题。

小结：大学生焦虑症的成因是多方面的，需要综合考虑个人、家庭、学校和社会等因素。通过心理治疗、自我调节和学校支持等多种方法的综合运用，可以有效地帮助大学生应对焦虑症，促进他们的心理健康和全面发展。

微课 8-2

抑郁症

第二节　抑郁症

一、抑郁症的情绪表现

抑郁症最显著的表现之一是持续的情绪低落。大学生可能会感到悲伤、沮丧、绝望，对以往感兴趣的事物失去兴趣或乐趣。这种情绪低落并非短暂的心情不好，而是长时间存在，且难以通过自我调节或外界的积极因素得到改善。

二、抑郁症的认知表现

注意力和记忆力下降。难以集中注意力学习或完成日常任务，记忆力减退，导致学习成绩下滑或工作效率降低。自我否定和自责。对自己过度批评，认为自己毫无价值、无能或有罪。常常将失败和错误归咎于自己，即使这些并非完全由个人原因造成。

消极的思维模式。看待事物往往持有悲观、消极的态度，对未来感到无望，觉得情况不会好转，甚至产生自杀的念头。

三、抑郁症的躯体反应

（1）睡眠障碍。可能表现为入睡困难、早醒或睡眠过多。睡眠质量差进一步影响情绪和身体状态。

（2）食欲改变。有的大学生可能会食欲不振，导致体重下降；而有的大学生则可能出现食欲亢进，通过过度进食来缓解内心的痛苦，从而导致体重增加。

（3）疲劳和乏力。即使没有进行高强度的活动，也会感到极度疲倦，缺乏精力去参与日常活动。

（4）身体疼痛。可能会出现头痛、背痛、肌肉酸痛等各种不明原因的身体疼痛。

四、抑郁症的行为应对

（1）社交退缩。不愿参加社交活动，回避与他人交往，喜欢独处。

（2）活动减少。日常活动变得迟缓，动作变慢，对原本喜欢的运动、娱乐活动失去兴趣。

（3）学习或工作表现下降。由于注意力不集中、动力缺乏等原因，在学业或工作上表现不佳，可能出现旷课、逃课、拖延作业等情况。

五、心理社会因素

（一）应激性生活事件

重大的生活挫折，如亲人离世、失恋、学业或就业压力等，都可能成为抑郁症的诱发因素。这些应激事件会打破个体的心理平衡，引发消极的情绪反应。

（二）人格特质

某些人格特质，如神经质、低自尊、完美主义等，使个体更容易在面对困难时产生消极的自我评价和情绪反应，增加患抑郁症的风险。

（三）不良的认知模式

消极的思维方式，如过度概括、灾难化思维、自我贬低等，会影响个体对事件的解读和应对方式，容易导致抑郁情绪的产生和持续。

六、抑郁症的严重程度

抑郁症的严重程度可分为轻度、中度和重度。

（一）轻度抑郁症

情绪低落的程度相对较轻，对日常生活和社会功能的影响较小。患者仍能进行基本的学习和工作，但效率有所下降，社交活动有所减少，睡眠和食欲可能有一定程度的改变，但总体生活尚能自理。

（二）中度抑郁症

情绪低落更为明显，对学习、工作和社交产生较大影响。患者可能在完成日常任务时感到困难，需要付出更多的努力。睡眠和食欲问题较为突出，身体疲劳感增强，自我否定的想法增多，可能会出现短暂的缺勤或逃避社交的情况。

（三）重度抑郁症

患者的情绪极度低落，几乎完全丧失对生活的兴趣和希望，无法进行正常的学习、工作和社交活动。可能出现严重的睡眠障碍、食欲紊乱，身体疼痛加剧，甚至出现自杀企图或行为。重度抑郁症患者往往需要立即接受专业的治疗和监护。

七、抑郁症的诊断要点

（一）症状标准

根据《精神障碍诊断与统计手册》（第五版）（DSM-5）中的诊断标准，抑郁症的诊断通常需要以下症状中的至少5项，且这些症状至少持续2周：

（1）几乎每天大部分时间都心境抑郁，自我报告（如感到悲伤、空虚、无望）或他人观察（如流泪）到的抑郁表现。

（2）几乎每天或每天的大部分时间，对所有或几乎所有活动的兴趣或乐趣明显减少。

（3）在未节食的情况下体重明显减轻或增加，或几乎每天食欲减退或增加。

（4）几乎每天都失眠或睡眠过多。

（5）几乎每天都精神运动性激越或迟滞（由他人观察到的情况，不仅仅是主观感受到的不安或变慢）。

（6）几乎每天都疲劳或精力不足。

（7）几乎每天都感到自己毫无价值，或过分地、不适当地感到内疚（可达妄想程度）。

（8）几乎每天都存在思考或注意力集中的能力减退或犹豫不决。

（9）反复出现死亡的想法（而不仅仅是恐惧死亡），反复出现没有特定计划的自杀意念，或有某种自杀企图，或有某种实施自杀的特定计划。

需要注意：如果有以上条款症状的可以及时联系学校心理健康中心进行专业帮助。

（二）病程标准

上述症状持续至少2周。

（三）严重程度标准

症状引起临床显著的痛苦，或导致社交、职业或其他重要功能方面的损害。

（四）排除标准

这些症状不能归因于某种物质（如药物滥用、药物治疗）的生理效应，或其他躯体疾病（如甲状腺功能减退）。

需要注意：在诊断大学生抑郁症时，还需要特别考虑以下因素：

（1）大学生所处的特殊环境和发展阶段。大学期间大学生会面临学业压力、人际关系建立、未来职业规划等诸多挑战，这些因素可能加重或诱发抑郁症。

（2）与其他心理障碍的共病情况。抑郁症常与焦虑症、强迫症、进食障碍等其他心理障碍共病，需要仔细鉴别和综合评估。

（3）个体差异。每个大学生的性格特点、应对方式、家庭背景等都有所不同，这些因素会影响抑郁症的表现和诊断。

小结：对大学生抑郁症的诊断，需要综合考虑多方面的因素，包括症状表现、严重程度、病程、排除其他原因等。同时，需要专业的心理健康工作者通过详细的面谈、心理评估和必要的医学检查来做出准确的诊断。早期诊断和及时治疗对抑郁症患者的康复至关要，学校、家庭和社会应共同关注大学生的心理健康，为他们提供支持和帮助。

八、抑郁症的发病机制

在大学生心理健康领域，抑郁症是一个需要深入研究和关注的重要问题。了解抑郁症的发病机制以及有效的干预措施，对于预防和治疗大学生抑郁症具有重要意义。

（一）神经递质失衡

神经生物学因素、血清素、多巴胺和去甲肾上腺素等在情绪调节中起着关键作用。抑郁症患者往往存在这些神经递质的分泌不足或功能紊乱，导致情绪调节失常，出现抑郁症状。

（二）神经内分泌异常

下丘脑-垂体-肾上腺轴（HPA轴）的过度活跃是抑郁症常见的神经内分泌改变。长期的应激可能导致HPA轴持续激活，分泌过多的皮质醇，对大脑神经细胞产生损伤，影响情绪和认知功能。

（三）大脑结构和功能改变

抑郁症患者的大脑可能存在结构和功能的变化，如海马体萎缩、前额叶皮质活动降低等。这些变化可能影响大脑对情绪的处理和应对能力。

（四）遗传因素

遗传因素在抑郁症的发病中也起到一定作用。相关研究发现，如果亲属中有抑郁症患者，个体患抑郁症的风险会增加。但遗传并非唯一的决定因素，环境因素在抑郁症的发生中也起着重要的调节作用。

九、抑郁症的干预措施

（一）药物治疗

1.作用机制

抗抑郁药物通过调节神经递质的水平来改善抑郁症状。例如，选择性5-羟色胺再摄取抑制剂（SSRI）可以增加大脑中血清素的浓度，从而缓解情绪低落、兴趣缺乏等症状。

2.适用情况

对于中度至重度抑郁症患者，药物治疗通常是首选的治疗方法。在症状严重影响生活、学习和工作，或者存在自杀风险时，药物治疗可以迅速缓解症状，稳定情绪。

3.注意事项

药物治疗需要在专业医生的指导下进行，遵循个体化的用药原则。治疗过程中可能会出现一些副作用，如恶心、头晕、嗜睡等，但通常会在一段时间后减轻或消失。同时，患者不应自行停药或增减药量，以免影响治疗效果或导致病情复发。

（二）心理治疗

1.认知行为疗法（CBT）

CBT旨在帮助患者识别和改变负面的思维模式和行为习惯。通过挑战和纠正消极的自动思维，培养更积极、合理的认知方式，从而改善情绪和行为。例如，对于因考试失败而陷入抑郁的学生，治疗师会帮助他们认识到一次失败并不代表永远失败，改变“我是个失败者”的消极信念。

2.人际治疗（IPT）

IPT关注人际关系对情绪的影响，帮助患者处理人际冲突、改善人际关系，从而缓解抑郁症状。对于因与同学或家人关系紧张而抑郁的大学生，IPT可以帮助他们学会更好地沟通和解决人际问题。

3.心理动力学治疗

通过探索潜意识中的冲突和情感，帮助患者理解自己的内心世界，促进人格的成长和情绪的调节。

（三）物理治疗

1.电休克治疗（ECT）

ECT对严重的、有自杀倾向或药物治疗无效的抑郁症患者可能是一种有效的治疗选择。它通过短暂的电流刺激大脑，引起大脑的电生理活动改变，从而快速缓解抑郁症状。

2.重复经颅磁刺激（rTMS）

rTMS是一种无创的物理治疗方法，通过磁场刺激大脑特定区域，调节神经活动，改善抑郁症状。

（四）自我调节和社会支持

1.健康的生活方式

保持规律的作息、合理的饮食和适度的运动对于改善情绪非常重要。运动可以促进身体分泌内啡肽等神经递质，有助于缓解抑郁情绪。

2.情绪管理技巧

学习放松技巧，如深呼吸、冥想、渐进性肌肉松弛等，可以帮助患者在感到焦虑或抑郁时放松身心。

3.社会支持

良好的家庭关系、朋友的支持以及学校的心理健康服务都能为抑郁症患者提供情感上的支持和实际的帮助。学校可以开展心理健康教育活动，提供心理咨询服务，营造关爱和支持的校园氛围。

需要注意：对于大学生抑郁症患者，综合运用多种干预措施往往能取得更好的效果。早期干预、及时治疗以及全社会的共同关注和支持，将有助于大学生抑郁症患者战胜疾病，恢复心理健康，重新拥抱美好的大学生活。同时，加强对抑郁症的科普宣传，消除对抑郁症的误解和歧视，也是促进抑郁症防治工作的重要环节。

微课 8-3

强迫症

第三节　强迫症

在大学生心理健康领域，强迫症是一种需要引起关注的心理障碍。了解强迫症的特征、强迫思维和强迫行为的表现，对早期识别和应对具有重要意义。

一、强迫症的特征

强迫症是以反复出现的强迫观念、强迫冲动或强迫行为等为主要表现的一种心理障碍。这些症状通常是不合理的、过度的，并且会给患者带来明显的痛苦和困扰，严重影响其日常生活、学习和社交功能。

二、强迫思维的表现

（一）担心污染

大学生可能会过度担心自己被细菌、病毒或其他污染物感染，即使在正常的清洁环境中也会觉得不干净。例如，不停地洗手、洗澡，避免接触被认为可能带有病菌的物品或表面。

（二）怀疑与不确定

总是对自己的记忆、判断或行为产生怀疑，即使没有足够的证据支持这种怀疑。比如，反复检查是否锁好了门、关好了窗户，即使已经确认过多次。

（三）对称与精确的需求

对物品的排列、摆放或事情的顺序有严格的要求，追求绝对的对称和精确。比如，书桌上的物品必须摆放得整整齐齐，否则就会感到极度不安。

（四）禁忌的想法

脑海中出现一些违反道德、伦理或令人不安的想法，如伤害他人、亵渎神灵等，尽管自己并不愿意有这样的想法，但无法控制它们的出现。

三、强迫行为的表现

（一）频繁清洁与洗涤

过度且频繁地清洁身体、衣物、环境等，以消除被污染的感觉。比如，每天花费大量时间打扫宿舍、清洗衣物。

（二）反复检查

反复检查某些事物的状态，如电器是否关闭、作业是否完成无误等。有的同学可能会在出门前多次检查书包里的物品。

（三）计数与重复

进行无意义的计数，或者重复某些动作或话语。比如，上下楼梯时必须数台阶的数量，或者重复某个单词多次。

（四）过度排序与整理

过度整理物品，按照特定的顺序或方式排列。比如，将书籍按照颜色、大小严格排列。

需要注意：偶尔出现一些类似的想法或行为并不意味着患有强迫症。只有当这些想法和行为频繁出现、难以控制，并对个人的生活造成显著影响时，才可能是强迫症的表现。对大学生来说，如果发现自己或身边的同学有类似的困扰，应及时寻求专业的心理咨询和帮助。学校也应提供相应的心理健康教育和支持服务，帮助大学生更好地应对强迫症等心理问题，保持良好的心理健康状态，顺利完成学业和实现个人成长。

四、强迫症的形成原因

在大学生群体中，强迫症可能会对学习、生活和心理健康产生重大影响。了解强迫症的形成原因和有效的治疗策略，对大学生应对这一心理障碍至关重要。强迫症的形成原因有：

（一）遗传因素

研究表明，强迫症具有一定的遗传倾向。如果家族中有强迫症患者，个体患强迫症的风险可能会增加。遗传因素可能影响大脑中的神经递质系统和神经回路，从而使某些人更容易出现强迫症症状。

（二）神经生物学因素

大脑结构和功能异常。强迫症患者的大脑可能存在一些结构和功能上的变化。例如，某些脑区的活动异常，如额叶-纹状体回路的功能失调，可能与强迫症的发生有关。

神经递质失衡：血清素等神经递质在情绪和行为调节中起着重要作用。强迫症患者可能存在血清素系统的异常，导致情绪调节和行为控制出现问题。

（三）心理因素

1.完美主义倾向

许多大学生具有较高的自我要求和完美主义倾向。他们对自己的行为和表现要求过高，不容许有任何错误或不完美之处。这种完美主义心态可能会逐渐发展为强迫症，表现为对细节的过度关注和反复检查。

2.焦虑和压力

大学生面临着学业、社交、未来职业规划等多方面的压力。长期处于高焦虑状态下，个体可能会通过强迫行为来缓解焦虑。例如，反复洗手可能是为了减轻对细菌感染的恐惧和焦虑。

3.童年经历和创伤

不良的童年经历，如严厉的家庭教育、情感忽视、创伤事件等，可能会影响个体的心理发展，增加患强迫症的风险。这些经历可能导致个体形成特定的心理防御机制，表现为强迫症状。

五、强迫症的治疗策略

（一）认知行为疗法（CBT）

CBT是治疗强迫症的常用方法之一。它包括认知重构和行为疗法两个部分。认知重构帮助患者识别和挑战不合理的思维模式，如过度的完美主义、灾难化思维等。行为疗法则通过暴露与反应预防（ERP）来帮助患者逐渐面对引发强迫症状的情境，而不进行强迫行为。例如，对于有反复洗手强迫症的学生，治疗师会逐渐引导他们接触被认为“脏”的物品，而不进行洗手行为，以打破强迫行为的循环。

（二）森田疗法

森田疗法强调顺其自然、为所当为。患者学会接受自己的症状和情绪，不与其对抗，并将注意力转移到正常的生活和学习中。对强迫症患者来说，这意味着不再过分关注强迫症状，而是积极参与各种活动，逐渐减少症状对生活的影响。

（三）药物治疗

1.抗抑郁药物

一些抗抑郁药物，如选择性5-羟色胺再摄取抑制剂（SSRI），对强迫症有一定的治疗效果。这些药物可以调节大脑中的神经递质水平，减轻强迫症状和焦虑情绪。药物治疗通常需要在医生的指导下进行，并且可能需要一段时间才能看到明显的效果。

2.联合治疗

心理治疗和药物治疗相结合往往能取得更好的治疗效果。药物可以缓解症状，心理治疗则可以帮助患者改变思维模式和行为习惯，提高应对强迫症的能力。

（四）自我管理策略

1.放松训练

学习放松技巧，如深呼吸、冥想、渐进性肌肉松弛等，可以帮助患者减轻焦虑和紧张情绪，减少强迫症状的触发。

2.规律生活

保持规律的作息时间、合理的饮食和适度的运动，有助于维持身心健康，提高心理韧性。

3.寻求支持

与家人、朋友或心理健康专业人士交流，分享自己的感受和经历，获得情感支持和理解。大学生可以参加学校的心理健康支持小组或咨询服务，与其他有类似问题的同学互相支持和鼓励。

小结：强迫症是一种复杂的心理障碍，其形成原因涉及遗传、神经生物学和心理等多个方面。对大学生来说，了解强迫症的形成原因和治疗策略，可以帮助他们更好地应对这一问题。通过心理治疗、药物治疗和自我管理策略的综合运用，大学生可以有效地控制强迫症症状，提高生活质量，实现身心健康和全面发展。

第四节　心理障碍的临床表现与识别

在大学生群体中，了解一些常见的心理障碍对维护自身心理健康至关重要。以下将简要介绍精神分裂症、双相情感障碍和进食障碍的症状和特点。

一、精神分裂症

（一）症状

幻觉：这是精神分裂症常见的症状之一。患者可能会听到不存在的声音，看到不存在的事物，或者感觉到不存在的触摸等。例如，听到有人在耳边说话，但周围并没有人。

妄想：患者会产生一些不切实际的信念，且坚信不疑。常见的妄想有被害妄想，即认为自己被人跟踪、监视、陷害等；还有关系妄想，觉得周围的事物都与自己有关。

思维紊乱：表现为言语不连贯、逻辑混乱，难以理解其表达的意思。说话内容可能会突然从一个话题跳到另一个毫无关联的话题。

情感淡漠：对周围的人和事物缺乏情感反应，表情呆板，对亲人的关心也无动于衷。

行为异常：可能出现怪异的行为，如无故发笑、自言自语、冲动攻击行为等。

（二）特点

起病隐匿：精神分裂症的发病通常比较缓慢，早期症状可能不明显，容易被忽视。

病程迁延：一旦发病，往往病程较长，且容易反复发作。

影响社会功能：严重影响患者的学习、工作和人际交往能力，使其难以正常生活。

二、双相情感障碍

（一）症状

1.躁狂发作

情绪高涨：患者感到极度兴奋、愉悦，自我感觉良好，甚至可能出现夸大妄想。

活动增多：精力充沛，整日忙碌不停，参与各种活动，但往往虎头蛇尾，难以坚持完成。

言语增多：说话速度快，滔滔不绝，内容夸张。

睡眠需求减少：即使睡眠时间很少，也不觉得疲倦。

2.抑郁发作

情绪低落：感到悲伤、绝望、无助，对生活失去兴趣。

活动减少：变得懒散，不想动，回避社交活动。

思维迟缓：思考问题困难，注意力不集中，记忆力下降。

睡眠障碍：可能出现失眠或睡眠过多。

（二）特点

（1）周期性发作：双相情感障碍的患者会在躁狂和抑郁状态之间交替发作，有时也可能出现混合发作的情况。

（2）情绪波动大：患者的情绪变化非常剧烈，从极度兴奋到极度低落，给患者本人和身边的人带来很大的困扰。

（3）自杀风险高：在抑郁发作期间，患者可能会出现自杀的念头和行为，尤其是有过多次发作的患者。

三、进食障碍

（一）症状

1.神经性厌食症

对体重和体型的过度关注：患者害怕体重增加，即使已经很瘦，仍认为自己很胖。

限制饮食：严格控制食物的摄入量，甚至拒绝进食。

体重明显下降：长期节食，导致体重低于正常标准。

身体并发症：可能出现闭经、脱发、贫血、低血压等身体问题。

2.神经性贪食症

反复发作的暴食行为：在短时间内摄入大量食物，感觉无法控制自己的进食。

补偿行为：为了防止体重增加，患者会采取催吐、过度运动、滥用泻药等补偿行为。

情绪问题：暴食后常常会有内疚、羞愧、焦虑等负面情绪。

（二）特点

（1）多见于青少年和年轻女性：进食障碍在大学生群体中，尤其是女生中较为常见。

（2）与心理因素密切相关：往往与对自身形象的不满、压力、情绪问题等心理因素有关。

（3）影响身体健康：长期的进食障碍会对身体造成严重的损害，甚至危及生命。

大学生在面对学习和生活的压力时，要关注自己的心理健康，一旦发现有上述心理障碍的症状，应及时寻求专业的帮助。学校也应加强心理健康教育，提供心理咨询服务，为大学生的心理健康保驾护航。

四、精神分裂症的识别

（一）观察日常行为表现

（1）注意是否出现怪异行为，如无故发笑、自言自语、突然做出一些难以理解的动作等。

（2）观察其社交行为是否有明显变化，如突然变得孤僻、回避与人交往，或者对他人的态度变得冷漠。

（3）查看是否有冲动攻击行为，这可能是病情发作的表现之一。

（二）倾听言语和思维表达

（1）与患者交流时，注意其言语是否连贯、逻辑是否清晰。如果说话内容频繁跳跃、前言不搭后语，可能存在思维紊乱的情况。

（2）留意是否提及幻觉相关内容，如听到别人听不到的声音、看到别人看不到的东西等。

（3）关注是否存在妄想表现，如总是怀疑有人要害自己、觉得周围的事情都与自己有特殊关系等。

（三）关注情绪和情感反应

（1）观察患者对日常事件的情感反应是否正常。如果对原本应该引起情绪波动的事情毫无反应，情感淡漠，可能是精神分裂症的症状之一。

（2）注意患者的情绪是否稳定，是否会突然出现没有明显原因的情绪变化。

（四）寻求专业评估

（1）如果发现身边的人有疑似精神分裂症的症状，应及时建议其到学校的心理健康中心或专业的精神科医院进行评估。

（2）专业医生会通过详细的问诊、心理测试以及必要的身体检查来判断是否患有精神分裂症。

五、双相情感障碍的识别

（一）观察情绪波动

（1）留意身边的人是否在一段时间内情绪异常高涨，表现得极度兴奋、愉悦，充满活力，然后又在另一段时间内情绪极度低落、沮丧、无助。

（2）观察情绪高涨和低落的转换是否比较突然，且没有明显的外部原因。

（二）关注行为变化

（1）在躁狂发作时，注意患者是否活动增多，整日忙碌不停，参与各种活动但难以坚持完成。

（2）在抑郁发作时，观察患者是否出现活动减少、懒散、回避社交等行为。

（三）倾听言语表达

（1）在躁狂状态下，患者言语增多、语速加快、内容夸张，可通过交流观察是否有这些表现。

（2）在抑郁状态下，注意患者是否言语减少、思维迟缓、表达困难。

（四）借助专业诊断

（1）如果怀疑有人可能患有双相情感障碍，应鼓励其寻求专业心理咨询师或精神科医生的帮助。

（2）专业人员会通过详细的病史询问、症状评估和心理测试来确定患者是否患有双相情感障碍。

六、进食障碍的识别

（一）观察饮食习惯和身体变化

（1）注意是否对体重和体型过度关注，经常谈论减肥、对食物表现出异常的态度。

（2）观察是否有严格限制饮食的行为，如吃得极少甚至拒绝进食，或者在短时间内摄入大量食物后又采取催吐、过度运动、滥用泻药等补偿行为。

（3）关注体重变化，是否出现明显的体重下降（神经性厌食症）或体重波动较大（神经性贪食症）。

（4）查看是否有身体并发症，如闭经、脱发、贫血、低血压等。

（二）关注情绪状态

（1）在神经性贪食症患者暴食后，注意其是否表现出内疚、羞愧、焦虑等负面情绪。

（2）观察神经性厌食症患者是否因限制饮食而情绪低落、焦虑不安。

（三）及时沟通了解

（1）与有疑似进食障碍的人进行坦诚的交流，了解他们对自己身体和饮食的看法、感受。

（2）询问是否有关于饮食和体重的不合理观念或强迫性思维。

（四）寻求专业帮助

（1）如果怀疑某人有进食障碍，应建议其到学校的心理健康中心或专业的医疗机构进行评估和诊断。

（2）专业人员会通过身体检查、心理评估等方式确定患者是否患有进食障碍，并制订相应的治疗方案。

【心理行为拓展】

同学们，大学生活丰富多彩，但也可能暗藏心理健康的“暗礁”。在这片知识的海洋中航行，了解常见心理障碍至关重要。就像航海需要灯塔指引方向，识别心理障碍是保障我们心理健康的关键。它能让我们及时察觉自身或他人可能存在的问题，避免在不知不觉中陷入困境。其中，了解贝克抑郁量表对我们来说至关重要。早期识别如同在问题萌芽时就采取行动，为干预和治疗争取宝贵时机。让我们走进这一章，揭开常见心理障碍的神秘面纱，武装自己，以更好地呵护心灵，在大学的旅程中稳健前行。

亲爱的同学们，在进行贝克抑郁量表测量之前，让我们了解一下这个过程的意义。贝克抑郁量表是一个被广泛应用的工具，它可以帮助我们了解自己当前的情绪状态。大学生活中，我们可能会面临各种压力和挑战，有时情绪会受到影响。通过这个量表，我们能更客观地认识自己的心理状况，以便在需要时及时采取措施调整。这是一个自我探索的机会，让我们以坦诚的态度面对，对自己的心理健康负责，开启这段了解内心情绪的旅程。

（一）量表题目

指导语：这个量表共有21组题目，请仔细阅读每一组的题目，然后根据你最近一周（包括当天）的实际情况，选择最符合你的一项描述。

1.A.我不感到悲伤

B.我感到悲伤

C.我始终悲伤，不能自制

D.我太悲伤或不愉快，不堪忍受

2.A.我对将来并不失望

B.对未来我感到心灰意冷

C.我感到前景黯淡
D.我觉得将来毫无希望，无法改善
3.A.我没有感到失败
B.我觉得比一般人失败要多些
C.回首往事，我能看到的是很多次失败
D.我觉得我是一个完全失败的人
4.A.我从各种事件中得到很多满足
B.我不能从各种事件中感受到乐趣
C.我不能从任何事件中得到真正的满足
D.我对一切事情不满意或感到枯燥无味
5.A.我不感到有罪过
B.我在相当的时间里感到有罪过
C.我在大部分时间里觉得有罪
D.我在任何时候都觉得有罪
6.A.我没有觉得受到惩罚
B.我觉得可能会受到惩罚
C.我预料将受到惩罚
D.我觉得正受到惩罚
7.A.我对自己并不失望
B.我对自己感到失望
C.我讨厌自己
D.我恨自己
8.A.我觉得并不比其他人更不好
B.我对自己的缺点和错误常自我反省
C.我经常责备自己的过失
D.每次发生糟糕的事情，我都责备自己
9.A.我没有任何自杀的想法
B.我有自杀的念头，但不会真去自杀
C.我很想自杀
D.如果有机会我就会自杀
10.A.我并不容易哭
B.我比过去爱哭了
C.我现在经常哭
D.我过去能哭，但现在即使想哭也哭不出来
11.A.我并不比过去容易激惹
B.我比过去容易激惹或生气
C.我非常容易激惹或生气
D.我的脾气一触即发
12.A.我对他人的兴趣没有减少

B.我对他人的兴趣比过去降低了
C.我对他人的兴趣已丧失大部分
D.我对他人的兴趣已完全丧失
13.A.我与过去一样能做决定
B.我推迟做出决定比过去多了
C.我作决定比以前困难大得多
D.我完全不能作决定
14.A.我觉得自己看上去和过去一样
B.我担心自己看上去老了或没有以前好看
C.我觉得自己的外貌变得不好看了，而且是永久性的改变
D.我认为自己很丑
15.A.我能像平时一样工作
B.我要经一番特别努力才能开始做事
C.我做任何事都必须付出很大的努力，强迫自己去做
D.我完全不能工作
16.A.我睡眠像平时一样好
B.我睡眠不如过去好
C.我比过去早醒1～2小时，难以再入睡
D.我比过去早醒几个小时，不能再入睡
17.A.我并不感到比平时更疲乏
B.我比过去更容易疲乏
C.我做任何事都感到疲乏无力
D.我太疲乏无力，不能做任何事情
18.A.我的食欲与过去一样好
B.我的食欲不如过去好
C.我的食欲很差
D.我完全没有食欲
19.A.最近我的体重没有减轻多少
B.我的体重减轻了5斤以上
C.我的体重减轻了10斤以上
D.我的体重减轻了15斤以上
20.A.我对性的兴趣没有降低
B.我对性的兴趣比过去降低了
C.我现在对性的兴趣严重缺乏
D.我对性完全丧失兴趣
21.A.我并不感到比平时更焦虑
B.我比过去容易焦虑
C.我无缘无故地感到焦虑
D.我非常容易焦虑，甚至不能静坐

（二）计分方法

A为0分、B为1分、C为2分、D为3分，累计所有题目的得分得出总分。

0～9分：正常范围，无抑郁或极轻微抑郁；10～18分：轻度抑郁；19～29分：中度抑郁；30～63分：重度抑郁。

请注意，这个量表仅供参考，不能作为诊断抑郁症的唯一依据。如果怀疑自己有抑郁倾向，应及时寻求专业心理老师的帮助。

本章小结

本章聚焦大学生常见心理障碍，详细阐述多种障碍特征。焦虑症表现为心理与生理症状，分多种类型，成因涉及学业、社交等压力，可通过多种方式治疗。抑郁症在情绪、认知、躯体和行为上有典型特征，发病机制复杂，干预措施多样。强迫症以强迫观念和行为为主要表现，形成受遗传、心理等因素影响，治疗策略涵盖认知行为疗法等。精神分裂症、双相情感障碍和进食障碍也各有其独特症状、特点及识别要点。了解这些心理障碍，有助于大学生关注自身及他人心理健康，及时发现与应对问题，学校和社会也应提供相应支持与帮助，共同促进大学生心理健康发展。

※学习园地※

●互动思考题

1.请通过本章【心理行为拓展】中的测试对自己的情绪进行测评。

2.讨论一下“焦虑”“抑郁”“强迫症”的典型表现。

3.当你发现身边的人存在“焦虑”“抑郁”等情绪时，请及时联系辅导员和心理老师。

第九章 大学生的心理咨询与心理治疗

学习目标

本章学习内容不仅可以培养大学生运用心理咨询的原理和方法在日常生活、学业中进行自我心理调适和情绪管理，还能够培养大学生在面对心理问题时，主动求助专业心理咨询，直面心理危机，全面提升其个体的心理素质，促进其健康、积极、向上的生活态度，助力个人全面发展。通过对心理咨询的内容、原则以及心理治疗中的流派和技能的学习、了解，解决当代大学生的心理问题，促进个人成长、助力学业，提升校园生活质量。

在大学生的成长过程中，面临着各种学业压力、人际关系挑战、未来发展困惑等问题，心理咨询逐渐成为一种重要的支持和帮助手段。了解心理咨询的定义、功能和意义，对大学生正确认识和利用心理咨询资源至关重要。

第一节 心理咨询的概念与作用

微课 9-1

心理咨询的定义

一、心理咨询的定义

心理咨询是指专业的心理咨询师运用心理学的理论和方法，通过与来访者建立良好的信任关系，进行沟通、交流和互动，帮助来访者解决心理问题、改善心理状态、促进个人成长的过程。

心理咨询的过程是保密的、尊重来访者的，咨询师不会对来访者进行批评、指责或评判，而是以理解、接纳和支持的态度，引导来访者探索自己的内心世界，发现问题的根源，并找到适合自己的解决方法。

微课 9-2

心理咨询的功能

二、心理咨询的功能

（一）解决心理问题

大学生在学习和生活中可能会遇到各种心理问题，如焦虑、抑郁、人际关系困扰、学业压力等。心理咨询师可以通过倾听、提问、分析等方式，帮助来访者理解自己的情绪和行为，找到问题的症结所在，并提供有效的应对策略和方法。

例如，对于因考试焦虑而影响学习的学生，咨询师可以帮助他们认识到焦虑的来源，学习放松技巧和应对考试的方法，从而减轻焦虑情绪，提高学习效率。

（二）促进个人成长

心理咨询不仅仅是解决问题，还可以帮助大学生更好地认识自己、发展自己。咨询师可以通过引导来访者反思自己的价值观、兴趣爱好、优势和不足等，帮助他们明确自己的人生目标和方向，提高自我认知和自我管理能力，促进个人的成长和发展。

比如，对未来职业发展感到迷茫的学生，咨询师可以帮助他们了解自己的职业兴趣和能力，探索不同的职业选择，制定职业规划，从而更加明确自己的未来方向。

（三）改善人际关系

良好的人际关系对于大学生的身心健康和发展至关重要。心理咨询可以帮助大学生提高人际交往能力，改善人际关系。咨询师可以通过分析来访者的人际关系模式，帮助他们理解他人的行为和感受，学习有效的沟通技巧和冲突解决方法，从而建立更加健康、和谐的人际关系。

例如，对于与宿舍同学关系紧张的学生，咨询师可以帮助他们分析冲突的原因，学习沟通和妥协的技巧，改善宿舍关系。

三、心理咨询的意义

（一）维护心理健康

大学生正处于身心发展的关键时期，面临着各种压力和挑战，容易出现心理问题。心理咨询可以及时发现和解决大学生的心理问题，预防心理疾病的发生，维护大学生的心理健康。

通过心理咨询，大学生可以学会正确地应对压力和挫折，调整自己的心态和情绪，提高心理韧性和适应能力，从而更好地应对学习和生活中的各种困难。

（二）提高学习效率

心理问题会影响大学生的学习效率和学业成绩。通过心理咨询，解决心理问题，改善心理状态，可以帮助大学生提高学习的积极性和主动性，增强学习的动力和信心，提高学习效率和学业成绩。

例如，对于因焦虑而无法集中注意力学习的学生，通过心理咨询缓解焦虑情绪后，他们可以更加专注地学习，提高学习效率。

（三）促进全面发展

心理咨询不仅关注大学生的心理问题，还注重促进大学生的全面发展。通过心理咨询，大学生可以更好地认识自己、发展自己，提高自我认知和自我管理能力，培养良好的心理素质和人格品质，为未来的发展奠定坚实的基础。

同时，心理咨询也可以帮助大学生提高人际交往能力、团队合作能力和社会适应能力，促进他们在德、智、体、美等方面的全面发展。

四、澄清对心理咨询的误解和偏见

（一）心理咨询不是软弱的表现

很多大学生认为去做心理咨询是软弱的表现，只有那些无法自己解决问题的人才会去寻求帮助。然而，这种观念是错误的。事实上，寻求心理咨询是一种勇敢和明智的选择。每个人在生活中都会遇到困难和挑战，有时候我们需要专业的帮助来更好地应对这些问题。心理咨询并不是承认自己的失败，而是一种积极主动地寻求成长和改变的方式。

（二）心理咨询不是精神病治疗

有些人将心理咨询与精神病治疗混为一谈，认为去做心理咨询就意味着自己有精神病，这是一种极大的误解。心理咨询主要针对的是一般性的心理问题和发展性问题，如情绪困扰、人际关系问题、职业规划等。而精神病治疗则是针对严重的精神疾病，如精神分裂症、抑郁症等。心理咨询师通常没有处方权，不能进行药物治疗，他们主要通过谈话和心理干预的方式来帮助来访者。

（三）心理咨询是保密的

很多大学生担心自己的隐私会被泄露，因此不敢去做心理咨询。实际上，心理咨询是严格保密的。咨询师有职业道德和法律义务保护来访者的隐私，不会将来访者的信息透露给任何人。在咨询过程中，来访者可以放心地分享自己的内心世界，不用担心被他人知道。

（四）心理咨询不是一次性的

有些人认为心理咨询可以一次性解决所有问题，这是不现实的。心理咨询通常是一个过程，需要来访者和咨询师共同努力，多次交流和探讨才能取得良好的效果。每个人的问题都是复杂的，需要时间来深入了解和解决。来访者应该有耐心和信心，积极配合咨询师的工作，共同探索适合自己的解决方案。

小结：心理咨询对大学生来说具有重要的功能和意义。大学生应该正确认识心理咨询，消除对心理咨询的误解和偏见，当遇到心理问题时，勇敢地寻求心理咨询的帮助，充分利用心理咨询资源，促进自己的身心健康和全面发展。

第二节　心理咨询的原则与方法

微课 9-3

心理咨询的基本原则

一、心理咨询的基本原则

在大学生的心理健康维护中，心理咨询起着至关重要的作用。了解心理咨询的基本原则，有助于大学生更好地利用这一资源，促进自身的成长与发展。

（一）保密原则

保密原则是心理咨询中最为重要的原则之一，它确保来访者的个人信息和咨询内容得到严格的保护。

1.保密的重要性

（1）建立信任：大学生在寻求心理咨询时，往往会分享自己内心深处的秘密、困惑和痛苦。只有当他们确信自己的信息不会被泄露时，才能够放心地与咨询师交流，建立起信任关系。

（2）保护隐私：每个人都有自己的隐私，大学生也不例外。保密原则能够保护来访者的隐私，让他们在一个安全的环境中探索自己的问题，避免因隐私泄露而带来的尴尬、羞耻或其他不良后果。

（3）促进自我表达：知道自己的谈话内容是保密的，大学生会更愿意坦诚地表达自己的真实感受和想法，这有助于咨询师更好地了解他们的问题，提供更有效的帮助。

2.保密的范围和例外

（1）保密范围：一般来说，咨询师会对来访者的姓名、身份信息、咨询内容、心理测试结果等严格保密。在没有来访者同意的情况下，不会向任何人透露这些信息。

（2）保密例外：虽然保密是基本原则，但在某些特殊情况下，咨询师可能需要打破保密原则。例如，当来访者有自杀或自伤的危险、有伤害他人的意图、涉及法律诉讼等情况时，咨询师有责任采取适当的措施，保护来访者本人和他人的安全。在这些情况下，咨询师会在尽可能保护来访者隐私的前提下，与相关人员进行沟通和协调。

（二）尊重原则

尊重原则要求咨询师以平等、接纳和关爱的态度对待来访者。

1.尊重的内涵

（1）尊重来访者的人格：每个大学生都是独立的个体，有着自己独特的人格和价值。咨询师应尊重来访者的人格尊严，不进行任何形式的批评、指责或贬低。

（2）尊重来访者的感受：大学生在咨询过程中可能会表达各种情绪，如愤怒、悲伤、恐惧等。咨询师要尊重来访者的感受，给予他们充分的表达空间，不进行评判或压抑。

（3）尊重来访者的选择：在咨询过程中，咨询师会提供一些建议和方法，但最终的选择应由来访者自己做出。咨询师要尊重来访者的选择权利，不强行干涉或替他们做决定。

2.尊重的体现

（1）倾听与关注：咨询师要认真倾听来访者的讲述，给予他们充分的关注和回应。通过眼神交流、肢体语言等方式，让来访者感受到自己被尊重和重视。

（2）接纳与理解：咨询师要接纳来访者的不完美，理解他们的困境和挣扎。不因为来访者的问题而对他们产生偏见或歧视，而是以包容的心态帮助他们寻找解决问题的方法。

（3）肯定与鼓励：咨询师要善于发现来访者的优点和潜力，给予他们肯定和鼓励。帮助来访者树立自信，增强自我价值感，激发他们积极面对问题的动力。

（三）真诚原则

真诚原则要求咨询师在咨询过程中保持真实、坦诚和一致。

1.真诚的意义

（1）增强信任：当咨询师以真诚的态度对待来访者时，来访者会感受到咨询师的真诚和可信度，从而增强对咨询师的信任。

（2）促进自我探索：真诚的咨询师能够激发来访者的自我探索欲望，让他们更加勇敢地面对自己的问题，深入挖掘内心的感受和想法。

（3）建立良好的咨询关系：真诚是建立良好咨询关系的基础。只有当咨询师真诚地与来访者交流时，来访者才会愿意敞开心扉，与咨询师共同努力解决问题。

2.真诚的表现

（1）表达真实的感受：咨询师在适当的时候可以表达自己的真实感受，如对来访者的同情、理解、困惑等。这不仅可以让来访者感受到咨询师的人性关怀，还可以促进双方的交流和互动。

（2）承认自己的不足：咨询师不是万能的，也会有自己的局限性。当遇到自己不擅长的问题或无法回答的问题时，咨询师要真诚地承认自己的不足，并与来访者一起探讨其他解决途径。

（3）保持一致的态度：咨询师在整个咨询过程中要保持一致的态度，不虚伪、不做作。无论是在言语上还是在行为上，都要体现出真诚和可信。

小结：保密、尊重和真诚是心理咨询的基本原则，它们对于建立良好的咨询关系、促进来访者的成长与发展具有重要意义。大学生在寻求心理咨询时，应该了解这些原则，并与咨询师共同遵守，以确保咨询的有效性和安全性。同时，学校也应该加强对心理咨询师的培训和管理，确保他们能够严格遵守这些原则，为大学生提供高质量的心理咨询服务。

微课 9-4

心理咨询的方法

二、心理咨询的方法

（一）认知行为疗法

1.基本概念

认知行为疗法（Cognitive Behavioral Therapy，CBT）是一种通过改变个体的思维模式和行为习惯来改善心理状态的方法。该疗法认为人的情绪和行为问题主要源于不合理的认知观念，通过识别和纠正这些不合理认知，可以达到缓解情绪、改变行为的目的。

2.具体方法

（1）认知重构：帮助大学生识别负面的自动思维，如过度担忧、自我否定、灾难化思维等，并引导他们用更合理、积极的思维方式来替代。例如，一个大学生因为一次考试失利就认为自己“一无是处”，通过认知重构，可以让他认识到一次考试不能代表全部，每个人都有失败的时候，从而改变这种消极的自我评价。

（2）行为实验：鼓励大学生通过实际行动来检验自己的不合理认知。比如，一个存在社交焦虑的学生认为自己在社交场合一定会出丑，咨询师可以安排一些小的社交任务，让他去尝试，通过实际体验来挑战这种不合理的信念。

（3）放松训练：在面对压力和焦虑时，教授大学生一些放松技巧，如深呼吸、渐进性肌肉松弛等，帮助他们缓解身体的紧张状态，进而减轻心理压力。

3.适用情况

认知行为疗法适用于各种心理问题，如焦虑、抑郁、强迫症等，对于大学生常见的学习压力、人际关系困扰、考试焦虑等问题也有很好的效果。

（二）人本主义疗法

1.基本概念

人本主义疗法强调人的自我实现和成长潜力，认为每个人都有内在的价值和尊严，都有能力解决自己的问题。咨询师的主要任务是创造一个安全、温暖、接纳的环境，让来访者能够充分地表达自己，发现自己的内在力量，实现自我成长。

2.具体方法

（1）无条件积极关注：咨询师对大学生来访者给予无条件的尊重、理解和接纳，不进行任何批评或评价。让来访者感受到自己是被完全接受的，从而增强自信心和自我价值感。

（2）共情：咨询师努力理解来访者的感受和体验，站在来访者的角度去看问题，让来访者感到被理解和支持。例如，当一个大学生因为失恋而痛苦时，咨询师通过共情，让他感受到自己的痛苦被理解，从而能够更好地面对和处理这种情绪。

（3）真诚一致：咨询师在与来访者的互动中保持真诚，不伪装自己，让来访者感受到咨询师的真实和可信。

3.适用情况

人本主义疗法适用于那些希望探索自我、实现个人成长的大学生。对于一些因自我认同问题、人际关系问题而感到困惑的学生，人本主义疗法可以帮助他们更好地认识自己，建立健康的人际关系。

（三）心理动力疗法

1.基本概念

心理动力疗法源于精神分析理论，它认为人的心理问题源于潜意识中的冲突和情感创伤。通过探索潜意识，帮助来访者理解自己的内心世界，解决潜意识中的冲突，从而达到心理治疗的目的。

2.具体方法

（1）自由联想：让大学生来访者在放松的状态下，自由地说出脑海中浮现的任何想法、感受和回忆，不进行任何筛选或审查。通过自由联想，咨询师可以了解来访者潜意识中的冲突和情感。

（2）梦的分析：认为梦是潜意识的表达，通过分析来访者的梦境，可以揭示潜意识中的问题和需求。

（3）移情分析：在咨询过程中，来访者往往会将过去对重要他人的情感转移到咨询师身上。咨询师通过分析这种移情现象，可以帮助来访者理解自己的人际关系模式和情感问题。

3.适用情况

心理动力疗法适用于一些深层次的心理问题，如长期的焦虑、抑郁、人格障碍等。对于那些有复杂心理创伤历史的大学生，心理动力疗法可以帮助他们深入探索自己的内心世界，找到问题的根源。

（四）催眠治疗

1.基本概念

催眠治疗是一种通过引导个体进入一种特殊的意识状态，即催眠状态，来实现心理治疗目的的方法。在催眠状态下，人的意识处于一种高度集中和易受暗示的状态，可以更容易地接触到潜意识中的信息，从而实现心理问题的解决和心理成长。

2.治疗过程

（1）诱导阶段：治疗师通过语言引导、放松训练等方式，帮助大学生进入催眠状态。例如，让大学生闭上眼睛，专注于自己的呼吸，逐渐放松身体的各个部位。

（2）深化阶段：进一步加深大学生的催眠状态，使其更加专注和易受暗示。治疗师可以使用一些特定的暗示语言，如“你越来越放松，越来越深入地进入催眠状态”。

（3）治疗阶段：在催眠状态下，治疗师可以针对大学生的具体心理问题进行治疗。例如，对于有考试焦虑的学生，可以通过暗示让他们想象自己在考试中轻松自信的状态；对于有创伤经历的学生，可以帮助他们重新面对创伤事件，进行情绪的释放和处理。

（4）唤醒阶段：治疗结束后，治疗师会逐渐将大学生从催眠状态中唤醒，让他们恢复到正常的意识状态。

3.适用情况

催眠治疗适用于多种心理问题，如焦虑、抑郁、失眠、创伤后应激障碍等。对于那些对传统心理治疗方法不敏感或者希望通过一种特殊的方式来解决心理问题的大学生，催眠治疗可能是一个有效的选择。

（五）沙盘治疗

1.基本概念

沙盘治疗又称箱庭疗法，是一种以荣格心理学原理为基础的心理治疗方法。通过让大学生在一个特定的沙箱中自由地摆放各种沙具，创造出一个属于自己的沙盘世界，从而反映出他们的内心世界和心理状态。

2.治疗过程

（1）创造沙盘世界：治疗师为大学生提供一个沙箱和各种沙具，让他们在沙箱中自由地摆放沙具，创造出一个自己的沙盘世界。大学生可以根据自己的内心感受和想法，选择不同的沙具，如人物、动物、建筑物等，并将它们摆放在沙箱中的不同位置。

（2）讲述沙盘故事：大学生完成沙盘创作后，治疗师会邀请他们讲述自己的沙盘故事，即解释为什么选择这些沙具，以及它们在沙箱中的位置和关系代表了什么。通过讲述沙盘故事，大学生可以更深入地了解自己的内心世界和心理状态。

（3）分析和解读：治疗师会根据大学生的沙盘故事和沙盘世界的呈现，进行分析和解读。治疗师会关注沙盘中的主题、象征意义、情感表达等方面，帮助大学生发现自己内心的冲突、需求和潜力。

（4）治疗和成长：基于分析和解读的结果，治疗师会与大学生一起探讨如何解决内心的冲突，满足自己的需求，实现心理成长。治疗师可能会提供一些建议和引导，帮助大学生在现实生活中做出积极的改变。

3.适用情况

沙盘治疗适用于各种心理问题，如情绪问题、人际关系问题、自我认知问题等。对于那些不善于用语言表达自己内心感受的大学生，沙盘治疗可以提供一种非语言的表达途径，帮助他们更好地了解自己和解决心理问题。

小结：不同的心理咨询方法有各自的特点和适用情况。大学生在面对心理困扰时，可以根据自己的问题和需求，选择适合自己的心理咨询方法。同时，学校也可以提供多种心理咨询服务，满足大学生不同的心理需求，帮助他们更好地应对学习和生活中的挑战，维护心理健康。

第三节　心理治疗的常见流派

在大学生的心理健康领域，了解不同的心理治疗流派有助于更好地应对心理困扰，提升心理健康水平。以下将介绍几种主要的心理治疗流派，包括精神分析疗法和行为疗法等。

一、精神分析疗法

精神分析的创始人是西格蒙德·弗洛伊德（Sigmund Freud）。弗洛伊德提出了精神分析理论，强调潜意识的作用以及性本能等在人类心理和行为中的重要性。他的理论包括人格结构理论（本我、自我、超我）和心理性欲发展阶段理论等，对心理学、精神病学、文学、艺术等领域产生了极其深远的影响。

（一）基本理论

精神分析疗法由弗洛伊德创立，强调潜意识对人的行为和心理的影响。该疗法认为，人的心理问题往往源于童年时期的经历和潜意识中的冲突。这些冲突被压抑在潜意识中，通过各种心理防御机制表现出来，影响着人的情绪、行为和人际关系。

（二）治疗方法

1.自由联想

让来访者在放松的状态下，自由地说出脑海中浮现的任何想法、感受和回忆。通过自由联想，帮助来访者揭示潜意识中的冲突和情感。

2.梦的解析

认为梦是潜意识的表达，通过分析来访者的梦境，可以了解其潜意识中的需求和冲突。

3.移情与反移情

在治疗过程中，来访者会将过去对重要他人的情感转移到治疗师身上，这就是移情。治疗师通过分析移情现象，可以帮助来访者理解自己的人际关系模式。同时，治疗师也需要注意自己对来访者的情感反应，即反移情。

（三）适用情况

精神分析疗法适用于一些深层次的心理问题，如长期的焦虑、抑郁、人格障碍等。对于那些有复杂心理创伤历史的大学生，精神分析疗法可以帮助他们深入探索自己的内心世界，找到问题的根源。

二、行为疗法

行为疗法的创始人是美国心理学家约翰·华生（John Broadus Watson）。华生在心理学发展中有着重要的地位。他主张心理学应该研究可观察、可测量的行为，摒弃对意识等不可直接观察的心理内容的研究。他认为，心理学的研究方法应该是客观的实验方法，通过对行为的控制和改变来研究心理现象。

华生开创的行为主义心理学为行为疗法奠定了理论基础。行为疗法强调通过改变个体的行为来改善心理问题，运用各种具体的技术和方法，如系统脱敏法、厌恶疗法、行为塑造法等，对来访者的不良行为进行矫正和干预，以达到治疗心理障碍和促进心理健康的目的。

（一）基本理论

行为疗法认为，人的行为是通过学习获得的，可以通过改变环境和行为来改变人的心理状态。该疗法强调当前的问题和行为，不关注潜意识和过去的经历。

（二）治疗方法

1. 系统脱敏法

系统脱敏法用于治疗焦虑和恐惧等问题。首先让大学生来访者学会放松技巧，然后逐步暴露在引起焦虑或恐惧的情境中，同时进行放松训练，逐渐减轻对该情境的恐惧反应。

2. 厌恶疗法

厌恶疗法将不良行为与不愉快的刺激相结合，以减少或消除不良行为。例如，对于有吸烟习惯的大学生，可以在吸烟时给予一些厌恶刺激，如闻到难闻的气味，从而减少吸烟行为。

3. 行为塑造法

行为塑造法通过逐步强化接近目标行为的一系列小行为，来塑造新的行为。例如，对于一个缺乏自信的大学生，可以先从一些小的任务开始，逐步给予肯定和奖励，帮助他建立自信。

（三）适用情况

行为疗法适用于一些具体的行为问题，如恐惧症、强迫症、不良习惯等。对于那些希望快速改变不良行为的大学生，行为疗法是一个有效的选择。

三、人本主义疗法

人本主义疗法的代表人物是卡尔·罗杰斯（Carl Rogers）和亚伯拉罕·马斯洛（Abraham Maslow）。

罗杰斯提出“以人为中心”理论，马斯洛提出“需求层次理论”，二者都强调人的自我实现潜能和主观体验，认为人有能力自主解决心理问题，追求自我成长。

（一）基本理论

人本主义疗法认为，心理问题源于个体自我概念与现实经验的不协调，或自我实现需求受阻。该疗法以“来访者为中心”，创造接纳、理解的环境，帮助来访者挖掘内在潜能，实现自我整合。

（二）治疗方法

（1）无条件积极关注：治疗师对来访者给予完全的尊重与接纳，不评判其感受和行为，促进来访者自我接纳。

（2）共情：治疗师深入理解来访者的情感体验，并用语言准确反馈，让来访者感受到被理解与支持。

（3）真诚：治疗师以真实的自我与来访者互动，不伪装、不评判，建立坦诚的治疗关系。

（三）适用情况

人本主义疗法适用于自我认同困惑、人际关系障碍、存在意义探索等问题，尤其适合需要探索自我、实现自我成长的大学生。

四、认知行为疗法（CBT）

认知行为疗法的代表人物是亚伦·贝克（Aaron T. Beck）和阿尔伯特·艾利斯（Albert Ellis）。

贝克提出“认知歪曲”理论，艾利斯创立“理性情绪行为疗法（REBT）”，二者都强调认知对情绪和行为的决定性作用，通过改变认知模式实现心理改善。

（一）基本理论

认知行为疗法认为，人的情绪和行为问题源于不合理的认知模式（如绝对化要求、灾难化思维）。通过识别、挑战和修正这些认知偏差，可改善情绪状态，改变行为反应。

（二）治疗方法

（1）认知重构：帮助来访者识别负面自动思维（如“我永远做不好”），用理性证据质疑并替换为合理认知（如“我这次没做好，但可以总结经验”）。

（2）行为实验：通过实际行动验证认知假设，如让害怕社交的来访者通过参加小型聚会，来检验“别人会嘲笑我”的想法是否成立。

（3）情绪调节技术：教授放松训练、正念冥想等方法，帮助来访者管理焦虑、抑郁等情绪，降低认知偏差的影响。

（三）适用情况

认知行为疗法适用于焦虑症、抑郁症、强迫症、进食障碍等心理问题，尤其适合希望通过改变思维模式快速缓解症状的大学生。

五、存在主义疗法

存在主义疗法的代表人物是维克多·弗兰克尔（Viktor Frankl）和罗洛·梅（Rollo May）。弗兰克尔提出“意义疗法”，强调人在面对存在焦虑时，通过寻找生命意义实现自我超越，为存在主义疗法奠定核心理论基础。

（一）基本理论

存在主义疗法认为，心理问题源于对生命意义的困惑、对自由选择的责任恐惧，或对死亡、孤独等存在命题的焦虑。该疗法帮助来访者直面存在困境，通过自主选择和创造意义，克服心理痛苦。

（二）治疗方法

（1）意义探索：引导来访者反思生命目标与价值，通过职业选择、人际关系、创造性活动等途径寻找意义感。

（2）责任承担：帮助来访者认识到“选择的自由”与“责任的必然”，鼓励其为自己的生活状态负责，而非归咎于外部环境。

（3）焦虑接纳：将死亡、孤独等存在焦虑视为生命的本质部分，引导来访者以建设性态度接纳焦虑，转化为成长动力。

（三）适用情况

存在主义疗法适用于存在焦虑、生命意义迷茫、自我价值感缺失等问题，尤其适合处于人生转折期、渴望探索生命意义的大学生。

六、不同流派的比较与选择

（一）比较

精神分析疗法注重探索潜意识和过去的经历，治疗过程相对较长；行为疗法关注当前的行为问题，治疗方法较为具体和可操作，通常能在较短时间内看到效果；人本主义疗法强调以来访者为中心，促进自我成长，侧重主观体验与自我实现的探索；认知行为疗法聚焦当前的认知偏差与行为反应，疗程较短且目标明确；存在主义疗法关注生命意义与存在焦虑，侧重哲学性思考与自我觉醒。

（二）选择

大学生在选择心理治疗方法时，可以根据自己的问题和需求来决定。如果有深层次的心理创伤或人格问题，可以考虑精神分析疗法；如果是具体的行为问题，可以选择行为疗法。同时，也可以结合多种方法进行综合治疗。

总之，了解不同的心理治疗流派可以为大学生提供更多的选择和帮助。在面对心理困扰时，大学生可以积极寻求专业的心理治疗，选择适合自己的方法，提升心理健康水平，更好地应对学习和生活中的挑战。

在大学生的心理健康维护中，了解一些常用的心理治疗技术可以为应对心理困扰提供更多的途径和方法。以下将介绍催眠和沙盘治疗这两种常用的心理治疗技术。

小结：催眠治疗和沙盘治疗是两种常用的心理治疗技术，它们各有特点和适用情况。大学生可以根据自己的需求和兴趣，选择适合自己的心理治疗技术，或者在专业心理治疗师的指导下，综合运用多种心理治疗技术，实现心理问题的解决和心理成长。同时，学校也可以提供相关的心理治疗服务和培训，帮助大学生更好地了解和运用这些心理治疗技术，维护自己的心理健康。

【心理行为拓展】

嘿，同学们！当心灵的天空飘来乌云，别慌张。大学生心理咨询与治疗就如同一场及时雨，能为我们洗净阴霾。也许你正困惑于情绪的波澜，或纠结于关系的难题，这一章将带你走进心理咨询与治疗的神秘世界。在这里，你会发现专业的帮助可以成为心灵的灯塔。让我们一同开启这段探索之旅，勇敢地面对内心的挑战，借助心理咨询与治疗的力量，绽放出更加健康、灿烂的青春光彩。

（一）案例分析

李明是一名大学二年级学生，最近他在学习和生活中遇到了一些问题。他原本是一个性格开朗、积极向上的学生，但在这学期开始后，他逐渐变得沉默寡言，经常一个人发呆，学习成绩也有所下降。他的室友发现他晚上经常失眠，白天精神状态不佳。而且，李明最近对以前喜欢的社团活动也失去了兴趣，不再积极参与。

1.从李明的表现来看，他可能存在哪些心理问题的迹象？

2.你认为哪些具体的行为或情绪变化是值得关注的关键指标？

3.根据你所学的心理健康知识，判断李明目前的心理问题严重程度如何？请说明理由。

4.有没有哪些因素可能会使他的心理问题进一步恶化？

____

____

5.如果你是李明的朋友，你会建议他采取哪些方法来改善自己的心理状态？

____

____

6.在学校资源方面，有哪些可以帮助李明解决心理问题的途径或支持系统？

____

____

（二）参考答案

1.李明可能存在抑郁情绪或轻度抑郁症的迹象。具体表现为情绪低落（变得沉默寡言）、兴趣减退（对社团活动失去兴趣）、睡眠障碍（晚上经常失眠）、精神状态不佳，以及学习成绩下降等。

2.关键指标包括：持续的情绪低落时间较长（如超过两周）、明显的兴趣丧失、睡眠质量严重下降且持续时间较久、日常功能受损（学习成绩下降和社交活动减少）等。

3.目前李明的心理问题程度可能处于轻度到中度之间。理由是他虽然出现了多种抑郁相关的症状，但仍能维持基本的日常生活和学习，没有出现严重的自伤或自杀念头及行为等极端情况。然而，如果这些症状持续不缓解或进一步加重，可能会发展为更严重的心理问题。

4.可能导致问题进一步恶化的因素有：持续的学业压力、缺乏有效的社会支持（如继续被同学忽视或与朋友关系疏远）、没有及时采取有效的干预措施等。

5.建议李明采取以下方法：

（1）调整生活方式：保持规律的作息时间，适当增加运动量，如每天进行30分钟的慢跑或散步，运动可以促进身体分泌内啡肽等神经递质，有助于改善情绪和睡眠。

（2）情绪调节技巧：学习一些放松技巧，如深呼吸、冥想、渐进性肌肉松弛等，当感到焦虑或情绪低落时进行练习，帮助缓解紧张情绪。同时，鼓励他积极面对自己的情绪，通过写日记等方式记录自己的感受和想法，以便更好地了解自己的情绪变化。

（3）社交互动：尝试重新融入社交生活，主动与朋友、室友交流，分享自己的感受。也可以参加一些社交活动或兴趣小组，扩大社交圈子，增加人际交往带来的积极情感体验。

（4）设定合理目标：将学习和生活目标分解为小步骤，逐步实现，每次完成一个小目标都给自己一些奖励，增强自信心和成就感，从而改善整体的心理状态。

6.学校资源方面：

学校心理健康中心：李明可以预约心理咨询师进行面对面的咨询，心理咨询师会根据他的具体情况提供专业的评估和指导，帮助他解决心理问题。

心理健康课程和讲座：学校通常会开设相关的课程和讲座，李明可以参加这些活动，学习更多关于心理健康的知识和应对技巧，提高自我心理调适能力。

学生支持团体：有些学校会有针对各种心理问题的学生支持团体，李明可以加入其中，与有类似经历的同学交流分享，获得情感支持和实用的建议。

向老师或辅导员求助：老师和辅导员对学生的情况比较了解，李明可以向他们倾诉自己的困扰，他们可能会提供一些学习和生活上的建议和帮助，同时也可以协调学校的相关资源为李明提供支持。

通过对这个案例的分析，希望同学们能够更好地运用所学的心理健康知识，关注自己和身边同学的心理状态，及时发现问题并采取有效的解决措施，共同维护良好的心理健康。

本章小结

在大学生心理健康的范畴中，心理咨询与治疗是关键的组成部分。心理咨询具备基本概念、功能与意义，其重要性不仅体现在学术领域，更体现在现代社会生活的实际应用价值上。它能帮助大学生更好地认识自己、应对压力、解决心理困惑、提升心理健康水平，进而在学业、社交和个人成长等方面发挥积极作用。心理咨询遵循一系列基本原则，这些原则确保了咨询过程的科学性、有效性和伦理性，有助于大学生正确理解心理咨询的本质，纠正以往可能存在的误解与偏见，从而更积极主动地寻求专业帮助。不同的心理治疗流派及其对应的咨询方法各有千秋，各流派依据其独特的理论基础和技术手段，适用于不同类型心理问题的干预。此外，催眠治疗和沙盘治疗作为常用的心理治疗技术，为大学生维护心理健康提供了具体可操作的途径，通过了解并体验这些技术，大学生能更直观地感受心理治疗的魅力，在实践中探索适合自己的心理调适方法，增强自我心理保健意识，为应对学习与生活中的挑战提供有力支持，助力自身全面发展。

※学习园地※

●互动思考题

1.讨论一下“伦理保密原则”的必要性。

2.互动体验“沙盘”“催眠”“行为训练”“桌游”等心理活动方式。

3.请主动预约心理老师体验情绪缓解过程。

第十章 大学生的心理危机干预

学习目标

本章旨在科普一种心理异常现象——心理危机，通过本章学习，大学生需要了解什么是心理危机，心理危机的特点、表现形式及如何区分心理危机和一般心理问题；同时要知道心理危机预警的指标和方法，熟悉心理危机评估的工具和流程，并掌握心理危机干预的原则和策略、方法和步骤，以帮助大学生能够及时辨别自己身边的心理危机现象，及时采取相应的措施，在一定程度上帮助和救助遇到心理危机的大学生。

在大学生的生活中，了解心理危机的概念、特点和表现形式至关重要，这有助于及时发现并应对可能出现的心理问题，维护自身的心理健康。

微课 10–1

心理危机的概念与特征

第一节 心理危机的概念与特征

一、心理危机的定义

心理危机是指个体面临突然或重大的生活事件，如自然灾害、重大疾病、亲人离世、考试失败、人际关系破裂等，运用自身的资源和应对方式无法解决时所产生的一种心理失衡状态。这种状态可能会对个体的认知、情感、行为和生理等方面产生严重的影响，甚至可能危及生命。

二、心理危机的特点

（一）突发性

心理危机往往是突然发生的，让人毫无准备。例如，一场意外的车祸、突然得知亲人的重病等事件，可能会在瞬间打破个体的心理平衡，引发心理危机。

（二）危险性

心理危机如果得不到及时有效的处理，可能会对个体的身心健康造成严重的危害。例如，长期处于心理危机状态可能会导致抑郁、焦虑、自杀等问题。

（三）复杂性

心理危机的产生往往是多种因素共同作用的结果，这些因素包括个体的性格特点、家庭环境、社会支持系统、生活事件的性质和严重程度等。因此，心理危机的处理也需要综合考虑各种因素，采取个性化的干预措施。

（四）成长机会

虽然心理危机带来了巨大的痛苦和挑战，但同时也为个体的成长和发展提供了机会。通过成功地应对心理危机，个体可以增强心理韧性、提高应对能力、深化自我认识，实现心理上的成长和进步。

三、心理危机的表现形式

（一）情绪方面

（1）焦虑和恐惧：面对危机事件，大学生可能会感到极度的焦虑和恐惧，担心自己无法应对危机带来的后果。

（2）抑郁和悲伤：心理危机可能会引发大学生的抑郁和悲伤情绪，他们可能会对生活失去兴趣，感到无助和绝望。

（3）愤怒和敌意：在心理危机中，大学生可能会对造成危机的人或事感到愤怒和敌意，甚至会将这种情绪发泄到周围的人身上。

（二）认知方面

（1）思维混乱：心理危机可能会导致大学生的思维混乱，他们可能会难以集中注意力、记忆力下降、决策困难。

（2）自我否定：在危机面前，大学生可能会对自己的能力和价值产生怀疑，出现自我否定的想法。

（3）对未来感到无望：心理危机可能会让大学生对未来感到无望，他们可能会觉得自己无法摆脱困境，看不到生活的希望。

（三）行为方面

（1）逃避行为：面对心理危机，大学生可能会采取逃避行为，如不去上课、不参加社交活动、沉迷于网络游戏等。

（2）攻击行为：在心理危机中，大学生可能会出现攻击行为，如与他人争吵、打架、破坏物品等。

（3）自伤和自杀行为：心理危机严重时，大学生可能会出现自伤和自杀行为，这是最危险的表现形式，需要引起高度关注。

（四）生理方面

（1）睡眠问题：心理危机可能会导致大学生出现睡眠问题，如失眠、多梦、早醒等。

（2）食欲改变：心理危机可能会影响大学生的食欲，他们可能会出现食欲不振或暴饮暴食的情况。

（3）身体不适：心理危机还可能会引发身体不适，如头痛、胃痛、心悸、呼吸困难等。

小结：心理危机是大学生生活中可能面临的一种严重的心理状态。了解心理危机的定义、特点和表现形式，可以帮助大学生更好地识别和应对心理危机，及时寻求专业的帮助，维护自己的心理健康。同时，学校和社会也应该加强对大学生心理危机的预防和干预，为大学生的成长和发展提供良好的心理支持环境。

四、心理危机与一般心理问题的差异

对于大学生的心理健康领域，准确区分心理危机和一般心理问题至关重要，这有助于大学生及时识别自身的心理状态，并采取恰当的应对措施。

（一）定义与范围的差异

一般心理问题通常是指由现实因素激发、持续时间较短、情绪反应能在理智控制之下、不严重破坏社会功能、情绪反应尚未泛化的心理不健康状态。例如，大学生因一次考试失利而感到沮丧，或者与同学发生小摩擦后心情郁闷，这些都属于一般心理问题的范畴。

心理危机则是个体面临突然或重大的生活事件，运用自身的资源和应对方式无法解决时所产生的一种心理失衡状态。这种状态可能会对个体的认知、情感、行为和生理等方面产生严重的影响，甚至可能危及生命。比如，大学生突然遭遇亲人离世、重大疾病、严重的人际关系冲突等情况，可能引发心理危机。

（二）表现程度的差异

1.情绪反应

一般心理问题的情绪反应相对较轻，通常表现为短暂的焦虑、抑郁、愤怒等情绪。大学生可能会在一段时间内情绪低落，但仍能够进行正常的学习和生活。例如，因考试没考好而难过几天，但之后能够调整状态继续投入学习。

心理危机中的情绪反应往往非常强烈，可能出现极度的恐惧、绝望、无助等情绪。大学生在心理危机状态下，情绪可能会完全失控，严重影响日常生活。比如，在遭遇重大创伤后，可能陷入长期的抑郁状态，无法正常上课、社交，甚至出现自伤、自杀的想法。

2.行为表现

一般心理问题的行为表现较为轻微，可能只是一些暂时的行为改变，如学习效率下降、社交活动减少等。大学生通常能够意识到自己的行为变化，并有可能主动寻求调整。例如，因与室友闹矛盾而一段时间内不太愿意参加宿舍集体活动，但仍能正常与其他同学交往。

心理危机则可能导致严重的行为异常，如逃避现实、攻击他人、自伤和自杀等危险行为。大学生在心理危机状态下，行为可能变得不可预测，对自己和他人都构成潜在威胁。比如，因失恋而陷入心理危机的学生可能会出现酗酒、逃课甚至自残等行为。

3.认知变化

一般心理问题对认知的影响相对较小，大学生可能只是对特定事件产生一些消极的想法，但仍能保持基本的理性思维和判断能力。例如，因面试失败而觉得自己能力不足，但经过反思后能够认识到失败的原因，并积极准备下一次面试。

心理危机可能会使大学生的认知发生严重扭曲，出现极端的、不合理的思维方式。比如，在经历重大挫折后，可能认为自己一无是处、世界毫无希望，完全否定自己的价值和未来。

（三）持续时间的差异

一般心理问题通常持续时间较短，经过自我调整或适当的心理干预后，能够在较短时间内恢复正常。例如，因小矛盾产生的不良情绪可能在几天或几周内就会缓解。

心理危机的持续时间则相对较长，且具有不确定性。如果得不到及时有效的干预，心理危机可能会持续数周、数月甚至更长时间，对大学生的身心健康造成长期的损害。

（四）影响范围的差异

一般心理问题主要影响个体的特定方面，如情绪、学习、人际关系等，对整体生活的影响相对较小。大学生在面对一般心理问题时，通常能够维持基本的生活秩序和社会功能。

心理危机则可能对个体的各个方面产生全面而深刻的影响，不仅破坏个体的心理平衡，还可能影响其身体健康、学业、家庭关系、社交生活等多个领域。心理危机严重时，甚至可能对周围的人产生连锁反应，影响整个校园的稳定和安全。

小结：心理危机与一般心理问题在定义与范围、表现程度、持续时间和影响范围等方面存在明显差异。大学生应学会准确区分这两种心理状态，当发现自己或身边的同学出现心理危机的迹象时，要及时寻求专业的心理帮助，以避免危机进一步恶化。同时，学校也应加强心理健康教育和心理危机干预机制，为大学生的心理健康保驾护航。

第二节　心理危机的预警与评估

微课 10-2

心理危机的预警与评估

大学生的学习和生活中，心理危机可能随时出现。了解心理危机预警的指标和方法，有助于及时发现潜在的心理危机，采取有效的干预措施，保障大学生的心理健康。

一、心理危机预警的指标

（一）情绪指标

（1）长期情绪低落：如果大学生持续一段时间（如两周以上）感到悲伤、沮丧、无助，对生活失去兴趣，这可能是心理危机的一个信号。例如，对原本喜欢的活动不再感兴趣，经常一个人发呆，无故哭泣等。

（2）过度焦虑：表现为过度担心、紧张、不安，对未来充满恐惧。比如，在考试前过度焦虑，甚至出现失眠、食欲不振、心跳加速等身体症状。

（3）情绪波动大：情绪不稳定，容易发脾气、烦躁，或者突然从开朗变得沉默寡言。例如，原本性格温和的学生，近期频繁与同学发生冲突，情绪变化无常。

（二）行为指标

（1）学习成绩明显下降：如果大学生在没有明显外部原因的情况下，学习成绩大幅下滑，可能是心理出现问题的表现。比如，经常旷课、不交作业，对学习失去动力。

（2）社交退缩：回避与他人交往，不愿意参加社交活动，独来独往。例如，原本活跃在社团活动中的学生，突然退出所有社团，不再与朋友联系。

（3）自我伤害行为：如割伤、咬伤自己，或者有自杀的言语表达和行为倾向。这是最严重的心理危机预警信号，需要立即采取干预措施。

（三）认知指标

（1）自我否定：对自己评价过低，认为自己一无是处，没有价值。例如，总是说“我很失败”“我什么都做不好”等消极的话。

（2）思维混乱：难以集中注意力，思维不清晰，决策困难。比如，在回答问题时语无伦次，无法做出简单的选择。

（3）对未来感到绝望：觉得未来没有希望，看不到出路。例如，认为自己的人生没有意义，不知道该何去何从。

二、心理危机预警的方法

（一）日常观察

（1）同学之间相互观察：大学生在日常生活中，要关注身边同学的情绪和行为变化。如果发现同学有异常表现，如情绪低落、行为孤僻等，要及时关心询问，给予支持。

（2）教师观察：教师在课堂上或者在与学生的接触中，要留意学生的学习状态、参与度和情绪表现，对于出现异常的学生，可以私下与学生交流，了解情况。

（二）心理测评

（1）定期进行心理普查：学校可以定期组织大学生进行心理测评，如使用症状自评量表（SCL-90）、抑郁自评量表（SDS）、焦虑自评量表（SAS）等工具，了解学生的心理健康状况。

（2）针对特定群体进行测评：对于经历重大生活事件（如亲人离世、失恋等）的学生，或者有心理问题家族史的学生，可以进行有针对性的心理测评，以便及时发现潜在的心理危机。

（三）建立预警机制

（1）设立心理委员：每个班级可以设立心理委员，负责关注同学们的心理状态，及时向辅导员或学校心理健康中心报告异常情况。

（2）建立信息反馈渠道：学校可以建立多种信息反馈渠道，如心理咨询热线、电子邮箱、微信公众号等，方便学生随时反映自己或身边同学的心理问题。

（3）与家长保持沟通：学校要与学生家长保持密切联系，及时了解学生在家中的表现，共同关注学生的心理健康。如果发现学生有心理危机的迹象，要及时与家长沟通，共同采取干预措施。

小结：大学生要关注自己和身边同学的心理健康，了解心理危机预警的指标和方法。学校也应加强心理健康教育，建立完善的心理危机预警机制，为大学生的成长和发展提供良好的心理支持环境。

在大学生的心理健康维护中，心理危机评估是一项至关重要的工作。它能够帮助我们及时发现处于心理危机中的学生，采取有效的干预措施，避免危机的进一步恶化。

三、心理危机评估的工具

（一）心理量表

（1）症状自评量表（SCL-90）：该量表涵盖了广泛的心理症状，包括躯体化、强迫症状、人际关系敏感、抑郁、焦虑、敌对、恐怖、偏执、精神病性等方面。通过让大学生填写该量表，可以初步了解其心理状态是否存在异常。

（2）贝克抑郁量表（BDI）：主要用于评估抑郁程度。大学生在填写量表的过程中，可以对自己的情绪状态有更清晰的认识，同时也为评估者提供了判断学生是否处于抑郁危机的重要依据。

（3）贝克焦虑量表（BAI）：专门针对焦虑症状进行评估。对于那些可能面临考试压力、人际关系紧张等问题而出现焦虑的大学生，该量表有助于确定焦虑的程度。

（二）访谈提纲

（1）个人基本信息：了解大学生的姓名、年龄、性别、专业、年级等基本情况，为后续的评估提供背景信息。

（2）危机事件描述：询问大学生所经历的危机事件的具体情况，包括事件的性质、发生时间、对其造成的影响等。

（3）情绪反应：了解大学生在危机事件发生后的情绪变化，如是否感到悲伤、恐惧、愤怒、焦虑等，以及这些情绪的强烈程度。

（4）行为表现：观察大学生的行为是否有异常变化，如是否出现失眠、食欲改变、社交退缩、自伤行为等。

（5）支持系统：了解大学生的社会支持系统，包括家人、朋友、老师等对其的支持情况，以及其是否愿意寻求帮助。

四、心理危机评估的流程

（一）初步筛选

（1）观察：教师、辅导员、同学等可以通过日常观察，发现大学生是否有情绪低落、行为异常等表现。例如，注意学生是否经常旷课、成绩突然下降、与同学关系紧张等。

（2）心理量表筛查：学校可以定期组织大学生进行心理量表测试，如SCL-90、BDI、BAI等，对学生的心理状态进行初步筛查。对于量表得分较高的学生，可以进一步进行评估。

（二）深入评估

（1）访谈：由专业的心理咨询师或心理医生对可能处于心理危机中的大学生进行访谈。在访谈过程中，要保持尊重、理解和接纳的态度，让学生能够充分表达自己的感受和想法。

（2）综合分析：根据访谈内容和心理量表测试结果，对大学生的心理危机程度进行综合分析。评估者需要考虑学生的情绪反应、行为表现、支持系统等多个方面，确定其是否处于心理危机状态，以及危机的严重程度。

（三）制订干预计划

（1）低危机程度：如果大学生的心理危机程度较低，可以通过提供心理支持、引导其积极应对危机事件、加强与家人和朋友的沟通等方式进行干预。同时，定期对其进行跟踪评估，确保危机得到有效缓解。

（2）中高危机程度：对于心理危机程度较高的大学生，需要立即启动危机干预机制。这可能包括安排专业的心理治疗、通知家长、协调学校相关部门提供支持等。在干预过程中，要密切关注学生的情绪和行为变化，确保其安全。

（四）跟踪评估

（1）定期回访：对经历过心理危机的大学生进行定期回访，了解其心理状态的恢复情况。回访可以通过访谈、心理量表测试等方式进行。

（2）调整干预计划：根据回访结果，及时调整干预计划。如果学生的心理危机得到缓解，可以逐渐减少干预力度；如果危机仍然存在或加重，需要重新评估并调整干预措施。

小结：心理危机评估是大学生心理健康维护的重要环节。通过合理运用评估工具，遵循科学的评估流程，可以及时发现处于心理危机中的学生，为其提供有效的干预和支持，帮助他们渡过难关，促进其身心健康和全面发展。

第三节　心理危机干预的策略与方法

微课 10-3

心理危机干预的策略与方法

一、心理危机干预的基本原则

（一）生命第一原则

在任何情况下，确保当事人的生命安全是心理危机干预的首要任务。如果大学生处于心理危机中，出现了自伤或自杀的倾向，必须立即采取措施，如联系学校心理健康中心、通知辅导员、拨打紧急救援电话等，以防止悲剧的发生。

（二）及时性原则

心理危机干预必须及时进行。危机发生后的最初阶段是干预的关键时期，越早介入，越能有效地减轻危机带来的负面影响。大学生在遭遇危机事件后，可能会出现强烈的情绪反应和行为变化，如果不能及时得到支持和帮助，危机可能会进一步恶化。

（三）专业性原则

心理危机干预应由专业的心理工作者来进行。他们具备专业的知识和技能，能够准确评估危机的程度，制订有效的干预方案，并运用适当的心理治疗方法进行干预。大学生在面临心理危机时，应寻求专业的心理咨询师或心理医生的帮助，而不是仅仅依赖于朋友或家人的安慰。

（四）尊重隐私原则

在心理危机干预过程中，必须尊重当事人的隐私。大学生可能担心自己的问题被他人知道而不愿意寻求帮助，因此，干预者要严格保密，让当事人感到安全和信任，这样他们才会更愿意敞开心扉，接受帮助。

（五）协同合作原则

心理危机干预需要学校、家庭、社会等多方面的协同合作。学校可以提供心理咨询服务、组织心理讲座等；家庭要给予关爱和支持；社会可以提供专业的心理治疗资源等。只有各方共同努力，才能为大学生提供全面的心理危机干预。

二、心理危机干预的策略

（一）建立关系

干预者要与当事人建立良好的信任关系。通过倾听、理解、尊重和接纳，让大学生感受到被关心和支持。可以用温暖的语言表达对他们的关注，如“我很担心你，想知道你现在的感受”等。

（二）稳定情绪

帮助当事人稳定情绪是干预的重要一步。可以引导他们进行深呼吸、放松训练等，缓解紧张和焦虑情绪。也可以让他们倾诉自己的感受，释放内心的压力。例如，“你可以把心里的委屈和痛苦都说出来，我会一直陪着你”。

（三）提供支持

给予当事人实际的支持和帮助。这包括提供生活上的照顾、帮助解决实际问题等。对于因经济困难而陷入心理危机的大学生，可以协助他们申请助学金或临时救助；对于因学业压力而焦虑的学生，可以提供学习指导和帮助。

（四）制订计划

与当事人一起制订应对危机的计划。这个计划可以包括短期和长期的目标，以及具体的行动步骤。例如，对于有自杀倾向的学生，可以制订一个安全计划，明确在出现危险念头时应该采取的措施，如立即联系干预者、去安全的地方等。

（五）后续跟踪

心理危机干预不是一次性的，需要进行后续的跟踪和评估。干预者要定期与当事人联系，了解他们的情况，评估干预效果，并根据需要调整干预策略。同时，也要鼓励当事人积极参与学校的心理健康活动，提高心理韧性。

小结：心理危机干预是一项复杂而艰巨的任务，需要遵循基本原则，运用有效的策略。大学生自身也要了解心理危机干预的知识，在遇到危机时勇敢地寻求帮助，同时也要关心身边的同学，共同营造一个健康、和谐的校园环境。

三、心理危机干预的方法

（一）倾听与理解

当发现身边的同学处于心理危机中时，首先要做的是倾听他们的感受和想法。给予他们充分的时间和空间，让他们倾诉内心的痛苦、困惑和恐惧。在倾听的过程中，要保持专注、耐心和理解，不要打断或评判他们的话语。通过倾听，可以让他们感受到被关心和支持，缓解情绪上的压力。

（二）表达关心与支持

用温暖、真诚的语言表达对他们的关心和支持。可以说一些鼓励的话，如“我很担心你，你不是一个人，我会一直陪着你”“无论发生什么，我都在你身边”等。让他们知道自己并不孤单，有人在乎他们的感受和处境。同时，可以给予一些实际的帮助，如陪伴他们去看医生、提供生活上的照顾等。

（三）引导积极思维

在心理危机中，人们往往会陷入消极的思维模式，对自己和未来感到绝望。这时，可以引导他们进行积极思维，帮助他们看到事情的积极面和解决问题的可能性。例如，可以让他们回忆过去成功的经历，或者思考一些应对危机的方法。也可以引导他们关注自己的优点和长处，增强自信心。

（四）提供应对策略

根据具体情况，为他们提供一些应对心理危机的策略。比如，如果是因为学业压力导致的心理危机，可以帮助他们制订合理的学习计划，提高学习效率；如果是因为人际关系问题，可以建议他们学习沟通技巧，主动与他人沟通解决问题；如果是因为情感挫折，可以鼓励他们多参加一些活动，转移注意力，缓解情绪上的痛苦。

（五）寻求专业帮助

如果心理危机比较严重，自己无法有效地进行干预，应及时寻求专业帮助。可以建议他们去学校的心理健康中心、心理咨询机构或医院的心理科寻求专业的心理咨询和治疗。同时，也可以帮助他们联系家人、老师或其他可靠的人，共同为他们提供支持和帮助。

四、心理危机干预的步骤

（一）识别心理危机

了解心理危机的表现和特征，及时发现身边同学可能存在的心理危机。心理危机的表现可能包括情绪低落、焦虑不安、睡眠障碍、食欲改变、学习成绩下降、社交退缩、自伤行为等。如果发现同学出现这些症状，应引起重视，及时进行干预。

（二）建立联系

与处于心理危机中的同学建立联系，表达关心和支持。可以通过面对面交流、电话、短信、微信等方式与他们沟通，让他们感受到自己不是孤单的，有人在乎他们的感受和处境。在建立联系的过程中，要注意方式方法，不要给他们带来压力或困扰。

（三）评估危机程度

对心理危机的程度进行评估，了解危机的严重程度和影响范围。可以通过与同学交流、观察他们的行为表现、了解他们的生活背景等方式进行评估。如果危机程度较轻，可以通过自己的努力进行干预；如果危机程度较重，应及时寻求专业帮助。

（四）制订干预计划

根据心理危机的程度和具体情况，制订相应的干预计划。干预计划应包括干预的目标、方法、步骤和时间安排等。在制订干预计划的过程中，要充分考虑同学的需求和意愿，让他们参与到计划的制订中来，增强他们的主动性和积极性。

（五）实施干预计划

按照干预计划的要求，认真实施干预措施。在实施干预计划的过程中，要密切关注同学的情绪和行为变化，及时调整干预策略。同时，要与同学保持良好的沟通和联系，让他们感受到自己的关心和支持。

（六）评估干预效果

对干预效果进行评估，了解干预措施是否有效。可以通过与同学交流、观察他们的行为表现、了解他们的生活状态等方式进行评估。如果干预效果良好，可以继续进行巩固和支持；如果干预效果不佳，应及时调整干预策略，重新制订干预计划。

小结：心理危机干预是一项重要的工作，需要我们认真对待。大学生在面临心理危机时，要勇敢地寻求帮助，同时也要关心身边的同学，共同为维护心理健康做出努力。

【心理行为拓展】

同学们，大学生活并非总是一帆风顺，有时可能会遭遇狂风巨浪般的心理危机。在这关键时刻，心理危机干预就如同那坚固的救生艇。它的重要性不言而喻，能在黑暗时刻为我们点亮希望的灯塔，拉回在悬崖边缘徘徊的心灵。对于实践而言，它具有精准的指导作用，告诉我们如何在紧急状况下迅速行动、有效应对，为处于危机中的同学提供切实的帮助和支持。让我们跟随下面的故事去体会心理危机干预的过程和作用，为守护校园心理健康筑牢防线。

一、案例分析：破茧：从黑暗到光明的心理救赎之旅

在大学校园里，有一个名叫林晓的女孩。她曾经是一个充满活力、积极向上的学生，对大学生活充满了憧憬和期待。然而，一场突如其来的变故，让她陷入了深深的心理危机之中。

林晓在大学一年级时，成绩优异，积极参加各种社团活动，和同学们相处融洽。但在大二上学期，她遭遇了家庭经济困难的问题，父亲突然生病失去了工作能力，家里的经济重担一下子压在了母亲身上。林晓为了减轻家庭的负担，开始四处寻找兼职工作，但由于时间分配不合理，她的学习成绩逐渐下滑。同时，她在社团活动中的表现也不如以前出色，渐渐地，她开始感到力不从心，内心充满了焦虑和无助。

有一天，林晓在课堂上被老师点名回答问题，由于她最近精神状态不佳，没有认真听讲，回答得支支吾吾。同学们的目光纷纷投向她，那一刻，她感到无比地羞愧和尴尬。课后，她一个人默默地坐在教室里，泪水忍不住流了下来。她觉得自己变得越来越糟糕，什么事情都做不好，对未来失去了信心。她开始回避同学们的目光，不再主动与他人交流，甚至经常旷课，整天把自己关在宿舍里。

1.同学们，当你们看到林晓的这些变化时，你们觉得她可能出现了什么问题呢？

____

____

2.她的情绪、行为和学习状态的改变，哪些是心理危机的可能迹象呢？

____

____

3.如果你是林晓的同学，你会从哪些方面察觉到她有可能正处于心理困境中呢？

____

____

幸运的是，林晓的室友们发现了她的异常。她们意识到林晓可能正面临着心理危机，于是决定一起帮助她。

首先，她们主动与林晓沟通，耐心地倾听她的烦恼和担忧。林晓一开始并不愿意倾诉，但在室友们的真诚关心下，她终于打开了心扉，把自己内心的痛苦和困惑都一股脑地说了出来。

然后，室友们陪着林晓去学校的心理健康中心寻求专业帮助。心理咨询师热情地接待了她们，详细了解了林晓的情况后，为她制订了一套个性化的心理干预方案。

在干预过程中，心理咨询师采用了认知行为疗法，帮助林晓认识到自己的负面思维模式，并引导她学会用积极的思维方式看待问题。同时，还通过放松训练、情绪管理等方法，帮助林晓缓解焦虑和压力。

此外，学校的老师和辅导员也了解到了林晓的情况，他们为林晓提供了一些学习上的帮助和支持，比如安排老师为她辅导功课，调整她的课程安排，减轻她的学习压力。

同学们，你们想想在这个危机干预过程中，都有哪些关键的步骤呢？

1.室友们的做法属于危机干预流程中的哪个环节？起到了什么作用呢？

2.心理咨询师的干预方法体现了危机干预的哪些原则和技巧呢？

3.学校老师和辅导员的支持在整个危机干预中又有着怎样的重要性呢？

经过一段时间的努力，林晓的状态逐渐有了好转。她不再像以前那样消极和自卑，开始重新找回自信。她重新调整了自己的时间安排，合理分配学习和工作的时间，学习成绩也慢慢提高了。在与心理咨询师的交流中，她学会了如何应对生活中的困难和挫折，心态变得更加乐观和坚强。

她也更加珍惜与室友们的友谊，在室友们的帮助下，她逐渐恢复了社交活动，重新融入了班级集体。她积极参加各种社团活动，发挥自己的特长，还在一次校园比赛中获得了奖项。

现在，让我们来思考一下心理危机干预在林晓的转变中起到了什么作用呢？

1.心理危机干预对林晓的情绪和心理状态有哪些具体的改善作用？

2.心理危机干预是如何影响林晓的学习和生活的呢？

3.从长远来看，心理危机干预对林晓的个人成长和发展有什么重要意义呢？

毕业那天，林晓站在校园的操场上，回顾着自己的大学生活，心中充满了感慨。她想起了曾经陷入黑暗的日子，也无比感激那些在她最困难的时候帮助过她的人。如今的她，已经不再是那个脆弱、迷茫的女孩，而是一个充满自信、勇敢面对未来的年轻人。她知道，无论未来遇到什么困难，她都有足够的力量去应对。

同学们，通过林晓的故事，我们看到了心理危机干预的重要性和力量。希望大家在今后的生活中，能够关注自己和身边同学的心理健康，当遇到心理危机时，不要害怕，要及时寻求帮助，相信自己一定能够走出困境，迎来美好的未来。

你们从林晓的故事中还学到了什么呢？有没有什么感悟想和大家分享呢？

二、事件影响（冲击）量表（IES-R）

（一）量表题目

亲爱的同学们，在进行事件影响（冲击）量表（IESR）测试之前，让我们先来了解一下这个测试的目的和意义。生活中我们会经历各种事件，有些可能会给我们带来一定的心理冲击。这个量表可以帮助我们评估特定事件对我们心理状态的影响程度。通过测试，我们能更好地了解自己在经历事件后的反应，以便及时采取适当的应对措施，调整心态。以客观、坦诚的态度参与测试，开启对自己内心受事件影响程度的探索之旅吧。

下面是人们在经历过有压力的生活事件刺激之后所体验到的一些困扰，请您仔细阅读每个题目，选择最能够形容每一种困扰对您影响的程度。

以下提到的那件事是：________（例如：新型冠状病毒感染的肺炎）

请按照自己最近7天之内的体验，说明这件事情对你有多大影响，影响分5级，一点没有为0，很少出现为1，有时出现为2，常常出现为3，总是出现为4。

事件影响量表（IES-R）见表10-1。

表10-1 事件影响量表（IES-R）

	从未	很少	有时	常常	总是
1.任何与那件事相关的事物都会引发当时的感受					
2.我很难安稳地一觉睡到天亮					
3.别的东西也会让我想起那件事					
4.我感觉我易受刺激、易发怒					
5.每当想起那件事或其他事情使我记起它的时候，我会尽量避免使自己心烦意乱					
6.即使我不愿意去想那件事时，也会想起它					
7.我感觉，那件事好像不是真的，或者从未发生过					
8.我设法远离一切能使我记起那件事的事物					
9.有关那件事的画面会在我的脑海中突然出现					
10.我感觉自己神经过敏，易被惊吓					
11.我努力不去想那件事					
12.我觉察到我对那件事仍有很多感受，但我没有去处理它们					
13.我对那件事的感觉有点麻木					
14.我发现我的行为和感觉，好像又回到了那个事件发生的时候那样					
15.我难以入睡					
16.我因那件事有强烈的情感波动					
17.我想要忘掉那件事					
18.我感觉自己难以集中注意力					
19.令我想起那件事的事物会引起我身上的反应，如出汗、呼吸困难、眩晕和心跳					
20.我曾经梦到过那件事					
21.我感觉自己很警觉或很戒备					
22.我尽量不提那件事					

（二）分数解释

按下面三种量表的题号分别得出总分，可以测试自己在回避、闯入和高唤醒三个阶段的分数。最后将回避量表与闯入量表相加，得出自己的替代性创伤程度。

回避量表：5+7+8+11+12+13+17+22=

闯入量表：1+2+3+6+9+14+16+20=

高唤醒量表：4+10+15+18+19+21=

回避量表得分+闯入量表得分相加结果对照：0～8亚临床；9～25轻度；26～43中度；44以上高度。

本章小结

心理危机指个体面临突然或重大生活事件且无法应对时所产生的心理失衡状态，会对认知、情感、行为和生理等方面造成严重影响。其具有突发性、危险性、复杂性以及一定的成长机会性等特点。心理危机在个体的情绪、认知、行为和生理方面均有表现，可据此判别，且与一般心理问题在定义与范围、表现程度、持续时间和影响范围等方面存在差异，前者表现更为强烈。

可通过日常观察、心理测评建立预警机制来预警心理危机，借助心理量表测量或访谈等评估工具，经初步筛选、深入评估后制订干预计划并定期跟踪评估。心理危机干预需遵循生命第一、及时性、专业性、尊重隐私、协同多方合作等原则。其干预有策略：先建立关系、稳定情绪，再提供支持、制订计划并跟踪帮助。同时，还有倾听理解、表达关心支持等简单有效的方法。干预步骤包括识别危机、建立联系、评估程度、制订并实施计划以及评估效果以适时调整措施。

※学习园地※

●互动思考题

1.讨论创伤的形成过程。

2.讨论应激情绪与创伤情绪的不同。

3.如果长时间你反复思考同一个问题，你不想这样但是无法控制自己，请及时联系心理老师寻求专业的帮助。

第十一章　大学生心理健康的维护与促进

学习目标

通过本章的学习，了解电子产品的合理使用方式，理解其对注意力、情绪等心理因素的影响，掌握科学使用的方法，避免过度依赖带来的心理问题；在积极心理方面，熟知各种培养积极心态的方法与途径，如积极的自我暗示等；在构建良好社会支持系统时，明白人际关系对心理的支撑作用，学会拓展和维护；在提升心理健康素养方面，能综合运用知识，形成正确心理观念和应对策略，增强心理调适能力，促进心理健康和全面发展。

第一节　大学生电子产品合理使用方式

一、电子产品使用方式

在当今数字化时代，电子产品已成为大学生生活中不可或缺的一部分。以下是一些常见的电子产品使用方式：

（一）学习工具

在线课程平台：大学生可以通过慕课、网易云课堂等平台获取丰富的学习资源，拓展知识面。

电子阅读：利用电子书阅读器或阅读类App进行专业书籍和文献的阅读，方便笔记和标注。

学习管理软件：如番茄ToDo、Forest等，帮助规划学习时间，提高学习效率。

（二）社交沟通

社交媒体：微信、QQ、微博等平台用于与亲朋好友保持联系，分享生活点滴，拓展社交圈子。

视频通话：通过微信视频等进行远程面对面交流，增强情感联系。

（三）娱乐休闲

游戏：手机游戏、电脑游戏等帮助放松身心，缓解学习压力，但需注意适度。

影视音乐：观看电影、电视剧，收听音乐，丰富课余生活。

（四）信息获取

新闻资讯类App：及时了解国内外时事新闻、社会动态。

搜索引擎：快速查找所需的知识和信息，解决学习和生活中的问题。

二、电子产品使用的影响

（一）积极影响

（1）便捷的学习资源获取。打破了时间和空间的限制，使学生能够随时随地获取丰富的学习资料，拓宽知识视野。

（2）促进自主学习和个性化学习，满足不同学生的学习需求和节奏。高效的沟通与社交方便与家人、朋友保持紧密联系，增强情感支持和人际关系。

（3）有助于拓展社交圈子，结识来自不同地区和背景的人，培养社交能力和多元文化视野。

（4）丰富的娱乐与放松。提供了多样化的娱乐方式，如游戏、影视、音乐等，帮助学生缓解学习和生活压力。可以在紧张的学习之余，通过适当的娱乐活动调整心态，提高生活质量。

（二）消极影响

（1）过度依赖与沉迷。容易导致对电子产品的过度依赖，影响现实生活中的人际交往和活动参与。沉迷于游戏、社交媒体等，可能导致时间管理失控，影响学业和个人发展。

（2）信息过载与焦虑。大量的信息涌入可能造成信息过载，使学生难以筛选和处理有用信息，产生焦虑和困惑。

（3）心理影响。社交媒体上他人的“完美生活”展示可能引发比较和自卑感，增加心理压力，产生心理健康问题。

（4）身体健康的影响。长时间使用电子产品可能导致视力下降、颈部和背部疼痛等身体问题。蓝光辐射可能影响睡眠质量，进而影响心理健康，导致情绪波动、注意力不集中等问题。

三、应对策略

（一）自我认知与规划

了解自己的电子产品使用习惯和需求，制订合理的使用计划。设定明确的目标，如每天用于学习、社交和娱乐的电子产品使用时间。

（二）培养自律意识

利用时间管理工具，如手机的“屏幕使用时间限制”功能，约束自己的使用时长。建立自我奖励和惩罚机制，强化自律行为。

（三）建立健康的生活方式

增加户外活动和体育锻炼，减少对电子产品的依赖。培养兴趣爱好，如绘画、书法、阅读纸质书籍等，丰富课余生活。

（四）提升信息素养

学会筛选和评估信息的真实性和可靠性，避免被虚假信息误导。培养批判性思维，不盲目跟从网络潮流和观点。

（五）加强人际互动

积极参与线下社交活动，与朋友和同学进行面对面的交流和互动。定期与家人相聚，增进亲情关系。

小结：电子产品在大学生的生活中扮演着重要的角色，关键在于如何合理、适度地使用，以充分发挥其优势，减少其对心理健康的负面影响。

第二节 积极心态的养成

在大学生的成长历程中，积极心理品质如同璀璨的星星，照亮前行的道路，赋予我们面对挑战的勇气和力量。了解积极心理品质的概念和种类，有助于我们更好地培养和发展这些宝贵的特质，提升自身的心理健康水平和生活质量。

一、积极心理品质的概念

积极心理品质是指个体在认知、情感、意志和行为等方面所表现出的积极、健康、向上的特质和能力。这些品质不仅有助于个体更好地适应环境、应对压力和挑战，还能促进个体的身心健康、人际关系和个人成长。积极心理品质是可以通过培养和训练得到发展和提升的，它们并非与生俱来，而是在个体的成长过程中逐渐形成和发展起来的。

二、积极心理品质的种类

（一）乐观

乐观是一种积极的心态，它使我们看到生活中的美好和希望，相信未来会更好。乐观的大学生在面对困难和挫折时，能够保持积极的态度，寻找解决问题的方法，而不是陷入消极的情绪中无法自拔。他们相信自己有能力克服困难，对未来充满信心。例如，在考试失利后，乐观的学生不会一蹶不振，而是会分析原因，制订学习计划，相信自己下次一定能取得好成绩。

（二）坚韧

坚韧是指在面对困难和挫折时，能够坚持不懈、不屈不挠地努力奋斗。坚韧的大学生具有强大的内心力量，他们能够承受压力，不轻易放弃。无论是在学业上还是生活中，他们都能勇敢地面对挑战，克服各种困难。比如，在参加一项艰苦的体育比赛时，坚韧的学生即使在体力耗尽的情况下，也会咬牙坚持到底，不放弃比赛。

（三）感恩

感恩是一种对生活中的美好事物和他人的帮助表示感激和珍惜的情感。懂得感恩的大学生会更加珍惜自己所拥有的一切，对生活充满热爱。他们会感激父母的养育之恩、老师的教导之恩、朋友的陪伴之恩等，并且会用实际行动来回报他人。例如，感恩的学生可能会经常给父母打电话问候，主动帮助老师和同学，积极参加志愿服务活动等。

（四）自信

自信是对自己的能力、价值和未来充满信心的一种心理状态。自信的大学生相信自己有能力完成各种任务，实现自己的目标。他们敢于尝试新事物，勇于挑战自我，不害怕失败。在课堂上，自信的学生敢于发表自己的观点，积极参与讨论；在社团活动中，他们敢于承担领导角色，展现自己的才能。

（五）善良

善良是指对他人怀有善意、关心和帮助他人的品质。善良的大学生会关心他人的感受和需要，乐于帮助他人，为他人带来温暖和快乐。他们可能会主动帮助有困难的同学，关心弱势群体，参与公益活动等。善良不仅能让他人受益，也能让自己获得内心的满足和快乐。

（六）创造力

创造力是指产生新思想、新观念和新方法的能力。具有创造力的大学生能够在学习和生活中提出独特的见解和解决方案，勇于创新和尝试。他们可能会在艺术创作、科技创新、社会活动等方面展现出自己的创造力，为社会做出贡献。

（七）好奇心

好奇心是对未知事物充满兴趣和探索欲望的品质。好奇心强的大学生会积极主动地学习新知识，探索新领域，拓宽自己的视野。他们对世界充满好奇，不断地寻求答案和真理，这种探索精神能够激发他们的学习热情和创造力。

小结：积极心理品质是大学生成长过程中的重要财富。通过培养和发展这些品质，我们可以更好地应对生活中的挑战，提升自己的心理健康水平和生活质量。在大学期间，我们可以通过参加各种活动、与他人交流、阅读书籍等方式来培养积极心理品质，让自己成为一个更加优秀、幸福的人。

第三节　培养积极的心理品质

在大学生活中，培养积极心理品质对于个人的成长和发展至关重要。积极心理品质不仅能帮助我们更好地应对挑战和压力，还能提升我们的幸福感和生活质量。以下将为大学生们提供培养积极心理品质的方法和途径。

微课 11–1

培养乐观心态

一、培养乐观心态

（一）积极思考

学会关注生活中的积极方面，而不是只看到问题和困难。每天花一些时间回忆当天发生的好事，或者写下自己的优点和成就。当遇到困难时，尝试从不同角度看待问题，寻找其中的积极因素和解决办法。

（二）与乐观的人交往

周围人的情绪和态度会对我们产生影响。与乐观、积极的人交朋友，参加积极向上的社交活动，能够让我们受到他们的感染，逐渐培养起乐观的心态。

（三）学会感恩

感恩是一种强大的积极情绪。每天写下自己感恩的事情，或者向身边的人表达感激之情。感恩可以让我们更加珍惜生活中的美好，减少抱怨和不满。

二、增强心理韧性

（一）接受挑战

主动迎接生活中的挑战，不要害怕失败。通过挑战自己，我们可以锻炼自己的应对能力和心理韧性。当遇到困难时，不要轻易放弃，坚持下去，相信自己能够克服困难。

（二）培养成长型思维

相信自己的能力是可以通过努力和学习不断提高的。把失败看作是学习和成长的机会，而不是对自己的否定。积极寻求反馈，不断改进自己，提升自己的能力。

（三）建立支持系统

在困难时期，家人、朋友和老师的支持是非常重要的。与他们保持良好的关系，分享自己的感受和经历，寻求他们的建议和帮助。同时，也可以参加一些支持小组或社团，与有共同经历的人互相支持和鼓励。

三、培养感恩之心

（一）写感恩日记

每天写下自己感恩的事情，可以是一件小事，也可以是一个人。通过写感恩日记，我们可以更加关注生活中的美好，增强感恩之情。

（二）表达感激之情

向身边的人表达自己的感激之情，可以是一句简单的“谢谢”，也可以是一封感谢信。表达感激之情不仅可以让对方感到温暖和幸福，也可以增强自己的感恩之心。

（三）参与志愿服务

通过帮助他人，我们可以更加深刻地体会到自己的价值和幸福。参加志愿服务活动，为社会做出贡献，能够让我们感受到付出的快乐和满足，培养感恩之心。

四、提升自信水平

（一）设定可实现的目标

设定一些具体、可实现的目标，并努力去实现它们。每一次成功都可以增强我们的自信心。同时，要学会认可自己的努力和进步，不要过分关注结果。

（二）学习新技能

不断学习新技能可以提升我们的能力和自信心。选择一个自己感兴趣的领域，参加培训课程或自学，掌握新的知识和技能。当我们能够运用这些技能解决问题时，自信心会得到极大的提升。

（三）积极自我对话

注意自己的内心对话，避免自我否定和批评。用积极、鼓励的语言对自己说话，相信自己的能力和价值。例如，当遇到困难时，可以对自己说：“我可以做到，我有能力解决这个问题。”

五、培养善良品质

（一）关心他人

关注身边人的需求和感受，主动提供帮助和支持。可以从小事做起，如帮助同学解决学习问题、关心室友的情绪等。关心他人可以让我们感受到自己的价值和意义，同时也能收获他人的感激和友谊。

（二）参加公益活动

参加一些公益活动，如志愿者服务、慈善捐赠等。通过为他人和社会做出贡献，我们可以培养善良的品质，增强社会责任感。

（三）学会宽容和谅解

在与他人相处中，学会宽容和谅解他人的错误和不足。不要过分计较个人得失，以平和的心态对待他人。宽容和谅解可以让我们的人际关系更加和谐，也能让我们的内心更加平静和善良。

小结：培养积极心理品质是一个长期的过程，需要我们不断地努力和实践。大学生们可以通过以上方法和途径，积极培养自己的乐观心态、心理韧性、感恩之心、自信水平和善良品质，为自己的未来发展打下坚实的基础。

第四节　构建良好的社会支持系统

在大学生的成长过程中，社会支持系统起着至关重要的作用。了解社会支持系统的内涵和作用，有助于大学生更好地利用这一资源，提升自己的心理健康水平和生活质量。

微课 11-2

社会支持系统的内涵

一、社会支持系统的内涵

社会支持系统是指个人在社会中所拥有的能够提供物质和精神支持的各种关系和资源的总和。它包括家人、朋友、同学、老师、社会组织等多个方面。这些支持可以是情感上的关心、物质上的帮助、信息上的提供，也可以是实际行动上的支持。

（一）家人支持

家人是大学生最亲近的人，他们给予的爱和关心是无条件的。家人可以在经济上给予支持，帮助大学生解决生活费用和学费等问题。同时，家人的情感支持也非常重要，他们的鼓励、理解和信任可以让大学生在面对困难和挫折时更加坚强。

（二）朋友支持

朋友是大学生在校园生活中最重要的伙伴。他们可以一起分享快乐、分担痛苦，在情感上给予彼此支持。朋友之间的交流和互动可以帮助大学生缓解压力、释放情绪，同时也可以提供不同的观点和建议，帮助大学生更好地解决问题。

（三）同学支持

同学是大学生在学习和生活中最常接触的人。他们可以一起学习、讨论问题，互相帮助、共同进步。同学之间的竞争和合作也可以激发大学生的学习动力和创造力，提高学习效率和成绩。

（四）老师支持

老师是大学生在学习和成长过程中的重要指导者。他们可以在学业上给予指导和帮助，解答学习中的问题，提供学习资源和建议。同时，老师的人生经验和价值观也可以对大学生产生积极的影响，帮助他们树立正确的人生观和价值观。

（五）社会组织支持

社会组织如学生会、社团、志愿者协会等也可以为大学生提供各种支持。这些组织可以提供社交机会、锻炼平台和服务他人的机会，帮助大学生拓展人际关系、提升综合素质和社会责任感。

二、社会支持系统的作用

（一）提供情感支持

社会支持系统可以为大学生提供情感上的关心和支持，让他们感受到被爱和被关心。在面对困难和挫折时，这种情感支持可以帮助大学生缓解压力、释放情绪、增强心理韧性。例如，当大学生在学习上遇到困难时，家人和朋友的鼓励和支持可以让他们更加有信心和动力去克服困难。

（二）提供物质支持

社会支持系统可以为大学生提供物质上的帮助，解决他们的实际问题。例如，家人可以在经济上给予支持，帮助大学生解决生活费用和学费等问题；社会组织可以提供奖学金、助学金等资助，帮助大学生完成学业。

（三）提供信息支持

社会支持系统可以为大学生提供各种信息和建议，帮助他们更好地解决问题。例如，老师可以在学业上提供指导和建议，帮助大学生选择专业、制订学习计划；朋友可以在生活中提供各种信息和经验，帮助大学生更好地适应大学生活。

（四）提升心理健康水平

社会支持系统可以帮助大学生提升心理健康水平，预防和缓解心理问题。研究表明，拥有良好社会支持系统的人更容易保持心理健康，而缺乏社会支持系统的人则更容易出现心理问题。例如，当大学生面对压力和挫折时，如果能够得到家人、朋友和老师的支持和帮助，他们就更容易调整心态，积极应对问题，从而减少心理问题的发生。

（五）促进个人成长和发展

社会支持系统可以为大学生提供各种机会和资源，促进他们的个人成长和发展。例如，参加社团活动可以锻炼大学生的领导能力、组织能力和沟通能力；参加志愿者活动可以培养大学生的社会责任感和奉献精神。这些经历和体验可以帮助大学生更好地认识自己、发展自己，为未来的职业发展和人生规划打下坚实的基础。

小结：社会支持系统是大学生成长过程中不可或缺的一部分。了解社会支持系统的内涵和作用，有助于大学生更好地利用这一资源，提升自己的心理健康水平和生活质量。同时，大学生也应该积极主动地构建和维护自己的社会支持系统，与家人、朋友、同学、老师和社会组织保持良好的关系，共同创造一个温暖、和谐的社会环境。

三、建立和维护良好的社会支持网络

在大学生活中，拥有一个良好的社会支持网络对于个人的成长和发展至关重要。社会支持网络可以为我们提供情感支持、实际帮助和信息资源，帮助我们应对各种挑战和压力。以下将为大学生们提供一些建立和维护良好社会支持网络的方法和建议。

（一）认识社会支持网络的重要性

社会支持网络是由家人、朋友、同学、老师、社会组织等组成的一个相互联系的系统，它可以为我们提供多方面的支持。在大学生活中，我们可能会面临学业压力、人际关系问题、情感困扰等各种挑战，而一个良好的社会支持网络可以帮助我们缓解压力、增强自信、提高应对能力。同时，社会支持网络也可以为我们提供各种机会和资源，促进我们的个人成长和发展。

（二）建立社会支持网络的方法

1.主动与人交往

大学生活中有很多机会结识更多的人，如参加社团活动、加入学生会、参加志愿者活动等。我们可以主动参与这些活动，积极与他人交流和互动，扩大自己的社交圈子。在与人交往的过程中，要保持真诚、友善、开放的态度，尊重他人的观点和感受，这样才能建立起良好的人际关系。

2.与家人保持联系

家人是我们最亲近的人，他们的支持和关爱对我们来说至关重要。我们可以通过电话、短信、视频聊天等方式与家人保持联系，分享自己的生活和学习情况，听取他们的建议和意见。同时，我们也可以在假期回家看望家人，增进彼此之间的感情。

3.结交志同道合的朋友

在大学生活中，我们可以结交一些志同道合的朋友，他们可以与我们一起分享兴趣爱好、追求梦想。我们可以通过参加社团活动、参加兴趣小组等方式认识这些朋友，与他们建立起深厚的友谊。在与朋友交往的过程中，要相互支持、相互鼓励、共同进步。

4.与老师建立良好的关系

老师是我们学习和成长过程中的重要指导者，他们可以为我们提供学业上的指导和帮助，也可以为我们提供人生经验和价值观的引导。我们可以主动与老师交流和互动，请教问题、寻求建议，建立起良好的师生关系。同时，我们也可以参加老师组织的学术活动、科研项目等，提高自己的综合素质和能力。

5.参与社会组织

社会组织如学生会、社团、志愿者组织等可以为我们提供各种机会和资源，帮助我们拓展人际关系、提升综合素质和社会责任感。我们可以根据自己的兴趣爱好和专业特长选择加入一些社会组织，积极参与组织的活动和项目，在为社会做出贡献的同时也提升了自己的能力和价值。

四、维护社会支持网络的方法

（一）保持联系

建立起社会支持网络后，我们要与网络中的人保持联系，不能因为忙碌而忽略了他们。我们可以定期与家人、朋友、老师等联系，分享自己的生活和学习情况，关心他们的近况。同时，我们也可以参加一些社交活动，如聚会、聚餐、旅游等，增进彼此之间的感情。

（二）给予支持

社会支持网络是一个相互支持的系统，我们在接受他人支持的同时也要给予他人支持。当我们的家人、朋友、同学等遇到困难和挑战时，我们要主动关心他们、倾听他们的烦恼、给予他们实际的帮助和建议。这样不仅可以增进彼此之间的感情，也可以让我们的社会支持网络更加稳固。

（三）学会感恩

我们要学会感恩他人的支持和帮助，不能把他人的付出视为理所当然。当我们接受他人的支持和帮助时，要及时表达感谢之情，可以通过口头表达、写感谢信、送小礼物等方式来表达自己的感激之情。这样可以让他人感受到我们的真诚和尊重，也可以让我们的社会支持网络更加和谐。

（四）解决冲突

在人际关系中，难免会出现一些冲突和矛盾。当我们与他人发生冲突时，要保持冷静、理智，避免情绪化的反应。我们可以通过沟通、协商、妥协等方式来解决冲突，维护良好的人际关系。同时，我们也要学会从冲突中吸取教训，不断改进自己的沟通方式和人际交往技巧。

小结：建立和维护良好的社会支持网络是大学生活中的一项重要任务。通过主动与人交往、与家人保持联系、结交志同道合的朋友、与老师建立良好的关系、参与社会组织等方式，我们可以建立起一个广泛而稳固的社会支持网络。同时，通过保持联系、给予支持、学会感恩、解决冲突等方式，我们可以维护好这个网络，让它为我们的成长和发展提供持续的支持和帮助。

第五节　提升心理健康素养

在大学生的成长历程中，提升心理健康素养具有至关重要的意义。它不仅关系到个人的幸福与发展，也对整个社会的和谐与进步产生深远影响。

一、心理健康素养的内涵

心理健康素养是指人们综合运用心理健康知识、技能和态度，以维持和促进心理健康的能力。它包括对心理健康的正确认识、对心理问题的识别与应对、积极的心理调适方法以及对心理服务资源的合理利用等方面。对大学生而言，具备良好的心理健康素养意味着能够正确看待自己的情绪和心理状态，及时发现问题并采取有效的应对措施，保持积极乐观的心态面对学习和生活中的各种挑战。

二、提升心理健康素养的重要性

（一）促进个人成长与发展

1.增强心理韧性

大学生在面对学业压力、人际关系问题、未来职业规划等挑战时，良好的心理健康素养能够帮助他们培养心理韧性，即面对困难和挫折时的抗压能力和恢复能力。具备心理韧性的大学生能够更好地适应环境变化，从挫折中迅速恢复，继续前行。

2.提高自我认知

提升心理健康素养有助于大学生更深入地了解自己的性格特点、兴趣爱好、价值观等，从而更好地发挥自己的优势，弥补自身的不足。通过自我认知，大学生可以明确自己的人生目标和发展方向，做出更符合自己内心需求的选择。

3.促进人际关系和谐

心理健康素养高的大学生能够更好地理解他人的情绪和需求，掌握有效的沟通技巧和冲突解决方法，从而建立良好的人际关系。良好的人际关系不仅能为大学生带来情感上的支持和满足，还能为他们的学习和生活提供更多的机会和资源。

（二）保障学业成功

1.提高学习效率

心理健康状态良好的大学生能够更好地集中注意力、保持积极的学习态度，从而提高学习效率；相反，心理问题如焦虑、抑郁等会严重影响大学生的学习动力和注意力，导致学习成绩下降。

2.增强创新能力

积极的心理状态有助于激发大学生的创造力和创新思维。具备良好心理健康素养的大学生能够保持开放的心态，勇于尝试新事物，提出独特的见解和解决方案，为学业和未来的职业发展奠定基础。

（三）维护社会和谐稳定

1.减少心理问题的发生

提升大学生的心理健康素养可以增强他们对心理问题的预防意识，减少心理问题的发生。同时，当大学生自身出现心理问题时，能够及时寻求帮助并进行有效的干预，避免问题进一步恶化，从而降低对社会的负面影响。

2.培养积极的社会心态

心理健康素养高的大学生能够传播积极的心理能量，影响身边的人，营造和谐、积极向上的社会氛围。他们能够以乐观的心态面对生活中的困难和挑战，为社会的稳定和发展贡献自己的力量。

三、如何提升心理健康素养

（一）学习心理健康知识

大学生可以通过选修心理健康课程、阅读心理健康书籍和文章、参加心理健康讲座等方式，系统地学习心理健康知识，了解心理问题的成因、表现和应对方法。

（二）培养积极的心理品质

积极的心理品质包括乐观、自信、坚韧、善良等。大学生可以通过参加社会实践、志愿服务、体育锻炼等活动，培养自己的积极心理品质，提升心理健康水平。

（三）掌握心理调适方法

心理调适方法包括深呼吸、冥想、运动、倾诉等。大学生在面对压力和情绪问题时，能够运用这些方法进行有效的心理调适，保持良好的心理状态。

（四）合理利用心理服务资源

当遇到自己无法解决的心理问题时，大学生应及时寻求专业的心理帮助，如学校的心理健康中心、心理热线等。同时，也可以与家人、朋友交流，获得情感上的支持和建议。

（五）获取心理健康知识和技能的资源和渠道

在大学生活中，关注心理健康、获取心理健康知识和技能至关重要。了解并利用各种资源和渠道，可以帮助大学生更好地应对学习、生活中的压力与挑战，提升心理调适能力，促进自身的全面发展。

小结：提升心理健康素养是大学生成长过程中的重要任务。大学生应充分认识到心理健康素养的重要性，积极采取措施提升自己的心理健康素养，为自己的未来发展和社会的和谐稳定奠定坚实的基础。

四、如何获得学校资源

（一）师资资源

1.心理健康教育课程

许多高校都开设了心理健康教育相关课程，如“大学生心理健康”“心理调适与发展”等。这些课程系统地介绍了心理健康的基础知识、常见心理问题的识别与应对方法，以及心理调适的技巧。通过学习这些课程，大学生可以全面了解心理健康的重要性，掌握实用的心理健康知识和技能。

2.心理健康中心

学校的心理健康中心是大学生获取专业心理帮助的重要渠道。心理健康中心通常由专业的心理咨询师组成，他们可以为学生提供个体心理咨询、团体心理辅导等服务。如果大学生在学习、生活中遇到心理困扰，如焦虑、抑郁、人际关系问题等，可以主动预约心理咨询，获得专业的指导和支持。

3.心理健康讲座与活动

学校会不定期举办各种心理健康讲座、工作坊和主题活动。这些活动涵盖了丰富的主题，如压力管理、情绪调节、人际交往、恋爱心理等。大学生可以积极参加这些活动，通过专家的讲解和互动体验，学习到实用的心理健康知识和技能，同时也能结交志同道合的朋友，拓展自己的社交圈子。

（二）校媒体资源

1.心理健康网站

有许多专业的心理健康网站，如中国心理网、壹心理等，提供了丰富的心理健康知识以及心理测试、在线咨询等服务。大学生可以通过浏览这些网站，了解不同类型的心理问题及其应对方法，进行自我心理评估，获取专业的心理建议。

2.在线课程平台

一些在线课程平台，如网易云课堂、腾讯课堂等，提供了大量的心理健康相关课程。这些课程由专业的心理专家授课，内容涵盖了心理健康基础知识、心理调适技巧、心理治疗方法等。大学生可以根据自己的需求和兴趣选择适合自己的课程进行学习。

3.社交媒体与心理健康博主

在社交媒体平台上，有许多心理健康博主分享关于心理健康的知识、经验和故事。大学生可以关注这些博主，通过他们的分享了解心理健康的重要性，学习心理调适的方法。同时，也可以在社交媒体上与其他网友交流心得，分享自己的经验和感受。

（三）书籍与文献资源

1.心理健康书籍

图书馆和书店里有很多关于心理健康的书籍，如《自卑与超越》《非暴力沟通》《蛤蟆先生去看心理医生》等。这些书籍从不同角度探讨了心理健康的问题，提供了实用的建议和方法。大学生可以通过阅读这些书籍，深入了解心理健康的知识，提升自己的心理素养。

2.学术期刊与研究文献

如果大学生对心理健康领域有更深入的研究兴趣，可以查阅相关的学术期刊和研究文献。学校图书馆的数据库中通常收录了大量的心理学学术期刊和研究报告，这些文献可以帮助大学生了解心理健康领域的最新研究成果和发展动态。

（四）社区与社会组织资源

1.社区心理健康服务中心

一些社区设有心理健康服务中心，为居民提供心理健康咨询、心理辅导等服务。大学生可以了解所在社区的心理健康服务资源，在需要时寻求帮助。

2.心理健康社会组织

有一些心理健康社会组织，如心理学会、心理健康促进会等，会举办各种心理健康活动和培训。大学生可以关注这些组织的活动信息，积极参与其中，拓展自己的视野，学习更多的心理健康知识和技能。

小结：大学生可以通过学校资源、在线资源、书籍与文献资源以及社区与社会组织资源等多种渠道获取心理健康知识和技能。在利用这些资源的过程中，大学生要保持积极主动的学习态度，根据自己的实际需求和兴趣选择适合自己的资源和渠道，不断提升自己的心理健康素养，为自己的成长和发展奠定坚实的基础。

【心理行为拓展】

亲爱的同学们，我们一同走过了心理健康的诸多领域，探索了自我认知、情绪管理、人际关系等重要篇章。如今，来到了旅程的终点——心理健康的维护与促进。

这一章是前面所学的总结与升华，它将前面各章的知识与经验汇聚起来，为我们指明如何持续保持和提升心理健康水平。就像精心呵护一棵成长的树苗，使其茁壮成长为参天大树。在这个重要的章节里，我们将通过有趣的互动活动，一起探索如何更好地维护和促进我们的心理健康，为美好的大学生活和未来人生奠定坚实的心理基础，带着健康的心灵迈向更广阔的未来。

一、心理健康知识问答——“你学到了多少”

1.将同学们分成若干小组，每个小组推选一名代表进行答题。

体会：____

____

2.老师提出一系列关于大学生心理健康维护和促进的问题，如“当你感到压力很大时，你可以采取哪些方法来缓解压力”“良好的人际关系对心理健康有哪些重要意义”“如何培养积极的心态”等。

体会：____

____

3.每个小组的代表进行抢答，答对一题得一分。最后得分最高的小组获胜，可以获得小奖品。

体会：____

二、心理健康案例分析

1.老师展示一些大学生心理健康的案例，如“小明因为考试失利而感到沮丧，他应该怎么做”“小红在宿舍里和室友发生了矛盾，她该如何处理”等。

体会：

2.各小组对案例进行分析讨论，提出解决问题的方法和建议。

体会：

3.每个小组推选一名代表进行发言，分享小组的讨论结果。老师对各小组的发言进行点评和总结。

体会：

三、心理健康小游戏

1.“情绪传递”游戏：

同学们分成若干组，每组排成一列。第一个同学得到一个情绪词语（如开心、难过、愤怒等），然后通过表情和动作将这个情绪传递给下一个同学，依次传递下去，最后一个同学猜出这个情绪词语。

请写下你的情绪词语：

通过这个游戏，让同学们更好地理解和识别自己的情绪，同时也增强了团队之间的沟通和合作。

2.“优点大轰炸”游戏：

每个同学在纸上写下自己的名字，然后将纸传给旁边的同学。每个同学在收到的纸上写下对方的优点，然后再传给下一个同学，直到纸张回到原来的主人手中。

这个游戏可以帮助同学们发现自己的优点和价值，增强自信心，同时也促进了同学之间的相互了解和欣赏。

四、互动总结与升华

1.老师对整个互动活动进行总结，强调大学生心理健康维护和促进的重要性。

心理健康是我们全面发展的基础，它关系到我们的学习、生活、人际关系以及未来的职业发展。我们可以通过积极的心态、良好的人际关系、有效的情绪管理等方法来维护和促进我们的心理健康。

2.鼓励同学们在日常生活中运用所学的知识和方法，关注自己和他人的心理健康。

希望同学们能够将今天所学的内容运用到实际生活中，积极面对生活中的挑战和困难，保持良好的心理状态。同时，也希望同学们能够关心和帮助身边的同学，共同营造一个健康、和谐的校园环境。

本章小结

在大学生心理健康教育中，电子产品合理使用不容忽视。合理利用可便利学习与生活，如用学习类App和社交软件，但过度依赖或不当使用会导致沉迷游戏、刷短视频浪费时间和产生焦虑等负面情绪，大学生需自我约束。培养积极心理为心理健康提供内在动力，包括保持乐观心态、自我认可和坚韧精神，可通过设定目标积累自信、积极自我暗示、培养兴趣爱好和保持良好生活习惯等途径实现。构建良好社会支持系统是外部保障，大学生要和家人、朋友、老师、同学积极互动，获得情感慰藉和实际帮助。提升心理健康素养是重要基础，大学生要学习相关知识、掌握应对方法、增强心理免疫力。这几个方面相互关联促进，共同保障大学生心理健康。

※学习园地※

●互动思考题

1.体验组团打游戏的快乐情绪。

2.讨论当代科技的发展，说一说你了解的人工智能。

3.放不下手机也许是因为“焦虑”的情绪，请你及时联系心理老师进行专业帮助。

第十二章　大学生职业规划

学习目标

大学生职业规划的核心目标是实现个人与职业的完美匹配和可持续发展。在自我探索方面，全面且深入地了解自己的性格、兴趣、能力和价值观，以此为基石来筛选适配的职业方向。积极收集职业信息，涵盖各个行业的发展趋势、岗位需求、薪资待遇等内容，建立丰富的职业信息库。依据自我认知和职业信息、短期的学业与技能提升目标，针对自我探索分析与能量提升技巧，指导大学生记录自己的成就事件，无论大小，通过回顾这些成功经历增强自信心和自我效能感。当遇到挫折时，引导他们从挫折中寻找积极意义和学习点，将其转化为成长的能量。鼓励学生与积极向上的同伴交流，在良好的人际氛围中汲取正能量，进一步完善自我探索分析。可以规划自己的成长以及未来的发展方向，树立正确的世界观、人生观、价值观。

大学生职业规划与人生规划具有重大意义。目标在于帮助大学生明确未来方向，实现自我价值。通过提升自我认知，大学生能了解自己的兴趣、优势和价值观，从而确定适合的职业目标。通过制订具体的行动计划，如学习专业知识、参加实践活动、拓展人际关系等，为实现职业目标奠定基础。

对个人而言，能增强自我管理能力，提升学习动力，在面对困难与挑战时更具韧性。同时，有助于全面发展，培养多种能力，为未来职业发展做好充分准备。对未来职业，可提高就业成功率，让大学生找到与自身匹配的工作，获得职业满意度和成就感，实现个人价值与职业发展的统一，开启精彩人生篇章。

学生通过在职业规划过程中对自己兴趣、价值观、能力和性格等方面的深入了解，帮助他们更加清晰地认识自己，增强自我认同感。

以下是一个大学生通过职业规划发现自己优势和潜力、提升自信心的案例：

案例主角：小李，某大学大三学生。

小李在大学前两年一直处于迷茫状态，对未来没有明确的方向。在大三时，学校开设了职业规划课程。课程中，老师引导同学们进行自我评估，包括兴趣爱好、技能特长、价值观等方面。通过一系列的测试和反思，发现自己对数据分析有着浓厚的兴趣。他回想起自己在一些课程项目中，总是对数据处理和分析的部分特别投入，而且完成得很出色。同时，他也意识到自己具备较强的逻辑思维能力和问题解决能力，这些都是在数据分析工作中非常重要的优势。

在确定了自己的职业方向后，小李开始有针对性地学习数据分析相关的知识和技能。

他参加了学校组织的数据分析训练营，自学了数据分析软件，还通过网络课程提升自己的理论水平。随着知识和技能的不断积累，小李在一次学校举办的数据分析大赛中获得了优异的成绩。这次经历让他深刻认识到自己的潜力，自信心也大大提升。他开始积极地寻找实习机会，并在一家知名企业的数据分析岗位上获得了实习资格。

通过这个实习，小李进一步验证了自己的职业规划是正确的。他在工作中表现出色，得到了领导和同事的认可。现在的小李对未来充满信心，他知道自己只要沿着这条道路继续努力，一定能实现自己的职业目标。

第一节　大学生职业焦虑与迷茫的来源

一、焦虑与迷茫的来源

（一）自我认知不清晰

大学生处于人生的成长阶段，对自己的兴趣、能力、价值观等方面的认识往往不够清晰。他们可能不知道自己真正喜欢什么，擅长什么，以及未来想要追求什么样的生活。这种自我认知的模糊性使得他们在面对职业选择时感到无所适从。

例如，有些学生在大学期间选择专业时可能是听从父母的建议或随大流，而没有真正考虑自己的兴趣和能力。到了面临职业选择时，他们才发现自己对所学专业并不感兴趣，或者不知道该专业对应的职业领域有哪些，从而陷入焦虑和迷茫。

（二）外部环境的不确定性

当今社会，经济形势、行业发展趋势等外部环境变化迅速，这给大学生的职业选择带来了很大的不确定性。他们不知道哪个行业有发展前景，哪个职业岗位需求大，也不确定自己所学的专业在未来是否还具有竞争力。

比如，随着科技的飞速发展，一些传统行业逐渐被新兴行业所取代，这使得学习传统专业的学生对未来的职业前景感到担忧。同时，新兴行业的出现也带来了新的职业岗位，但大学生对这些岗位的要求和发展前景了解有限，不敢轻易尝试。

（三）社会压力和期望

大学生往往面临来自家庭、社会等各方面的压力和期望。父母希望他们能找到一份稳定、高收入的工作；社会对大学生的学历和能力也有一定的要求。这些压力和期望使得大学生在职业选择时感到焦虑，担心自己无法满足他人的期望。

例如，有些学生的家庭经济条件不好，他们希望能尽快找到一份高薪工作来减轻家庭负担。但由于自身能力和经验的限制，他们可能觉得自己无法达到这个目标，从而陷入焦虑和迷茫。

二、职业规划的重要性

（一）提供方向和目标

职业规划可以帮助大学生明确自己的职业目标和发展方向。通过自我评估和职业探索，大学生可以了解自己的兴趣、能力和价值观，以及不同职业的特点和要求。在此基础上，他们可以制定出符合自己实际情况的职业规划，明确自己未来的职业方向和目标。

例如，一个对市场营销感兴趣的学生，通过职业规划可以了解到市场营销领域的不同岗位，如市场调研、品牌推广、销售等，并根据自己的能力和兴趣确定自己的职业目标。有了明确的目标，学生在学习和实践中就会更有针对性，也会更加自信和坚定。

（二）减少不确定性带来的心理压力

职业规划可以帮助大学生了解职业发展的趋势和规律，减少外部环境的不确定性带来的心理压力。通过对行业发展趋势、职业岗位需求等方面的研究，大学生可以更好地把握未来的职业机会，提前做好准备。

比如，一个学习计算机科学的学生，通过了解人工智能、大数据等新兴技术的发展趋势，可以提前学习相关知识和技能，为未来进入这些领域做好准备。这样，即使外部环境变化迅速，他们也能更加从容地应对，减少不确定性带来的心理压力。

（三）增强自我认知和自信心

职业规划的过程也是一个自我认知的过程。通过不断地反思和探索，大学生可以更加深入地了解自己的优势和不足，从而更好地发挥自己的优势，弥补自己的不足。同时，职业规划的成功实施也会让大学生感受到自己的能力和价值，增强自信心。

例如，一个学生在职业规划的过程中发现自己具有良好的沟通能力和团队协作精神，于是他选择了项目管理这个职业方向。在学习和实践中，他不断地锻炼自己的沟通和团队协作能力，取得了很好的成绩。这些成绩让他更加自信，也让他对未来的职业发展充满信心。

小结：大学生在面对未来职业选择时，常常会出现焦虑和迷茫情绪。而职业规划可以为他们提供方向和目标，减少不确定性带来的心理压力，增强自我认知和自信心。因此，大学生应该重视职业规划，积极主动地进行自我探索和职业探索，制定出符合自己实际情况的职业规划，并努力实施，为自己的未来职业发展打下坚实的基础。

三、可能遇到的困难和挫折

（一）自我认知偏差

（1）对自己的兴趣、能力和价值观判断不准确。例如，有的学生可能认为自己喜欢某个职业，但实际上只是对该职业的表面现象感兴趣，真正深入了解后发现并不适合自己。

（2）过高或过低地评估自己的能力。过高估计自己可能导致在求职过程中遭遇挫折后信心大受打击；过低估计自己则可能错过一些好的机会。

（二）外部环境变化

（1）行业发展趋势的变化。某些热门行业可能在短时间内变得不景气，而一些新兴行业又需要新的技能和知识，这使得大学生的职业规划面临挑战。

（2）经济形势的影响。在经济不景气时，就业机会减少，竞争加剧，大学生可能难以找到理想的工作。

（三）职业选择冲突

（1）个人兴趣与家庭期望的冲突。有些学生的兴趣爱好可能与家长的期望不一致，这会给他们带来心理压力。

(2) 短期利益与长期发展的冲突。比如，一份高薪但发展空间有限的工作和一份起薪较低但有良好发展前景的工作，大学生在选择时可能会感到纠结。

(四) 求职失败

在求职过程中，可能会面临简历被拒、面试失败等情况。多次的求职失败容易让大学生产生自我怀疑和焦虑情绪。

微课 12-1

积极应对挑战提升心理韧性的方法

四、积极应对挑战提升心理韧性的方法

(一) 正确认识自我

(1) 进行全面的自我评估。可以通过职业测评、向他人请教、自我反思等方式，深入了解自己的兴趣、能力和价值观。

(2) 保持客观的态度。既不盲目自信，也不妄自菲薄，对自己有一个准确的认识。

(二) 关注外部环境

(1) 了解行业动态。通过阅读行业报告、关注新闻资讯、参加行业活动等方式，及时掌握行业发展趋势，为职业规划做出调整。

(2) 提升适应能力。学习新的知识和技能，以适应不断变化的外部环境。

(三) 协调职业选择冲突

(1) 与家人沟通。坦诚地与家人交流自己的想法和职业规划，争取他们的理解和支持。

(2) 权衡利弊。在面对职业选择冲突时，仔细分析各种选择的优缺点，结合自己的长期发展目标做出决策。

(四) 应对求职失败

(1) 保持积极心态。把求职失败看作是学习和成长的机会，从中总结经验教训。

(2) 持续提升自己。根据求职失败的原因，有针对性地提升自己的能力和素质，如改善简历、提高面试技巧等。

小结：在职业规划过程中，大学生不可避免地会遇到各种困难和挫折。通过正确认识自我、关注外部环境、协调职业选择冲突和积极应对求职失败等方法，可以提升心理韧性，更好地应对挑战，实现自己的职业目标。

第二节　自我认知与职业探索

对高职学生来说，明确自我职业认知和积极进行职业探索至关重要，这将为未来的职业发展奠定坚实的基础。

一、自我职业认知的重要性

自我职业认知是对自己的兴趣、能力、价值观等方面与职业相关因素的了解和认识。只有清晰地认识自己，才能找到与自身特质相匹配的职业方向。高职大学生正处于人生的关键阶段，面临着即将步入社会的挑战，通过自我职业认知，可以更好地规划未来的职业

道路，避免盲目选择和频繁跳槽。

二、自我职业认知的方法

（一）自我反思

静下心来回顾自己的成长经历、学习过程和兴趣爱好。思考自己在哪些活动中感到快乐和满足，哪些方面表现出较强的能力。例如，如果你在学校的手工制作课程中表现出色，并且享受这个过程，那么可能意味着你在手工技艺方面有一定的天赋和兴趣，这可以引导你考虑相关的职业领域，如工艺美术、产品设计等。

（二）职业测评

利用专业的职业测评工具，如霍兰德职业兴趣测试、MBTI性格测试等。这些测评可以帮助你了解自己的职业兴趣类型、性格特点以及适合的职业方向。例如，霍兰德职业兴趣测试将人的职业兴趣分为六种类型，如果你测试结果显示为艺术型，那么可能适合从事艺术创作、设计、表演等职业。

（三）他人评价

向身边的老师、同学、家人和朋友询问他们对你的看法和评价。他们可能会看到你自己没有意识到的优点和潜力，也能提供不同的视角。比如，老师可能会评价你的组织能力强，同学觉得你很有耐心，这些特点可以对应到一些职业要求中，如活动策划、教育辅导等职业。

三、职业探索的途径

（一）实习实践

积极参加学校组织的实习活动和社会实践。通过实际工作，了解不同职业的工作内容、工作环境和职业要求。在实习过程中，你可以亲身体验职场生活，感受自己是否喜欢和适应特定的职业。例如，在一家企业的市场营销部门实习，可以了解到市场营销工作的具体流程和挑战，从而判断自己是否对这个职业领域感兴趣。

（二）职业访谈

寻找已经从事你感兴趣职业的人士进行访谈。了解他们的职业发展历程、工作中的收获和挑战，以及对该职业的看法和建议。职业访谈可以让你获取第一手的职业信息，帮助你更深入地了解不同职业的真实情况。比如，与一位软件工程师进行访谈，可以了解到软件行业的发展前景、所需的技能和知识，以及如何进入这个行业。

（三）网络资源

利用互联网搜索相关职业信息，如职业介绍网站、行业论坛、社交媒体等，可以了解不同职业的发展趋势、薪资待遇、就业前景等。同时，也可以加入一些职业相关的社群，与其他有相同职业兴趣的人进行交流和分享经验。例如，在知乎上搜索“机械工程师职业发展”，可以看到很多从业者的经验分享和建议。

高职大学生要重视自我职业认知和职业探索，通过多种方法和途径了解自己和职业世界，为未来的职业发展做好充分准备。

微课 12-2

职业规划的方法与步骤

四、职业规划的方法与步骤

（一）确定职业目标

职业目标的确定是职业规划的关键起点，它犹如航海中的灯塔，为我们指引前进的方向。

1.短期目标

在大学这段宝贵的时光里，我们可以设定一系列具体而明确的短期目标。例如，努力在大学期间取得与专业相关的证书，如计算机等级证书、职业技能证书等，这些证书不仅是对我们专业能力的一种认可，更是未来求职的重要敲门砖。同时，积极参加各类实践活动，如社团组织的活动、专业竞赛等。通过参与社团活动，可以锻炼我们的团队协作能力、沟通能力和领导能力；而参加专业竞赛则能提升我们的专业技能水平，拓宽我们的视野，让我们在与其他同学的竞争中不断成长。

2.中期目标

毕业后的几年是我们职业生涯的重要起步阶段。我们可以明确自己在这个阶段的职业发展方向。比如，确定进入某个特定的行业，这个行业可以是与我们所学专业紧密相关的，也可以是我们经过深入了解和分析后认为具有发展潜力的新兴行业。同时，设定担任某个具体职位的目标，如成为一名项目经理、市场专员等。为了实现这个目标，我们需要在毕业后的几年里不断积累工作经验，提升自己的专业素养和综合能力。

3.长期目标

长期目标代表着我们未来的职业理想和人生追求。它可能是成为行业内的专家，在自己的领域内拥有深厚的专业知识和丰富的实践经验，为行业的发展做出重要贡献。或者选择创业，开创自己的事业，实现自己的人生价值。无论是成为行业专家还是创业，都需要我们具备坚定的信念、卓越的能力，并且要做出不懈的努力。

（二）制订行动计划

有了明确的职业目标后，我们需要制订具体可行的行动计划，将目标转化为实际行动。

1.学习提升

根据职业目标的要求，确定我们需要学习的专业知识和技能。如果我们的目标是进入某个特定行业，那么我们需要深入了解这个行业所需的专业知识和技能，制订相应的学习计划。可以选修与职业目标相关的课程，这些课程可以是学校开设的专业选修课程，也可以是在线学习平台上的课程。此外，参加各种培训也是提升自己的有效途径，如专业技能培训、职业素养培训等。通过不断学习和提升，我们可以增强自己的竞争力，为实现职业目标打下坚实的基础。

2.社会实践

社会实践是我们积累工作经验和社会资源的重要途径。我们可以积极参与实习活动，通过实习我们可以了解职场的工作环境和要求，将所学的理论知识应用到实际工作中，提高自己的实践能力。同时，参与项目实践也是一个很好的选择，无论是学校的项目还是企业的项目，都可以让我们在实际操作中提升自己的专业技能和团队协作能力。此外，参加志愿者活动也可以丰富我们的人生阅历，培养我们的社会责任感和团队合作精神。

3.人际关系拓展

良好的人际关系网络对我们的职业发展起着重要的支持作用。我们可以建立与老师、同学、校友、行业人士等的联系。与老师保持良好的关系，可以获得他们的指导和建议，为我们的职业规划提供有益的参考。与同学和校友建立联系，可以互相交流学习经验和职业信息，共同成长。与行业人士建立联系，可以了解行业的最新动态和发展趋势，为我们的职业发展提供更多的机会和资源。

（三）评估与调整

职业规划不是一成不变的，我们需要定期评估职业规划的实施情况，根据实际情况进行调整。

1.定期评估

我们可以每隔一段时间，如半年或一年，对自己的职业规划进行评估。评估的内容包括职业目标的实现情况、行动计划的执行情况等。通过评估，我们可以了解自己在职业规划实施过程中的进展和存在的问题，及时调整自己的行动策略。

2.分析影响因素

在职业规划的实施过程中，可能会有很多因素影响我们的职业规划，如个人兴趣变化、市场需求变化等。当个人兴趣发生变化时，我们需要重新审视自己的职业目标是否与自己的兴趣相符合，如果不符合，需要及时调整职业目标。当市场需求发生变化时，我们需要关注行业的发展趋势，调整自己的行动计划，以适应市场的变化。

小结：职业规划是一个动态的过程，我们需要不断地确定职业目标、制订行动计划、评估与调整，以确保我们的职业规划能够适应不断变化的环境和个人发展需求。只有这样，我们才能在职业生涯中取得成功，实现自己的人生价值。

第三节　职业心态与职业挑战的应对策略

对大学生来说，即将步入职场，拥有良好的职业心态和应对职业挑战的能力至关重要。

微课 12-3

职业心态

一、职业心态

（一）积极主动

积极主动的心态能让大学生在求职和工作中脱颖而出。在求职过程中，应主动寻找机会，投递简历，参加招聘会和实习项目。进入职场后，应主动承担工作任务，积极与同事和上级沟通交流，不断提升自己的能力。积极主动的大学生更容易获得晋升机会和职业发展空间。

（二）责任心

责任心是职场中不可或缺的品质。大学生要对自己的工作负责，认真完成每一项任务，确保工作质量。同时，要对团队和企业负责，积极为团队和企业的发展贡献自己的力量。有责任心的大学生更容易获得同事和上级的信任和认可。

（三）学习心态

职场是一个不断变化和发展的环境，大学生要保持学习心态，不断学习新知识和新技能，提升自己的综合素质。可以通过参加培训、阅读专业书籍和文章、向同事和上级请教等方式不断学习。拥有学习心态的大学生更容易适应职场的变化和发展，实现自己的职业目标。

（三）团队合作

团队合作是职场中非常重要的能力。大学生要学会与同事合作，共同完成工作任务。在团队中，要尊重他人的意见和建议，积极参与讨论和决策，发挥自己的优势，为团队的发展贡献自己的力量。具备团队合作能力的大学生更容易在团队中获得成功。

二、应对职业挑战的策略

（一）提升专业技能

高职大学生要不断提升自己的专业技能，以应对职场中的挑战。可以通过参加实习、实践项目、培训课程等方式提升自己的专业技能。同时，要关注行业动态和发展趋势，不断学习新的知识和技能，保持自己的竞争力。

（二）建立人际关系网络

人际关系网络对于大学生的职业发展非常重要。可以通过参加社交活动、加入行业协会、与校友和老师保持联系等方式建立人际关系网络。在人际关系网络中，可以获得更多的职业机会和信息，同时也可以获得他人的支持和帮助。

（三）培养解决问题的能力

职场中会遇到各种各样的问题，大学生要培养自己解决问题的能力。可以通过分析问题、提出解决方案、实施解决方案等方式培养自己解决问题的能力。同时，要学会从失败中吸取教训，不断改进自己解决问题的方法。

（四）保持良好的心态

职场中会遇到各种挑战和压力，高职大学生要保持良好的心态，积极应对挑战和压力。可以通过运动、旅游、阅读等方式缓解压力，保持身心健康。同时，要学会调整自己的心态，以积极的态度面对挑战和压力。

小结：高职大学生要拥有良好的职业心态和应对职业挑战的能力，不断提升自己的综合素质，实现自己的职业目标。

【心理行为拓展】

一、看看你是否适合创业？——“老板VS员工”

（一）量表题目

以下每道题都有4个选项：A.经常 B.有时 C.很少 D.从不，请根据自己的情况做出选择，将结果填在括号内。

1.在急需决策时，你是否在想“再让我考虑一下吧”？（　　）

2.你是否为自己的优柔寡断找借口说“得慎重，怎能轻易下结论呢”？（　　）

3.你是否为避免冒犯某个有实力的客户而有意回避一些关键性的问题，甚至有意迎合客户呢？（　　）

4.你是否无论遇到什么紧急任务都先处理日常的琐碎事务呢？(　　)

5.你是否一定要在巨大压力下才肯承担重任？(　　)

6.你是否无力抵御妨碍你完成重要任务的干扰和危机？(　　)

7.你在决策重要的行动和计划时，常忽视其后果吗？(　　)

8.当你需要做出很可能不得人心的决策时，是否找借口逃避而不敢面对？(　　)

9.你是否总是在晚上才发现有要紧的事没办？(　　)

10.你是否因不愿承担艰巨任务而寻找各种借口？(　　)

11.你是否常来不及躲避或预防困难情形的发生？(　　)

12.你总是拐弯抹角地宣布可能得罪他人的决定吗？(　　)

13.你喜欢让别人替你做你自己不愿做而又不得不做的事吗？(　　)

计分：选A得4分，选B得3分，选C得2分，选D得1分。

最终得分：________________________________

(二) 结果分析

1.得分50分以上，说明你的个人素质与创业者相去甚远；

2.40～49分，说明你不算勤勉，应彻底改变拖沓、低效率的缺点，否则创业只是一句空话；

3.30～39分，说明你在大多数情况下充满自信，但有时犹豫不决，不过没关系，这也是稳重和深思熟虑的表现；

4.15～29分，说明你是一个高效率的决策者和管理者，有望成为成功的创业者，你还等什么？

二、职场中的心理韧性培养——“我是打不死的小强！”

嘿，同学们！咱们现在一起来聊聊怎样在未来的职场中变得超级强大，拥有极强的心理韧性。想象一下，未来的职场就像一个充满挑战的大冒险，而我们要成为那个勇敢无畏的冒险家。

首先呢，大家回忆一下自己曾经遇到过的困难时刻。也许是一次考试没考好，也许是和朋友闹矛盾，又或者是参加比赛失败了。那时候的你是怎么做的呢？把你的想法和感受写下来吧。

____

____

好啦，现在我们来看看这些经历能给我们在职场中带来什么启示。当我们面对职场上的压力时，就可以想想以前是怎么克服那些困难的。比如，考试没考好后，你是不是更加努力学习了呢？那在职场中，如果遇到项目失败，我们也可以从中吸取教训，下次做得更好。

想象一下，你第一天去新公司上班，紧张得手心出汗。这时候，你会怎么调整自己的心态呢？把你的方法写下来。

____

____

很棒哦！大家的方法都很有创意。其实，我们可以在心里给自己打气，告诉自己“我能行”。也可以做几个深呼吸，放松一下身体。还可以提前准备好，了解公司的情况和自己的工作职责，这样就会更有信心。

职场中肯定会有被领导批评的时候，那可不好受呢。大家想想，如果被领导批评了，你会怎么做呢？

被批评的时候，不要灰心丧气哦。我们可以把它当成一次学习的机会，听听领导的建议，改进自己的工作。也可以和同事交流一下，看看他们有没有类似的经历，是怎么处理的。

再想象一下，你在负责一个很重要的项目，压力山大。这时候，你要怎么保持积极的心态呢？

可以把大目标分解成小目标，一步一步来，每完成一个小目标就给自己一个小奖励。也可以和团队成员互相鼓励，一起加油。还可以在休息的时候做一些自己喜欢的事情，放松心情。

同学们，未来的职场之路可能不会一帆风顺，但只要我们有足够的心理韧性，就一定能克服困难，取得成功。让我们一起加油吧！现在，大家再回顾一下自己刚才写的内容，看看有没有新的启发。

好啦，今天的互动就到这里啦。希望大家在未来的职场中都能成为坚强勇敢的战士，勇往直前！

本章小结

本章围绕大学生职业规划展开了全面且深入的引导，为大学生的职业发展之路点亮明灯。在引导大学生进行自我探索方面，我们不仅帮助他们明晰自身性格、兴趣、价值观和能力，更融入了心理健康应对技巧。鼓励大学生在面对自我认知的困惑或可能出现的焦虑情绪时，采用积极的自我对话方式，如将负面评价转化为成长型思维的提示，“我在这方面经验不足，但这是学习新事物的好机会”。同时，运用冥想等放松技巧来缓解因自我探索可能带来的压力，保持平和心态深入剖析自己。

※学习园地※

●互动思考题

1.大学生在职业规划中焦虑和迷茫的原因是什么？

2.应对职业挑战的策略有哪些？

3.职业规划的方法与步骤有哪些？

参考文献

[1] 张骞，唐继红. 大学生抗挫折心理素质培养的现状及对策研究 [J]. 教育与职业，2012 (33)：83-84.

[2] 裴领霞. 积极心理学视角下大学生心理健康教育策略研究 [J]. 大学，2024 (22)：180-183.

[3] 刁佳玺，罗子懿，文雯，等. 互联网时代大学生心理健康教育现状及创新策略研究 [J]. 文化创新比较研究，2020 (5)：23-25.

[4] 吴亚子，袁丽丽. 大学生心理健康教育课程体系建设的理论探索 [J]. 高教学刊，2024 (28)：105-108.

[5] 刘铭川，刘鹏洋. 积极心理学为大学生心理健康保驾护航的路径探微 [J]. 成才之路，2024 (26)：49-52.

[6] 王伦，陈素云. 高职院校当代大学生心理健康教育模式探讨 [J]. 山西青年，2024 (17)：99-101.

[7] 王丽彬. 曼陀罗绘画在大学生心理健康教育中的创新研究 [J]. 艺术教育，2024 (9)：35-38.

[8] 李冲. 正念训练融入大学生心理健康教育课程探索 [J]. 才智，2024 (25)：93-96.

[9] 吴靖芸. 教育心理学背景下高校大学生心理健康教育工作的创新发展探究 [N]. 重庆科技报，2024-09-03.

[10] 胡凯. 大学生网络心理健康素质提升研究 [M]. 北京：中国书籍出版社，2013.

[11] 欧晓霞，付瑶，赵嘉. 大学生心理健康 [M]. 3版. 北京：清华大学出版社，2023.

[12] 杨小丽，孙宏伟. 大学生心理健康教育 [M]. 3版. 北京：科学出版社，2020.

[13] 孙小龙. 大学生心理健康教育 [M]. 北京：机械工业出版社，2021.

[14] 林泽炎，李春苗. 实用职工心理卫生与保健 [M]. 北京：中国劳动出版社，1999.

后 记

一、自我认知：开启心灵探索之门

自我认知是心理健康的基石，它让我们了解自己的性格、兴趣、价值观和能力。通过第一章的学习，我们认识到自我认知是一个渐进的过程，需要我们不断地去探索、反思和总结。我们学会了通过对自身行为和情绪的观察分析、与他人的互动比较等方式来认识自己。良好的自我认知能帮助我们准确地定位自己，合理规划未来，增强自信心，为我们的心理健康和个人成长奠定基础。

在大学生活中，我们常常面临各种选择和挑战，而清晰的自我认知能让我们更加从容地做出决策。我们知道自己的优势和不足，能够发挥自己的长处，弥补自己的短处。同时，自我认知也让我们更加了解自己的需求和愿望，从而更好地追求自己的梦想和目标。

二、情绪管理：掌控内心的阴晴圆缺

情绪如同我们内心的天气，时而阳光明媚，时而阴云密布。第三章让我们认识到情绪管理的重要性。良好的情绪管理能帮助我们在面对压力和挑战时保持冷静，做出理性的决策。它可以提升我们的人际关系质量，让我们更好地与他人沟通和相处。同时，情绪管理也是身心健康的重要保障，能有效预防因长期负面情绪积累而导致的各种心理和生理问题。

我们学会了识别不同的情绪，了解情绪产生的原因，掌握了一些有效的情绪调节方法，如深呼吸、冥想、运动、倾诉等。通过这些方法，我们可以更好地掌控自己的情绪，让自己的内心更加平静和稳定。在大学生活中，我们会遇到各种各样的事情，有些可能会让我们感到开心和兴奋，而有些则可能会让我们感到沮丧和失落。学会情绪管理，让我们能够以积极的心态面对生活中的起起落落，保持良好的心理状态。

三、人际关系：编织心灵的温暖网络

人际关系是我们生活中不可或缺的一部分，它影响着我们的情绪状态、心理健康和个人发展。第四章让我们认识到良好的人际关系的重要性，以及如何建立、维护良好的人际关系。我们学会了倾听、理解、尊重和包容他人，学会了有效地沟通和表达自己的想法和感受。同时，我们也认识到良好的人际关系需要我们用心去经营，需要我们付出时间和精力。

在大学生活中，我们会结识各种各样的人，同学、老师、朋友等。良好的人际关系能让我们感受到温暖和支持，让我们在遇到困难时有人可以依靠。同时，良好的人际关系也能让我们拓展视野，提升自我认知，从他人身上学习到很多宝贵的经验和知识。通过建立良好的人际关系，我们可以让自己的大学生活更加丰富多彩，也可以为我们的未来发展打下坚实的基础。

四、恋爱与性心理：绽放青春的美丽花朵

恋爱是大学生活中一段美好的经历，而性与爱是紧密相连又相互区别的重要部分。第五章让我们正确理解恋爱的过程，认识到性与爱的关系，以及性知识科普的重要性。我们学会了如何在恋爱中保持理性和尊重，如何处理恋爱中的矛盾和问题。同时，我们也了解了性健康的知识，懂得了如何保护自己和他人。

在大学生活中，恋爱和性是很多同学都会面临的问题。正确认识恋爱与性心理，能让我们在这个过程中更加成熟和理智，避免因无知而产生困惑、焦虑甚至风险。让我们以健康、积极的心态去面对恋爱和性，让青春之花绽放得更加美丽。

五、压力与挫折应对：锤炼心灵的坚韧品质

大学生活充满了挑战和压力，我们会遇到各种各样的挫折和困难。第七章让我们认识到压力与挫折的本质，以及如何应对它们。我们学会了正确看待压力和挫折，把它们看作是成长的机会。我们掌握了一些有效的应对策略和技巧，如积极的心态、合理的目标设定、有效的时间管理等。

通过应对压力和挫折，我们可以锤炼出坚韧的心理品质，让自己变得更加坚强和自信。在面对困难时，我们不再轻易放弃，而是勇敢地迎接挑战，努力寻找解决问题的方法。压力与挫折是生活中不可避免的一部分，学会应对它们，可以让我们的人生更加精彩。

六、心理危机干预：守护心灵的安全防线

心理危机可能会在我们毫无防备的时候降临，它会给我们带来巨大的痛苦和困扰。第十章让我们认识到心理危机干预的重要性，以及如何进行心理危机干预。我们学会了识别心理危机的迹象，了解了心理危机干预的流程和方法。同时，我们也认识到心理危机干预需要我们共同努力，学校、家庭和社会都应该承担起相应的责任。

在大学生活中，我们可能会遇到一些同学陷入心理危机的情况。学会心理危机干预，让我们能够及时伸出援手，帮助他们走出困境，守护他们的心灵安全。同时，我们也应该关注自己的心理健康，及时发现自己可能存在的问题，采取有效的措施进行干预。

七、心理健康的维护与促进：筑就心灵的坚实堡垒

第十一章让我们认识到大学生心理健康的维护与促进的重要性，以及如何进行心理健康的维护和促进。我们学会了通过积极的心态、良好的人际关系、有效的情绪管理等方法来维护和促进我们的心理健康。我们也认识到心理健康是一个长期的过程，需要我们不断地学习和实践。

在大学生活中，我们应该时刻关注自己的心理健康，积极采取措施进行维护和促进。同时，我们也应该关心和帮助身边的同学，共同营造一个健康、和谐的校园环境。心理健康是我们全面发展的基础，只有拥有健康的心理，我们才能更好地学习、生活和工作，实现自己的人生价值。

八、总结与展望

这本《大学生心理健康教育》陪伴我们走过了一段探索心理健康的旅程，希望它能够成为同学们在大学生活中的一本宝贵的指南。它为我们提供了丰富的知识和实用的方法，让我们在大学生活中更加关注自己的心理健康，学会了如何应对各种心理问题。通过这本

书的学习，我们不仅提高了自己的心理素质，也增强了自己的适应能力和抗压能力。在未来的日子里，同学们可以随时翻阅本书，不断学习和成长，提升自己的心理健康水平。

然而，心理健康是一个不断发展和变化的领域，我们需要不断地学习和探索。希望同学们在今后的生活中，能够继续关注心理健康，不断提升自己的心理素养。同时，也希望学校、家庭和社会能够更加重视大学生心理健康教育，为同学们提供更多的支持和帮助。

让我们携手共进，共同呵护大学生的心理健康，让每一位大学生都能在健康的心理环境中茁壮成长，绽放出属于自己的光彩。相信在我们的共同努力下，大学生心理健康教育将会取得更加显著的成效，为培养德智体美劳全面发展的社会主义建设者和接班人做出更大的贡献。

作 者

2025年6月